Wolfgang Schneider

Wie arbeite ich mit dem Philips Homecomputer MSX™ -System

Wolfgang Schneider

Wie arbeite ich mit dem Philips Homecomputer MSX™– System

Mit 37 Bildern

Springer Fachmedien Wiesbaden GmbH

MSX ist eingetragenes Warenzeichen der
Microsoft Corporation.

1985

Alle Rechte vorbehalten
© Springer Fachmedien Wiesbaden 1985
Ursprünglich erschienen bei Friedr. Vieweg & Sohn Verlagsgesellschaft mbH, Braunschweig 1985.

Satz: Vieweg, Braunschweig

ISBN 978-3-528-04393-3   ISBN 978-3-663-13876-1 (eBook)
DOI 10.1007/978-3-663-13876-1

Vorwort

Das Buch *Wie arbeite ich mit dem Philips Homecomputer (MSX-System)* richtet sich an diejenigen Benutzer eines Philips Homecomputers, die geringe oder keine Erfahrungen mit Mikrocomputern besitzen, aber auch an diejenigen Benutzer, die möglichst *schnell* und *mühelos* an die Bedienung des Philips Homecomputers mit seinen wichtigsten Zusatzgeräten, wie Bildschirm, Drucker und Diskettenlaufwerke, herangeführt werden möchten, ohne sich durch eine Vielzahl von Bedienungshandbüchern durchlesen zu müssen.

Die vom Hersteller mitgelieferten Bedienungshandbücher haben für den genannten Benutzerkreis den Nachteil, daß in ihnen *alle* Möglichkeiten aufgezeigt werden müssen, die das Mikrocomputersystem bietet. Dieser Vielfalt steht der Anfänger meist hilflos gegenüber. Bedienungshandbücher können i.a. auch nur *kurz* auf Einzelheiten eingehen, da sonst bei der Beschreibung aller Möglichkeiten der Umfang des Handbuches zu stark anwachsen würde. Außerdem werden in den Bedienungshandbüchern in der Regel Grundkenntnisse der Datenverarbeitung vorausgesetzt, denn man bedient sich bei den Beschreibungen der in der Datenverarbeitung üblichen *Fachsprache.*

Dieses Buch soll die Nachteile, die Bedienungshandbücher für den Anfänger aufweisen, überbrücken helfen, indem sich hier auf das *Wesentliche* konzentriert wird, dieses dafür aber umso ausführlicher behandelt wird.

Zunächst wird in einer kurzen Einleitung der *Aufbau von Datenverarbeitungsanlagen* erläutert. Dabei erlernt der Leser die wichtigsten Begriffe der Datenverarbeitung. Anschließend wird dieses Wissen auf den Philips Homecomputer umgesetzt.

Mit diesem Wissen ausgestattet wird dem Leser gezeigt, wie das *Philips Homecomputer-System* zu *installieren* ist und wie es anschließend getestet werden kann. Bevor der Benutzer erlernt, wie Programme eingegeben und zum Ablauf gebracht werden, erhält er den dazu notwendigen *allgemeinen* Überblick über die *Programmierung* von Mikrocomputern und den Aufgaben von *Betriebssystemen.*

In aufeinander abgestimmten Schritten wird dann an einer Vielzahl von am eigenen Philips Homecomputer nachvollziehbaren *Beispielen* gezeigt, wie *BASIC-Programme erstellt, geändert* und *zum Ablauf gebracht* werden. Es wird ausführlich dargelegt, wie ein *Drucker* angeschlossen wird und Programme und Ergebnisse programmgesteuert ausgedruckt werden. Es wird an vielen nachvollziehbaren Beispielen gezeigt, wie Programme auf *Kassetten* bzw. *Disketten* gespeichert und wieder abgerufen werden können, wie Dateien kopiert und gelöscht werden, Inhaltsverzeichnisse von Disketten ausgegeben werden u.dgl.

Abschließend wird der Sprachumfang des MSX-BASIC eingehend erläutert. Er wird in zwei Arten dargeboten:

- nach Aufgabengebiete der Anweisungen geordnet
- alphabetisch geordnet

Nach dem Durcharbeiten dieses Buches wird der Leser in der Lage sein, übliche Arbeiten am Philips Homecomputer selbständig vorzunehmen und in weitergehenden Fragen Bedienerhandbücher gezielt einzusetzen.

Cremlingen, Sommer 1985 *Wolfgang Schneider*

Inhaltsverzeichnis

1 Aufbau von Datenverarbeitungsanlagen

1.1 Allgemeines

Datenverarbeitungsanlagen, kurz DVA genannt, sollen die Arbeit des Menschen in fast allen Bereichen des täglichen Lebens erleichtern. Dazu muß eine DVA wesentliche Teile der Aufgaben übernehmen können, die früher vom Menschen ausgeführt wurden.

Beispiel 1.1

An dem Beispiel einer Fernmelderechnungsstelle soll gezeigt werden, welche Aufgaben eine DVA übernehmen kann und welche dem Menschen noch verbleiben. Dabei wird dem Bearbeiter ein ,,Intelligenzgrad'' zugeordnet, den man auch von einer DVA erwarten kann: Er kann nur lesen, schreiben und mit Hilfe eines Taschenrechners rechnen.

Zur Bewältigung seiner Aufgabe benötigt der Bearbeiter neben den oben genannten Fähigkeiten noch:

- **Eine bzw. mehrere Listen mit allen notwendigen Daten.**

  Die Liste enthält in diesem Beispiel u.a.:
  - die Namen der Kunden nebst einer Kundennummer (KNR),
  - den zum Kunden gehörenden alten Zählerstand (AZ),
  - den zugehörigen neuen Zählerstand (NZ),
  - die Grundgebühren (GG) und
  - die Gebühren je Zählereinheit (GZE).

Aus diesen Angaben soll der Bearbeiter die Gebühren (GEB) der Kunden ermitteln und das Ergebnis in der Gebührenspalte der Liste niederschreiben.

Da der Bearbeiter jedoch nur lesen, schreiben und einen Taschenrechner bedienen kann, ist er dazu nicht ohne weiteres in der Lage. Er benötigt noch eine

- **Arbeitsanweisung.**

Diese Arbeitsanweisung könnte z.B. so aussehen:

1. *Nehme* den Kunden mit der KNR 1.
2. *Gib* dessen NZ in den Taschenrechner ein.
3. *Subtrahiere* von dem vorher eingegebenen Wert den AZ.
4. *Multipliziere* das Ergebnis mit den GZE.
5. *Addiere* zu dem Ergebnis die GG.
6. *Lies* das Ergebnis.
7. *Schreibe* das Ergebnis in die Gebührenspalte der Liste des zugehörigen Kunden.
8. *Gehe* zur nächsten KNR über.
9. *Beginne* die Arbeitsanweisung bei Punkt 2 usw.

Wie aus dieser Arbeitsanweisung ersichtlich wird, besteht sie aus einer Folge von *Befehlen* (Gib, Subtrahiere, Multipliziere, ... usw.). Eine solche Arbeitsanweisung, die aus einer Folge von Befehlen (Anweisungen) besteht, nennt man ein *Programm*.

> **Ein Programm** ist eine in einer beliebigen Sprache abgefaßte, vollständige Anweisung zur Lösung einer Aufgabe mittels einer DVA.
>
> Unter dem Begriff **Daten** versteht man u.a. die Zahlenwerte, mit denen die jeweilige Aufgabe zu lösen ist. [1]

Programme und Daten stellen *Informationen* für die DVA dar, die von ihr *verarbeitet* werden. Daraus resultieren Begriffe wie:

Informationsverarbeitung, Informationstechnik, Informatik usw. Die Arbeitsweise einer DVA ähnelt der Arbeitsweise des Bearbeiters.

1.2 Eingabeeinheiten

Eine DVA wird ebenso mit *Programmen* und *Daten* versorgt, wie der Bearbeiter im Fernmeldeamt. Diesen Vorgang nennt man bei der DVA einfach *Eingabe*. Sie erfolgt über *Eingabeeinheiten*, z.B. über eine Tastatur, einen Lochkartenleser, einen Lochstreifenleser oder einen Klarschriftleser.

1.3 Speicher

Programme und Daten müssen in einer DVA für die Zeit der Datenverarbeitung zur Verfügung stehen. Dazu müssen sie in der DVA in einem *Speicher* gespeichert werden. Während bei dem Bearbeiter im Fernmeldeamt zur langfristigen Speicherung der Daten ein Blatt Papier und zur kurzfristigen Speicherung das Gedächtnis genügte, müssen in einer elektronischen DVA elektronische Speicher verwendet werden.

Für die kurzfristige Speicherung werden heutzutage im allgemeinen Halbleiterspeicher eingesetzt. Derartige moderne Schreib-Lesespeicher [1] haben heute bereits eine Kapazität von 262 144 bit [1] (256 Kbit [1]) RAM [1]). Eine DVA kann selbstverständlich mehrere dieser Bausteine gleichzeitig enthalten. Eine wichtige Kennzahl für die Größe einer DVA ist die *Arbeitsspeicherkapazität*. Sie wird in Kbyte [1] angegeben. Kleine Mikrocomputer haben 1 K bis 64 Kbyte Speicherkapazität, größere DVAs mehrere Hundert Kbyte.

Die Information, die eine Speicherzelle (im allgemeinen 1 Byte) speichert, muß im gesamten Arbeitsspeicher wieder aufgefunden werden. Dazu ordnet man jeder Arbeitsspeicherzelle im Arbeitsspeicher eine *Adresse* [1] zu.

Der zur kurzfristigen Speicherung benutzte *Arbeitsspeicher* ist schnell, aber teuer. Daher ist die Kapazität des Arbeitsspeichers aus Kostengründen begrenzt. Es ist somit nicht sinnvoll, Programme und Daten in großen Mengen *langfristig* im Arbeitsspeicher zu speichern, sondern den „wertvollen" Speicher nur *während der Verarbeitung* von Programmen zu benutzen (daher: *Arbeits*speicher).

Für große, langfristig zu speichernde Informationsmengen muß ein billigeres, aber im allgemeinen auch langsameres Speichermedium gewählt werden, wie z.B. Magnetbänder, Magnetplatten, Magnetkassetten, Magnetdisketten.

Man faßt diese Art Speicher mit dem Sammelbegriff „*externe Speicher*" zusammen. Wichtig für ihren Einsatz ist die Kenntnis der *Zugriffszeit*. Das ist die mittlere Zeit, die

---

[1] Nähere Erläuterung siehe Anhang A1.

benötigt wird, um auf die Daten zuzugreifen, d.h. Daten vom Speichermedium in das *Rechenwerk* zu bringen.

1.4 Rechenwerk

Eine DVA benötigt, ähnlich wie der Bearbeiter im Fernmeldeamt, eine Einrichtung, die Berechnungen ausführt. Diese Einrichtung wird in einer DVA *Rechenwerk* genannt.

1.5 Steuerwerk

Eine DVA muß das Programm ausführen können, indem es einen Befehl nach dem anderen abarbeitet. Dazu muß sie geeignete Einrichtungen besitzen, die die notwendigen, einfachen Handgriffe des Bearbeiters, z.B. die Tastenbedienung des Tischrechners, ersetzen können. Für diese Aufgabe ist in einer DVA ein *Steuerwerk* (Leitwerk) vorgesehen. Das Steuerwerk „versteht" ca. 100 verschiedene *Befehle*[1] und führt sie aus. Die Zeit, die zur Ausführung der Befehle benötigt wird, bestimmt die *Verarbeitungsgeschwindigkeit der DVA*[1].

1.6 Ausgabeeinheit

Eine DVA muß die Ergebnisse der Verarbeitung auf Wunsch ausgeben können. Diesen Vorgang nennt man bei einer DVA einfach *Ausgabe*. Sie erfolgt über *Ausgabeeinheiten*. Dies sind z.B. Bildschirme, Drucker, Plotter[1].

Der Arbeitsspeicher sowie das Rechen- und Steuerwerk werden meist unter dem Begriff *Zentraleinheit* zusammengefaßt. Unter einem *Zentralprozessor* (engl. Central Processing Unit = CPU) versteht man hingegen nur die Zusammenfassung von Steuer- und Rechenwerk.

1.7 Struktur einer Datenverarbeitungsanlage

Aus den vorher genannten Komponenten ergibt sich beim Zusammenwirken die Struktur einer Datenverarbeitungsanlage (Bild 1.1):

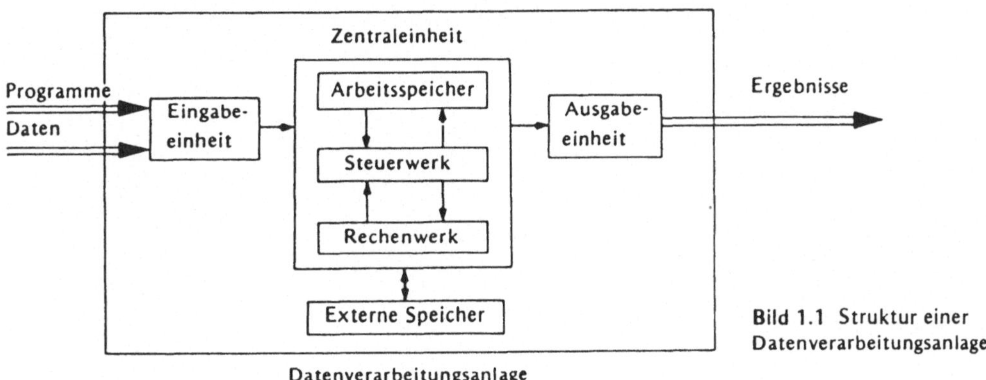

Bild 1.1 Struktur einer Datenverarbeitungsanlage

---

[1] Nähere Erläuterung siehe Anhang A1.

Wie Bild 1.1 zeigt, stellen Datenverarbeitungs*anlagen* zwar die technischen Funktionseinheiten zur Verfügung, aber erst die Verbindung von DVA und Programm ergibt ein funktionsfähiges Datenverarbeitungs*system*, in dem die technischen Funktionseinheiten der DVA in gewollter, sinnvoller Weise selbsttätig die gestellte Aufgabe lösen und die eingegebenen Daten wunschgemäß verarbeiten.

Die geistige Leistung, die dem Menschen verbleibt, liegt in der für die DVA verständlichen Beschreibung der Arbeitsanweisung, der *Anwender-Programmierung* der DVA. Diese Aufgabe kann von keiner Maschine übernommen werden.

Bei programmgesteuerten Datenverarbeitungssystemen wird somit bewußt eine Trennung zwischen Arbeitsanweisung (Anwenderprogramm oder Anwender-*Software*) und ausführender technischer Anlage (DVA oder *Hardware*) vorgenommen. Dadurch ist ein und dieselbe Anlage fähig, nicht nur eine einzige, sondern eine Vielzahl von verschiedenen Aufgaben auszuführen. Wenn eine DVA eine andere Aufgabe bearbeiten soll, braucht nur das Anwenderprogramm geändert bzw. ausgetauscht werden.

> **Unter Hardware versteht man alle technischen Funktionseinheiten einer DVA.**
>
> **Unter Software versteht man eine Folge von Anweisungen (Programm), die die Hardware zu einer gewünschten Tätigkeit veranlassen.**

Die Arbeitsanweisungen (Programme) müssen natürlich so formuliert werden, daß sie von der DVA verstanden werden. Die dazu geeigneten Sprachen nennt man Programmiersprachen (siehe Kap. 4).

2 Überblick über die Hardwareausstattung des Philips VG-8010

2.1 Zentraleinheit

Die Zentraleinheit besteht bekanntlich aus den wesentlichen Komponenten: Arbeitsspeicher, Steuerwerk und Rechenwerk (vgl. Bild 1.1).

Das *Steuer-* und *Rechenwerk* (Zentralprozessor) wird beim Philips-Homecomputer VG-8010 durch den Mikroprozessor Z 80A realisiert.

Der *Arbeitsspeicher* muß nach dem MSX-Standard (Norm für MSX-Computer) mindestens eine Speicherkapazität von 8 Kbyte (RAM) aufweisen. Diese Mindestspeicherkapazität bietet für den Anwender sehr wenig Möglichkeiten zur Speicherung. Aus diesen Gründen verfügt der Philips Mikrocomputer VG-8010 im Normalbetrieb über eine für den Anwender freie Arbeitsspeicherkapazität (RAM) von 28815 Byte (vgl. Abschnitt 3.4). Bei einem Diskettenbetrieb sind jedoch nur noch 24455 Bytes für den Anwender frei (vgl. Abschnitt 11.2). *Arbeitsspeicherkapazitätserweiterungen* sind über entsprechende Steckmodule möglich.

2.2 Systemeinheit

Die Systemeinheit enthält im allgemeinen *in einem Gehäuse* neben der Zentraleinheit *weitere* wichtige Komponenten des Systems, wie z.B.:

— die Tastatur,
— die Spannungsversorgung,
— ein ROM[1] für ein einfaches grundlegendes Betriebssystem[1] (Monitor, vgl. Abschnitt 6.1),
— ein ROM für die Programmiersprache[1] (im allgemeinen BASIC, vgl. Kapitel 5),
— Kassetten- bzw. Diskettenlaufwerke und
— Interfaceschaltungen[1] zum Anschluß externer Geräte wie z.B. den Bildschirm und den Drucker.

Beim Philips Homecomputer VG-8010 ist die *Spannungsversorgung nicht* in die Systemeinheit integriert, sondern in einem separaten Gehäuse untergebracht (Power Supply Alimentation VU-0022). Diese Spannungsversorgungseinheit enthält auch den Ein-/Ausschalter für die Systemeinheit.

Das *Betriebssystem* sowie der *MSX-BASIC-Interpreter* befinden sich in einem 32 Kbyte ROM. Dies ist relativ viel Speicherkapazität. Es kann schon an dieser Stelle als Hinweis dafür dienen, daß der Philips MSX-Homecomputer VG-8010 bedienungsfreundlich ist und ein umfangreiches BASIC bietet.

---

[1] Näheres siehe Anhang A1.

Für die *Bildschirmgrafik* enthält der Philips Homecomputer einen Video-Bildprozessor sowie ein 16 Kbyte Video-RAM.

Zur *Musikerzeugung* steht ein programmierbarer Tongeneratorbaustein (Sound Generator) zur Verfügung.

Außerdem enthält die Systemeinheit alle *Interface-Schaltungen* zum Anschluß von
— dem Netzgerät,
— einem Fernsehgerät bzw. einem Monitor,
— einem Kassettenrekorder,
— zwei Joysticks und
— zwei Modulen (z.B. zur Arbeitsspeichererweiterung, für Programmoduln bzw. zum Anschluß eines Diskettenlaufwerkes u. dgl.).

2.3 Eingabetastatur

Alle Mikrocomputer besitzen im Gegensatz zu programmierbaren Taschenrechnern eine ASCII-Tastatur. ASCII ist eine Abkürzung und steht für „American Standard Code of Information Interchange", was soviel bedeutet wie „Amerikanischer Normcode für Nachrichtenaustausch". Dieser Code verschlüsselt, vereinfacht gesagt, die *alphanumerischen* [1] Zeichen, d.h. die Ziffern, Buchstaben und Sonderzeichen, die auf der Tastatur zu finden sind, in einen dem Mikrocomputer verständlichen Code.

Die Anordnung der *Buchstabentasten* entspricht weitgehend der Anordnung der Tasten bei handelsüblichen Schreibmaschinen. Allerdings fehlen meist Zeichen wie ä, ö und ü, die somit durch zwei Zeichen wie ae, oe und ue dargestellt werden müssen. Außerdem ist meist die Lage von Z und Y ausgetauscht. Dies liegt daran, daß die Mikrocomputer im allgemeinen amerikanischen Ursprungs sind und dies dort die normale Anordnung der Tasten ist. Bei deutschen Herstellern wird im allgemeinen der deutsche Zeichensatz und eine Anordnung der Tasten nach der Deutschen Industrie-Norm verwendet (sog. *DINTastatur*).

Die Zahl und Lage der Tasten für *Sonderzeichen* ist sehr unterschiedlich, so daß hier keine allgemeinen Hinweise gegeben werden können. Einzelheiten sind Abschnitt 3.6 zu entnehmen.

Außerdem enthält das Tastenfeld aller Mikrocomputer im allgemeinen noch *Spezialtasten*, die beim Programmieren und beim Programmablauf häufig benötig werden, z.B. Tasten zur Cursorsteuerung [1] und Tasten für Betriebssystemkommandos. Auch hier können Sie näheres dazu dem Abschnitt 3.6 entnehmen.

An dieser Stelle soll die Angabe folgender allgemeiner Daten zur Eingabetastatur genügen: Die Tastatur des Philips Homecomputers VG-8010 besitzt 72 Tasten. Sie lassen sich gruppieren in

● 48 Tasten der üblichen Schreibmaschinentastatur,
●   5 Funktionstasten,
●   4 Cursorsteuertasten und
● 15 Sondertasten.

---

[1] Näheres siehe Anhang A1.

Die Schreibmaschinentastatur ist meist *vierfach* belegt, d.h. durch Drücken dieser Tasten lassen sich vier verschiedene Zeichen codieren. Die Bedeutung der einzelnen Tasten wird ausführlich in Abschnitt 3.6 erläutert.

Alle Tasten sind mit einer „Wiederholfunktion" ausgestattet (REPEAT-Funktion), d.h. wenn eine Taste längere Zeit gedrückt wird, wird das zugeordnete Zeichen oder die zugehörige Funktion solange ausgegeben bzw. ausgeführt, bis die Taste wieder losgelassen wird. Dies ist vielfach praktisch, denn bei der Eingabe einer längeren Folge gleicher Zeichen muß man nicht ständig „tippen", sondern nur diese Taste entsprechend lange niederhalten (Kontrolle über die Bildschirmausgabe).

2.4 Bildschirm

Programme, die über die Tastatur eingegeben werden, sowie die Ergebnisse, die sich bei der Bearbeitung der Programme ergeben, werden bei Mikrocomputern vorzugsweise auf einem Bildschirm ausgegeben. Teilweise wird der Mikrocomputer auch über einen speziellen Anschluß an ein handelsübliches Fernsehgerät als Ersatz für einen speziellen Bildschirm angeschlossen oder der Bildschirm ist schon im Mikrocomputer eingebaut.

Für den Philips VG-8010 wird kein Bildschirm mitgeliefert. Es muß entweder ein Fernsehgerät oder ein spezieller Monitor angeschlossen werden. Die Anschlüsse befinden sich auf der Rückseite der Systemeinheit (vgl. Abschnitte 3.1 und 3.2).

> **Auf dem angeschlossenen Fernsehgerät lassen sich standardmäßig in 23 Zeilen je 37 Zeichen darstellen. Die letzte Zeile (24. Zeile) steht dem Anwender i.a. nicht zur Ausgabe zur Verfügung, da hier ständig die Tastenbelegung der Funktionstasten (vgl. Abschnitt 3.6.3) angezeigt wird.**

Der Fernsehbildschirm ist zur Ausgabe in einfachen Anwendungsfällen (Schreiben einfacher Programme) ausreichend. Für mehr professionelle Anwendungen, wie z.B. einer Textverarbeitung, wären jedoch 80 Zeichen pro Zeile zu empfehlen. Der Fernsehbildschirm ist auch nicht für hochauflösende Grafiken geeignet. Für derartige Zwecke muß ein Farbgrafikbildschirm benutzt werden. Außerdem erfordert dies i.a. auch einen weiteren Ausbau des Computers.

2.5 Magnetbandkassettenrecorder

Bei den meisten preiswerten Mikrocomputern wird im allgemeinen ein Magnetbandkassettenrecorder, der vielfach in das Gehäuse des Mikrocomputers integriert ist, mitgeliefert. Er dient zur *externen Speicherung von Programmen und Daten*. Einmal entwickelte Programme können z.B. auf der Kassette gespeichert werden und brauchen, falls sie wieder benötigt werden, nicht noch einmal mühsam über die Tastatur eingegeben werden. Ebenso lassen sich auch an anderer Stelle entwickelte und auf einer Kassette gespeicherte Programme auf dem eigenen Mikrocomputer ohne eigene Programmierung einsetzen. Dies ist für einen reinen Benutzer eines Mikrocomputers ohne jegliche Programmierkenntnisse besonders interessant.

Der Philips VG-8010 besitzt *keinen eingebauten* Magnetbandkassettenrecorder. Er muß zusätzlich erworben und an die Systemeinheit über den genormten Kassettenanschluß (vgl. Abschnitt 3.1, Bild 3.1 Anschluß REC/MAG) mit Hilfe eines genormten Verbindungskabels angeschlossen werden (vgl. Kapitel 10).

Dieses Speichermedium ist, wie man im praktischen Betrieb schnell feststellen wird, relativ langsam, aber preiswert. Es kann i.a. das billigste Bandmaterial (Fe) benutzt werden.

2.6 Diskettenlaufwerke (Floppy-Disk-Laufwerke)

2.6.1 Allgemeines

Bei großen Datenmengen ist der Kassettenrecorder als externer Speicher vielfach zu langsam, weil immer erst die entsprechende Stelle auf dem Band gesucht werden muß. Im Extremfall muß solange gewartet werden, bis das Band vom Anfang bis zum Ende durchgelaufen ist. Dies kann einige Minuten dauern.

> **Die Floppy-Disk ist ein externer Speicher, bei dem die Daten hingegen in Bruchteilen von Sekunden aufgefunden werden können (Bild 2.1).**

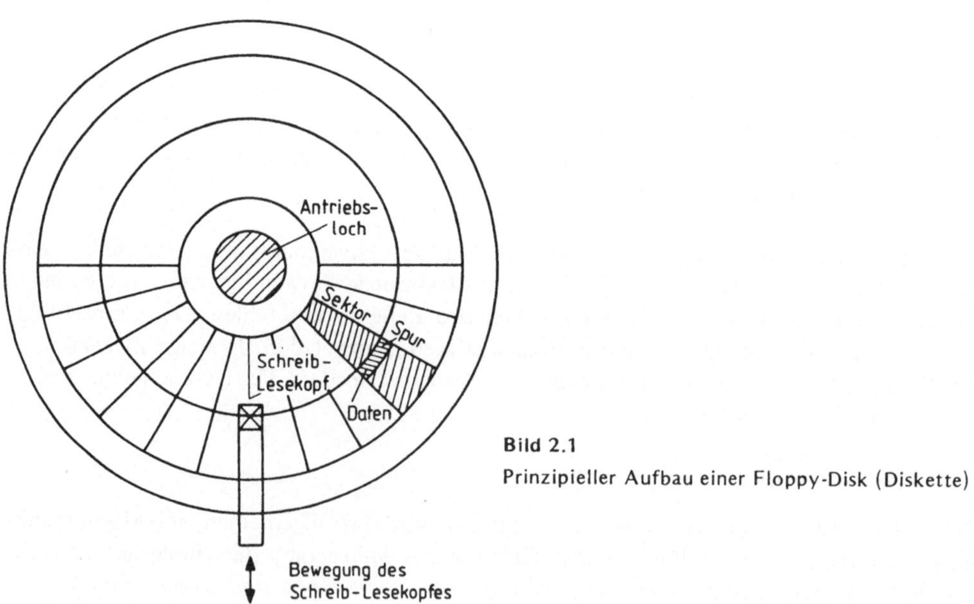

Bild 2.1
Prinzipieller Aufbau einer Floppy-Disk (Diskette)

Eine Floppy-Disk, kurz auch *Diskette* genannt, kann man sich wie eine Art Schallplatte vorstellen, jedoch ohne Rillen. Statt dessen befindet sich auf der Oberfläche eine magnetisierbare Schicht, ähnlich wie bei einem Tonband. Die Daten werden in konzentrischen Kreisen, sogenannten *Spuren,* auf der magnetisierbaren Scheibe (engl. disk) gespeichert bzw. von der Scheibe gelesen. Dazu dient ein *Schreib-Lese-Kopf,* der quer zur Scheibe bewegt (positioniert) werden kann. Dieser Schreib-Lese-Kopf wird z.B. beim Lesen von

Daten über der Spur positioniert, die die gewünschten *Daten* enthält. Anschließend muß nur noch abgewartet werden, bis die gewünschten Daten infolge der Drehung der Scheibe unter dem Schreib-Lese-Kopf erscheinen.

Wie beim Tonband ist es auch bei einer Floppy-Disk notwendig, den Schreib-Lese-Kopf auf die Oberfläche der Diskette zu pressen. Damit der Verschleiß der dünnen Magnetschicht nicht zu groß wird, wählt man einerseits kein starres Material für die Scheibe, sondern einen „flexiblen" Kunststoff (daher der englische Name "floppy"-disk), der jedoch keinesfalls „weich" ist. Andererseits wird der Schreib-Lese-Kopf nur angedrückt, wenn die Diskette mit Daten beschrieben wird oder Daten gelesen werden sollen.

> **Um zusammengehörige Daten auf der Diskette schnell ordnen zu können, wird die Diskette in <u>Sektoren</u> aufgeteilt. Dies geschieht teilweise hardwaremäßig durch Löcher in der Diskette, üblicherweise jedoch softwaremäßig durch eine Codierung (Formatierung).**

Drei Diskettengrößen finden heute breite Verwendung: [1]

- 8" (8 Zoll) [2] Normaldisketten,
- 5 1/4" (5 1/4 Zoll) [2] Minidisketten,
- 3 1/2" (3 1/2 Zoll) [2] Mikrodisketten.

> **Die meisten Hersteller der MSX-Computer haben sich auf 3 1/2" Mikrodisketten festgelegt.**

2.6.2 Aufbau von 3 1/2" Mikrodisketten

Die Diskette (vgl. Bild 2.1) wird von einer festen *Hülle* (engl. jacket) vor Staub, mechanischen Beschädigungen usw. geschützt. Die mit einer Hülle versehene Diskette hat folgendes Aussehen:

Der *Antrieb* des Mikrodiskettenlaufwerkes greift in die Antriebslöcher der Mikrodiskette, die auf der Unterseite der Mikrodiskette sichtbar sind:

Zum Zugriff auf die auf der Diskette gespeicherten Daten dient eine Öffnung in einem *beweglichen Metallverschluß* (vgl. Bild 2.2). Im Diskettenlaufwerk wird der Metallverschluß nach links bewegt, so daß die Diskettenoberfläche für den Schreib-Lesekopf zugänglich wird. Außerhalb des Diskettenlaufwerkes ist die Diskettenoberfläche hingegen durch den Metallverschluß geschützt. (Sie können die Oberfläche der Diskette sehen, wenn Sie den Metallverschluß mit dem Finger von der Oberseite gesehen nach links bewegen und damit den Metallverschluß öffnen.)

Das Mikrodiskettenlaufwerk tastet außerdem ein sog. *Schreibschutzloch* ab (vgl. Bild 2.2 und 2.3). Auf der Rückseite der Mikrodiskette befindet sich eine mit den Fingern verstellbare *Schreibschutzlasche*.

---

1) Weniger verbreitet sind 3 1/4 und 3 Zoll Disketten.
2) " ist ein Längenmaß (Zoll, engl. inch). 1 Zoll entspricht 2,45 cm.

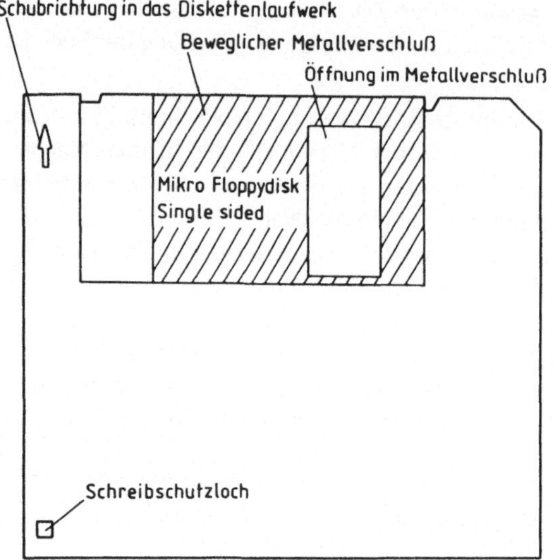

Bild 2.2

Oberseite der 3 1/2″ Mikrodiskette

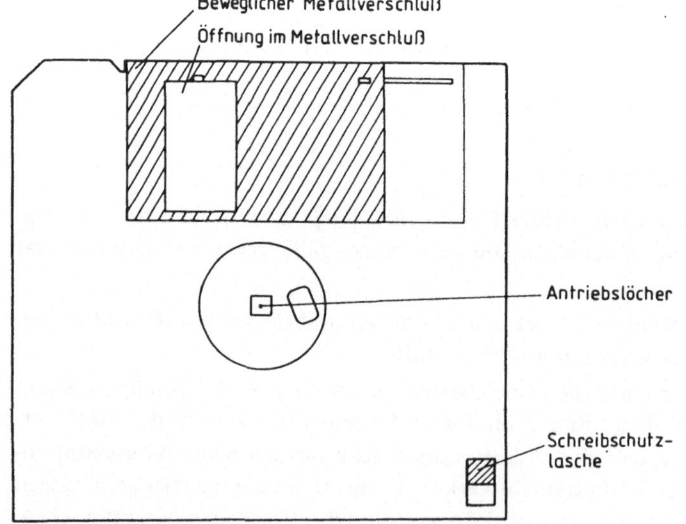

Bild 2.3

Unterseite der
3 1/2″ Mikrodiskette

- Ist die Schreibschutzlasche *oben*, so ist das *Schreibschutzloch zu* und es können von der Diskette Daten *gelesen* und auf sie *geschrieben* werden.

- Ist die Schreibschutzlasche *unten*, so ist das *Schreibschutzloch offen*, und es können von der Diskette *nur* Daten *gelesen* werden. Es können somit keine Daten auf die Diskette geschrieben werden. Man sagt: Die Diskette (und somit die gespeicherten Daten auf der Diskette) ist gegen ein Überschreiben durch andere Daten geschützt (sog. Schreibschutz).

2.6.3 Technische Daten der 3 1/2″ Mikrodisketten

Wichtige technische Angaben für Disketten sind:

- die Speicherkapazität und
- die Zugriffszeit zu den gespeicherten Daten.

Die Speicherkapazität hängt ab von

— der Anzahl der Spuren pro Diskette,
— der Zahl der Sektoren pro Spur und
— der Zahl der Bytes pro Sektor.

Die Zugriffszeit hängt ab von

— der Zeit, die der Schreib-Lese-Kopf benötigt, um sich von Spur zu Spur fortzubewegen,
— von der Anzahl der Spuren auf einer Diskette und
— von der Umdrehungsgeschwindigkeit der Diskette.

Für die 3 1/2″ Mikrodiskette gelten folgende Werte:

— Die Daten werden bei einer 3 1/2″ Mikrodiskette auf *80 Spuren* pro Seite (Oberfläche) geschrieben.
— Jede Spur wird in 9 Sektoren unterteilt.
— Jeder Sektor kann 512 bytes speichern.

Daraus läßt sich die Speicherkapazität wie folgt ermitteln:

- Speicherkapazität pro Diskettenseite 80 Spuren * 9 Sektoren * 512 byte
$$= 368\,640 \text{ byte}$$
$$= 360 \text{ Kbyte.}$$

Um eine Vorstellung von dieser Speicherkapazität zu gewinnen, kann man sie mit der Speicherkapazität einer DIN-A4-Schreibmaschinenseite vergleichen. Geht man davon aus, daß man auf einer DIN-A4-Seite ca. 50 Zeilen mit ca. 65 Zeichen je Zeile unterbringen kann, so ist die

- Speicherkapazität je DIN-A4-Seite:
50 Zeilen * 65 Zeichen = 3250 Zeichen
$$= 3250 \text{ bytes [1]).}$$

- Speicherkapazität je Mikrodiskettenseite im Vergleich mit Zahl der benötigten DIN-A4-Seiten:
368 640 byte : 3250 byte = 113,4 DIN-A4-Seiten.

Auf einer Seite einer Mikrodiskette lassen sich somit ca. 113 vollbeschriebene DIN-A4-Seiten speichern.

Ein Teil dieser Speicherkapazität ist jedoch i.a. für den Anwender nicht verfügbar. Für das Inhaltsverzeichnis der Diskette, das auf der Diskette gespeichert wird, ist z.B. eine gewisse Speicherkapazität zu reservieren.

Weitere technische Daten sind der folgenden Tabelle zu entnehmen. Zum Vergleich sind auch die technischen Daten der häufig bei anderen Mikrocomputern verwendeten 5 1/4″ Diskette angegeben.

---

[1] Zur Speicherung von einem Zeichen wird 1 byte benötigt.

	Minidiskette	Mikrodiskette
Durchmesser	5 1/4″ (5 1/4 Zoll)	3 1/2″ (3 1/2 Zoll)
Anzahl der Spuren	40	80
Anzahl der Sektoren/Spur	8	9
Anzahl der Bytes/Sektoren	512 byte	512 byte
Speicherkapazität	160 Kbyte	360 Kbyte
Umdrehungsgeschwindigkeit	360 U/min	300 U/min
Mittlere Zugriffszeit	450 ms	350 ms
Datenübertragungsgeschwindigkeit	250 Kbit/s	250 Kbit/s
Modulation		MFM (modifizierte Frequenzmodulation)

2.6.4 Das Diskettenbetriebssystem

Die Daten werden wahlfrei in freie Sektoren der Diskette geschrieben. Sie bilden sog. random Dateien, d.h. Dateien mit wahlfreiem Zugriff durch Adressierung der Sektoren. Jeder Sektor läßt sich durch seine Spur- und Sektorennummer eindeutig adressieren. Längere Folgen von Daten, z.B. Programme, die mehr als 512 bytes Speicherkapazität erfordern, benötigen mehrere Sektoren zur Speicherung. Die Zusammengehörigkeit der Daten zu einer *logischen* Einheit läßt sich über eine *Folge* von Spur- und Sektornummern festlegen, in denen die Daten *physikalisch* gespeichert sind. Das „Merken" und „Eingeben" dieser Nummern wäre für den Anwender mühselig. Diese Aufgabe wird dem Anwender daher von einem Diskettenbetriebssystem abgenommen (vgl. Kapitel 6, Abschnitt 7.4 und 12.9). Der Anwender muß der Folge von Daten, der *Datei*, lediglich einen *Dateinamen* geben (vgl. Abschnitt 12.3). Wird dieser Dateiname zusammen mit einem entsprechenden Kommandoschlüsselwort eingegeben, wird die Datei z.B.

— auf der Diskette gespeichert (SAVE),
— von der Diskette in den Arbeitsspeicher geladen (LOAD),
— gelöscht (KILL),
— umbenannt (NAME) usw.

2.6.5 Formatieren von Disketten

> **Eine fabrikneue Diskette muß zunächst formatiert werden, bevor Daten und Programme darauf gespeichert werden können.**

Dies liegt daran, daß von den unterschiedlichen Computerherstellern für Disketten unterschiedliche Formate verwendet werden (z.B. eine unterschiedliche Zahl der Sektoren pro Spur, Sektoren mit 256 bzw. 512 bytes u.dgl.). Daher ist es nicht sinnvoll, Disketten schon fabrikmäßig zu formatieren, sondern dies dem Benutzer und seinem Mikrocomputer zusammen mit einem *Formatierungsprogramm* zu überlassen.

Wie die Mikrodisketten eines MSX-Computersystems zu formatieren sind, wird detailliert in Abschnitt 11.3 beschrieben.

Zu den Formatierungsaufgaben gehört i.a.:

- das Anlegen eines Dateiinhaltsverzeichnisses auf der Diskette, d.h. es wird Speicherplatz reserviert für
  - alle Dateinamen, deren Dateiinhalte auf der Diskette gespeichert werden
  - deren Erstellungsdaten (Datum, evtl. Uhrzeit)
  - die benötigte Speicherkapazität u.dgl.
- das Prüfen auf defekte Spuren der Diskette.

Wird eine defekte Spur oder ein defekter Sektor erkannt, werden diese Spuren bzw. Sektoren so gekennzeichnet, daß auf dieser Spur keine Daten mehr gespeichert werden können.

2.6.6 Behandlung von Disketten

- Die ungeschützte Diskettenoberfläche darf nicht berührt werden.
- Die Diskette darf nicht gebogen werden.
- Die Diskette ist von magnetischen Feldern fernzuhalten (Lautsprecher, Fernseher, Netzteile, Verstärker).
- Die Diskette darf keiner direkten Sonnenbestrahlung (Hitze), extremer Kälte oder Feuchtigkeit ausgesetzt werden.
- Die Disketten sind vor Staub zu schützen (Behälter verwenden).
- Die Etiketten zur Beschriftung der Disketten sind bei einem Wechsel des gespeicherten Inhalts nicht einfach übereinanderzukleben (die Gesamtdiskettenstärke kann zu groß werden).

2.7 Drucker

Drucker zur Dokumentation der Programme bzw. der Ergebnisse, die sich bei der Bearbeitung eines Programmes ergeben, gehören in der Regel nicht zur Standardausstattung von Mikrocomputern. Sie lassen sich aber als Zubehör käuflich erwerben und an die Systemeinheit anschließen.

In Kapitel 13 wird die Installation eines Philips 80 Spalten Matrix Druckes (VW 0020) beschrieben, der sich ohne zusätzliches Interface[1] direkt anschließen läßt.

---

[1] Näheres siehe Anhang A1.

3 Installation und Test von Systemeinheit und Bildschirm

3.1 Die Anschlüsse der Systemeinheit VG-8010

Auf der Rückseite der Systemeinheit befinden sich folgende Anschlußbuchsen (Bild 3.1):

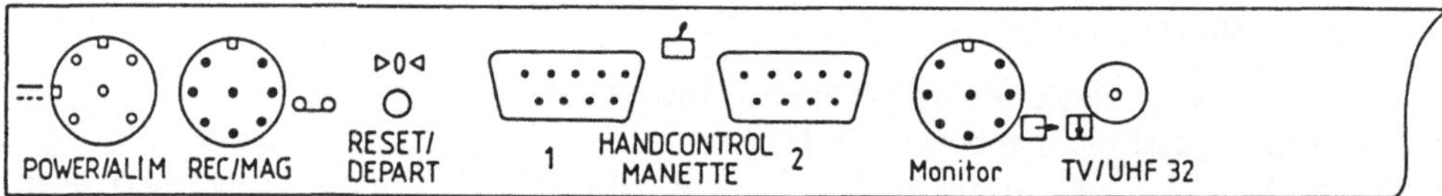

Bild 3.1 Rückansicht des Homecomputers Philips VG-8010

Hierbei ist:

Englisch/Französisch	Symbol	Deutsch	Erläuterung
POWER/ALIM	===	Stromanschluß	Anschlußbuchse für das Kabel des separaten Netzgerätes.
REC/MAG	o—o	Kassettenrecorderanschluß	Anschlußbuchse für das Kabel eines separaten Kassettenrecorders.
RESET/DEPART	▷0◁	Rücksetzknopf	Roter Knopf zum „Rücksetzen" des Computers (Warmstart des Betriebssystems).
HANDCONTROL/ MANETTE 1 und 2	⌁	Joystickanschlüsse	Zwei Anschlußbuchsen für Joysticks.
Monitor	⊐►	Monitoranschluß	Anschlußbuchse für einen speziellen Bildschirmmonitor.
TV/UHF 32	⦸	Fernsehanschluß (engl. television, kurz TV)	Anschlußbuchse für ein handelsübliches Fernsehgerät als Bildschirm. UHF 32 gibt die Kanalnummer (Frequenz) an, auf der vom Computer die Signale gesendet werden.

3.2 Anschluß eines Fernsehgerätes an die Systemeinheit

Als einfacher im Haushalt i.a. verfügbarer Bildschirm kann ein Fernsehgerät verwendet werden. Das mitgelieferte *Verbindungskabel* wird mit der einen Seite in die Buchse TV/UHF 32 gesteckt (vgl. Bild 3.1). Das andere Ende des Kabels wird anschließend mit der Antennenbuchse (UHF) des Fernsehgerätes verbunden. Das Antennenkabel muß dazu vorher aus der Antennenbuchse des Fernsehgerätes gezogen werden, falls dies nicht schon der Fall ist.

Bei modernen Fernsehgeräten ist i.a. nur *eine* Antennenbuchse vorgesehen, so daß man sich nicht irren kann. Vielfach ist sie mit dem Symbol Ψ versehen.

Das Fernsehgerät muß außerdem über den Netzstecker mit dem Stromnetz verbunden sein.

3.3 Anschluß des Netzgerätes an die Systemeinheit

An dem Netzgerät (Power Supply Alimentation VU-0022) befinden sich zwei Kabel.

Verbinden Sie zunächst das Kabel mit dem 5-poligen Stecker mit der Buchse POWER/ALIM auf der Rückseite der Systemeinheit (vgl. Bild 3.1). Die Pole sind wie folgt belegt (vgl. Bild 3.2):

Pol	Belegung
1	Nicht belegt
2	Ø Volt (Masse)
3	+ 12 Volt
4	+ 5 Volt
5	– 12 Volt

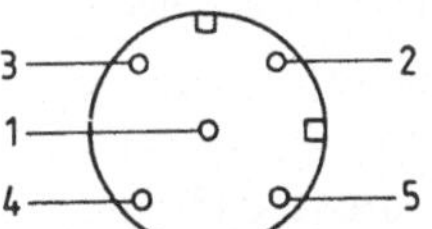

Bild 3.2 Belegung des 5-poligen Stromversorgungsanschlusses

Das zweite Kabel dient dem Netzanschluß.

Vor der Verbindung des Netzgerätes mit dem Netz achten Sie darauf, daß der Schalter des Netzgerätes auf „Aus" steht (das rote Symbol O, für engl. <u>o</u>ut, muß auf dem Schalter zu sehen sein). Wenn dies der Fall ist, kann das Netzgerät mit dem Netz verbunden werden.

3.4 Einschalttest

- Schalten Sie zunächst das Fernsehgerät ein.

  Wählen Sie dann mit Hilfe der verfügbaren Kanalschalter des Fernsehgerätes einen Kanal, der nicht zum Empfang von Fernsehsendungen benutzt wird. Dieser Kanal soll zum „Computer-Kanal" werden.

  Nach der Wahl eines freien Kanals wird der Bildschirm „flimmern" (d.h. es ist nichts zu sehen).

- Schalten Sie anschließend die Systemeinheit ein, indem Sie den Netzschalter des Netzgerätes entsprechend betätigen.

Das rote Symbol O verschwindet beim Kippen des Schalters. Die rote Kontrolleuchte POWER oberhalb der Tastatur der Systemeinheit leuchtet auf. Der Bildschirm „flimmert" i.a. immer noch.

- Nun muß an dem Fernsehgerät für den gewählten Kanal der UHF-Kanal 32 eingestellt werden.

Dazu muß man i.a. eine Klappe über bzw. neben den Kanalschaltern des Fernsehgerätes öffnen (siehe Gebrauchsanleitung des Fernsehgerätes). Man wird dann entsprechend der Zahl der Kanalschalter mehrere Einstellmöglichkeiten (i.a. Rädchen o.ä.) finden. Für den dem Computer zugeordneten Kanalschalter wird diese Einstellmöglichkeit so lange verändert, bis folgende Meldung auf dem Bildschirm erscheint (vgl. Bild 3.3):

<table>
<tr><td>

```
MSX BASIC version 1.0
Copyright 1983 by Microsoft
28815 bytes free
OK
▢
⋮
Color auto goto list run
```

</td><td>

Bild 3.3 Systemmeldung

</td></tr>
</table>

- Weitere Einstellungen

Der Lautsprecher des Fernsehgerätes darf nicht brummen. Das eventuell leichte Brummen wird vermieden, wenn man den Lautstärkeregler des Fernsehgerätes so zurückdreht, daß das Brummen aufhört.

Stellen Sie die Bildschirmausgabe (Systemmeldung) mit Hilfe der *Einstellmöglichkeiten an dem Fernsehgerät*

- Colour,
- Contrast (Symbol ◑) und
- Brightness (Symbol ☼)

so ein, daß die Schrift weiß auf hellblauem Untergrund erscheint.

Die Systemmeldung auf dem Bildschirm (Bild 3.3) besagt folgendes:

- MSX BASIC version 1.0

Diese Zeile gibt die Versionsnummer des MSX BASIC an. Falls das MSX BASIC einmal verändert werden sollte, kann man anhand der Nummer feststellen, welche BASIC Version im ROM der Systemeinheit gespeichert ist.

- Copyright 1983 by Microsoft

Diese Zeile weist darauf hin, daß das MSX BASIC von der Firma Microsoft 1983 entwickelt wurde und mit einem Copyright versehen ist.

- 28815 bytes free

Diese Zeile besagt, daß 28815 bytes des Arbeitsspeichers (RAM) für den Benutzer frei sind.

- OK

  Dies ist das *BASIC-Systembereitschaftszeichen*. Der Computer ist somit bereit, BASIC-Kommandos bzw. -Anweisungen entgegenzunehmen.

- ☐

  Das weiße Rechteck kennzeichnet die augenblickliche *Position des Cursors*. Der Cursor ist eine Lichtmarke, die die Stelle kennzeichnet, an der das nächste Zeichen erscheinen wird, falls eine Zeichentaste gedrückt wird.

- color, auto, goto, list, run

  Diese Schlüsselwörter in der untersten Zeile geben an, mit welchen Zeichen die Funktionstasten F1 bis F5 automatisch nach dem Einschalten belegt sind (vgl. Abschnitt 3.6.3).

Schaltet man den Computer aus (Netzgerät auf „Aus") und anschließend wieder ein, wird man erkennen, daß vor der besprochenen Bildschirmausgabe eine andere Ausgabe wie folgt erscheint (vgl. Bild 3.4):

```
MSX System
version 1.∅
Copyright 1983 by Microsoft
```

Bild 3.4 Systemmeldung

Die Ausgabe verschwindet jedoch nach kurzer Zeit. Sie gibt nur das wieder, was in den ersten beiden Zeilen der dann folgenden Systemmeldung nochmals steht und schon besprochen wurde (vgl. Bild 3.3).

3.5 Anschluß eines Monitors

Wenn man ein „besseres" Bild erhalten möchte als dies mit einem Fernsehgerät möglich ist, muß man einen Monitor verwenden. Zum Monitor gehört ein passendes Verbindungskabel, das in die Buchse *Monitor* der Systemeinheit gesteckt werden muß. Die Pole sind wie folgt belegt (vgl. Bild 3.5):

Pol	PAL-Version	RGB-Version
1	+ 5 V	Status RGB
2	GND (Masse)	GND
3	Sound (Ton)	Blue (blau)
4	Luminance	Luminance
5	Comp. Video	Red (rot)
6	+ 12 V	+ 12 V
7	Nicht belegt	Sound (Ton)
8	Nicht belegt	Green (grün)

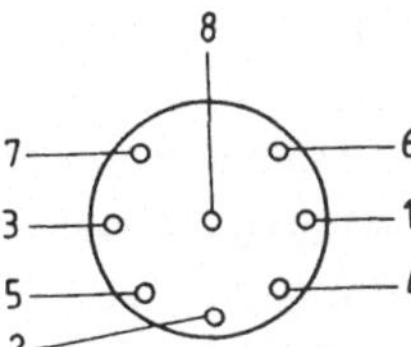

Bild 3.5 Belegung des 8-poligen Monitoranschlusses

3.6 Die Tastatur des Philips Homecomputers VG-8010

Das Bild 3.6 zeigt die Tastatur des VG-8010.

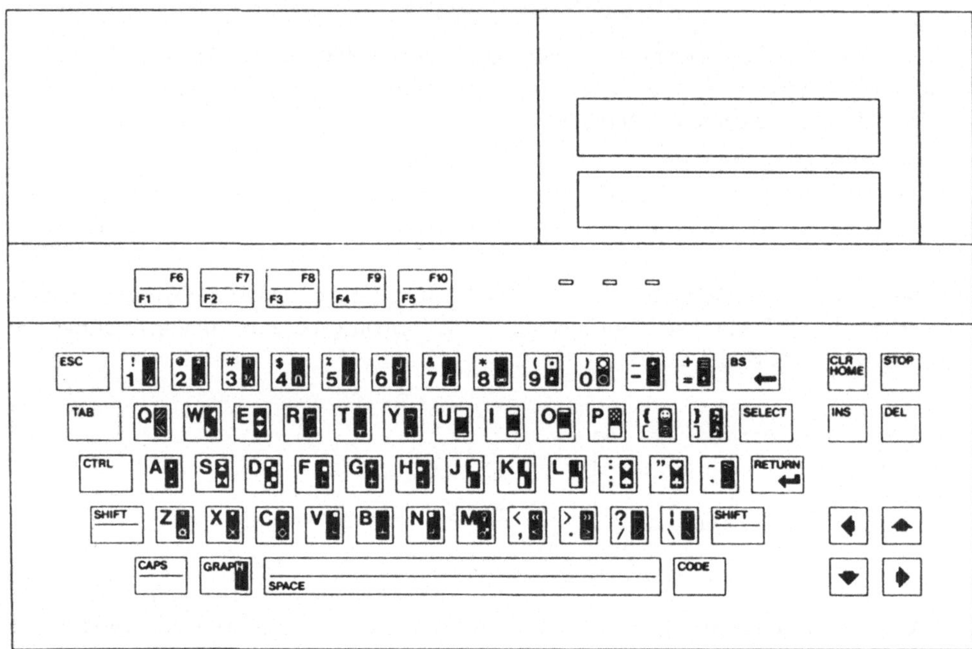

Bild 3.6 Tastatur des VG-8010

Die Tastatur soll im Folgenden ausführlich besprochen werden.

3.6.1 Die Schreibmaschinentastatur

Der VG-8010 hat eine weitgehend normale Schreibmaschinentastatur. Es fehlen jedoch die Tasten ä, ö und ü des deutschen Zeichensatzes.

Die Tasten der Schreibmaschinentastatur sind drei- bis vierfach mit Zeichen belegt. Links auf den einzelnen Tasten findet man die zum Schreiben von *Texten* notwendigen Zeichen (Buchstaben, Ziffern, Sonderzeichen), rechts hingegen *Grafikzeichen*.

Welches Zeichen beim Drücken einer Taste ausgewählt wird, wird mit Hilfe von <u>Umschalttasten</u> gesteuert. Man kann <u>drei</u> <u>Betriebsarten</u> unterscheiden:

- **den Normalbetrieb,**
- **den Grafikbetrieb und**
- **den Codebetrieb.**

Der Normalbetrieb

Beim Normalbetrieb werden die <u>links</u> <u>unten</u> auf den Tasten angegebenen Zeichen ausgewählt.

Das sind im wesentlichen die 10 Ziffern sowie die *Kleinbuchstaben*, die zu den auf den Tasten angegebenen Großbuchstaben gehören. Einzelheiten zeigt das Bild 3.7.

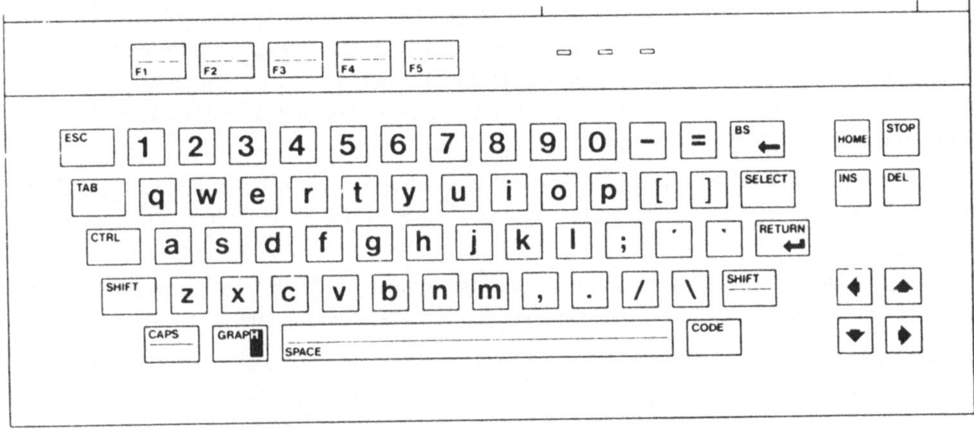

Bild 3.7 Belegung der Tasten im Normalbetrieb *ohne* Drücken der SHIFT-Taste

Der Normalbetrieb ist nach dem Einschalten des Computers automatisch eingestellt.

> **Soll ein Zeichen gewählt werden, das links oben auf den Tasten angegeben ist, so ist <u>gleichzeitig</u> die SHIFT-Taste zu drücken.**

Die SHIFT-Taste befindet sich zweimal auf der Tastatur (links und rechts außen in der vierten Tastenreihe von oben). Im wesentlichen werden damit die *Großbuchstaben* des Alphabets ausgewählt sowie ein Teil der in Texten benötigten Sonderzeichen. Einzelheiten zeigt das Bild 3.8.

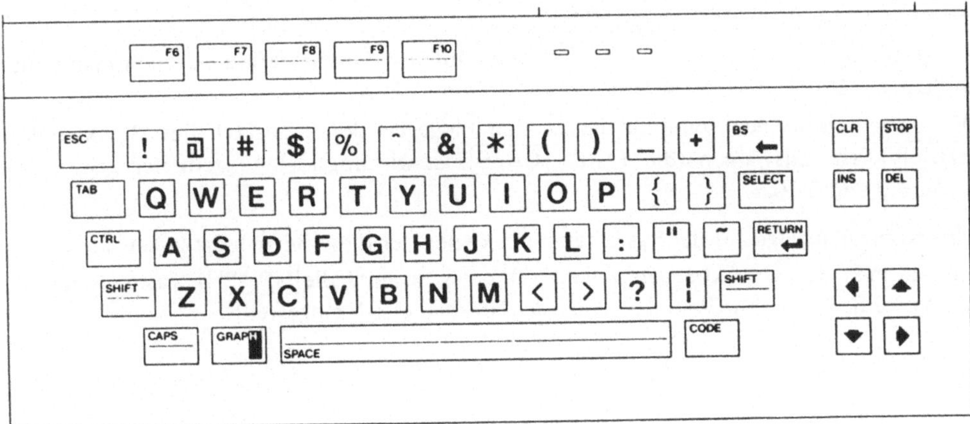

Bild 3.8 Belegung der Tasten im Normalbetrieb *mit* Drücken der SHIFT-Taste

> **Eine dauerhafte Umschaltung von Klein- auf Großbuchstaben wird erreicht, wenn die CAPS -Taste gedrückt wird.**

CAPS ist eine Abkürzung für engl. capitals bzw. noch ausführlicher: capital letters (Groß-
buchstaben). Der Vorteil ist somit, daß es vermieden werden kann, dauernd die SHIFT-
Taste zu drücken, wenn man hauptsächlich mit Großbuchstaben arbeitet, wie z.B. beim
Schreiben von BASIC-Programmen.

Damit der Anwender stets weiß, in welcher Betriebsart er sich befindet, leuchtet nach
dem Drücken der CAPS -Taste die Anzeige CAPS rechts oben neben den Funktionstasten F1 bis F10 auf.

Möchte man die CAPS-Betriebsart wieder verlassen, muß die CAPS-Taste erneut gedrückt
werden. Die Kontrolleuchte erlischt. Der Normalbetrieb ist wieder hergestellt.

Beispiel 3.1

Schalten Sie das Gerät ein. Es erscheint die bekannte Systemmeldung (vgl. Bild 3.3).

- Drücken Sie nun die Taste A⏚ .
- An der Stelle, wo vorher auf dem Bildschirm der Cursor stand (viereckige weiße Lichtmarke),
  erscheint ein *kleines* a.
- Drücken Sie anschließend gleichzeitig die Tasten SHIFT und A⏚ .
  An der Stelle, wo vorher auf dem Bildschirm der Cursor stand, erscheint ein *großes* A.
- Drücken Sie nochmals die Taste A⏚ .
  Es wird auf dem Bildschirm ein *kleines* a ausgegeben.
- Drücken Sie die Taste CAPS und anschließend zweimal die Taste A⏚ .
  Die gelbe CAPS-Kontrolleuchte leuchtet auf, und auf dem Bildschirm erscheinen zwei *große* A.
- Drücken Sie die Taste CAPS erneut. Die gelbe Kontrolleuchte CAPS erlischt. Drücken Sie zwei-
  mal die Taste A⏚ . Auf dem Bildschirm erscheinen zwei *kleine* a.

Der Grafikbetrieb

> **Der Grafikbetrieb wird durch Drücken der GRAPH -Taste eingestellt, d.h. es werden die grafischen Symbole ausgewählt, die sich auf der rechten Seite der ein-zelnen Tasten befinden.**

Die grafischen Symbole, die sich rechts unten auf den Tasten befinden, erhält man ohne
zusätzliches Drücken weiterer Tasten.

Die oberen grafischen Symbole lassen sich hingegen durch zusätzliches Drücken der
SHIFT -Taste auswählen (die Taste CAPS ist wirkungslos). Einzelheiten zeigen die
Bilder 3.9 und 3.10.

Eine Kontrollanzeige auf der Systemeinheit existiert für diese Betriebsart leider nicht.
Möchte man den Grafikbetrieb wieder verlassen, so muß die GRAPH -Taste erneut gedrückt werden. Anschließend ist wieder der Normalbetrieb eingestellt.

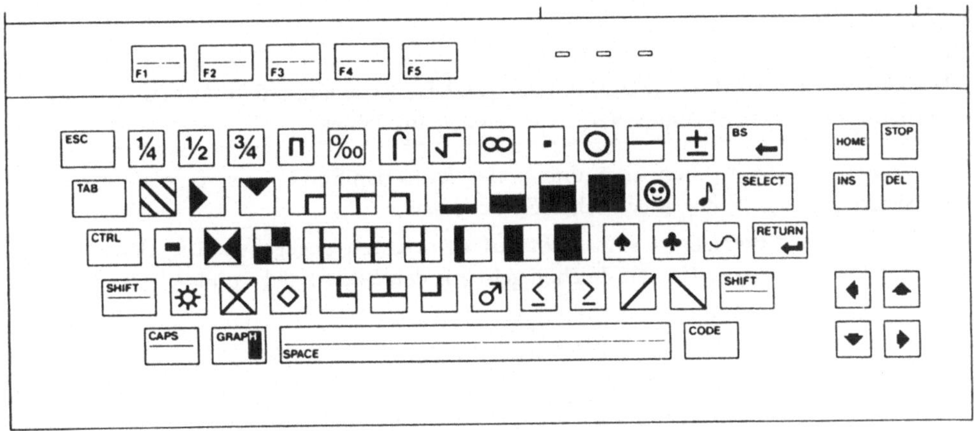

Bild 3.9 Belegung der Tasten im Grafikbetrieb *ohne* Drücken der SHIFT-Taste

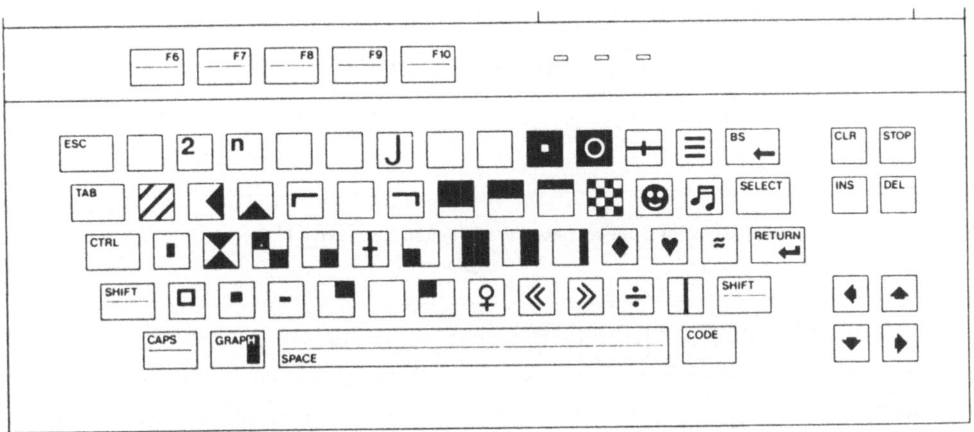

Bild 3.10 Belegung der Tasten im Grafikbetrieb *mit* Drücken der SHIFT-Taste

Beispiel 3.2

- Drücken Sie die Taste GRAPH . Der Grafikbetrieb ist eingeschaltet. Drücken Sie anschließend die Taste A⊥ .
  Auf dem Bildschirm erscheint das Zeichen ▬ , d.h. die untere rechte Belegung der Taste.

- Drücken Sie nun die Tasten SHIFT und A⊥ gleichzeitig.
  Auf dem Bildschirm erscheint das Zeichen ▮ , d.h. die obere rechte Belegung der Taste.

- Drücken Sie die Taste GRAPH . Der Grafikbetrieb ist ausgeschaltet und der Normalbetrieb wieder eingeschaltet.
  Drücken Sie zum Nachweis die Taste A⊥ . Auf dem Bildschirm erscheint ein kleines a (siehe Normalbetrieb).

Der Codebetrieb

> **Der Codebetrieb** wird durch Drücken der $\boxed{\text{CODE}}$ -Taste eingestellt. Mit Hilfe dieser Betriebsart lassen sich landesspezifische Zeichen auswählen.

Dazu gehören z.B. die Zeichen ä, ö und ü der deutschen Sprache, é, è, ê der französischen Sprache, α, β, γ der griechischen Sprache usw.

Die Zeichen dieser Betriebsart sind *nicht* auf den Tasten angegeben. Die Belegung der Tasten mit den landesspezifischen Zeichen geht aus den Bildern 3.11 und 3.12 hervor.

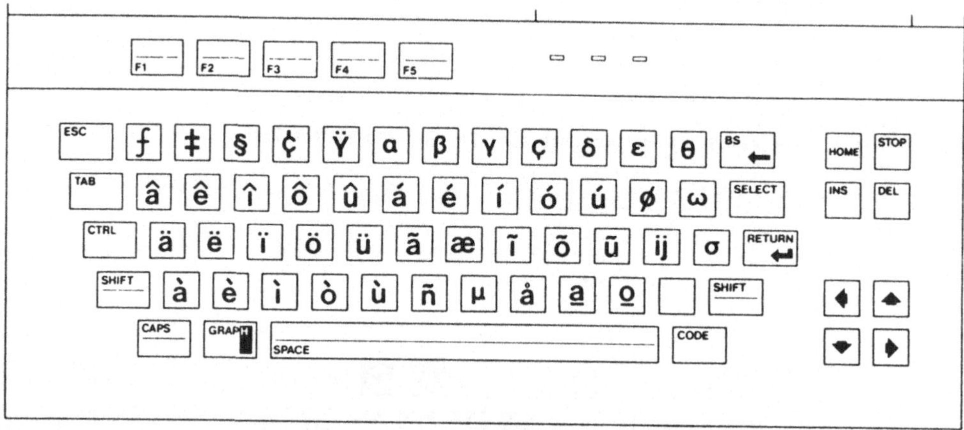

Bild 3.11 Belegung der Tasten im Codebetrieb *ohne* Drücken der $\boxed{\text{SHIFT}}$ -Taste.

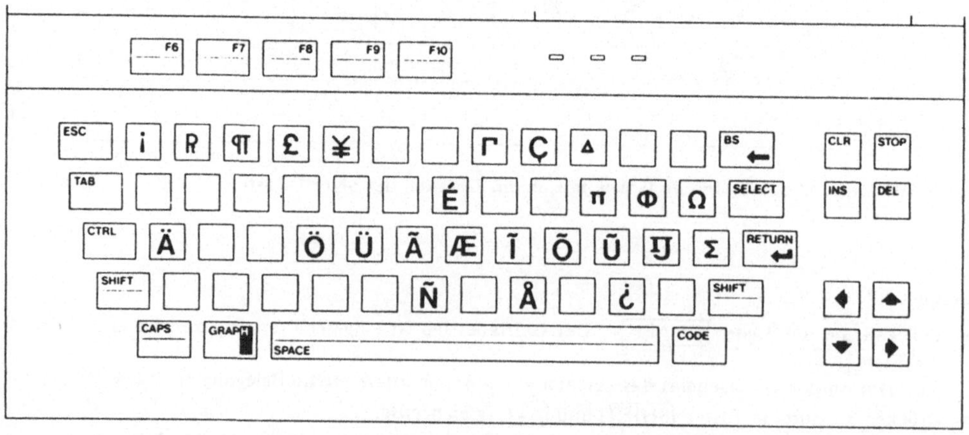

Bild 3.12 Belegung der Tasten im Codebetrieb *mit* Drücken der $\boxed{\text{SHIFT}}$ -Taste.

Möchte man den Codebetrieb wieder verlassen, so muß die CODE -Taste erneut gedrückt werden. Die grüne Kontrollampe CODE erlischt. Der Normalbetrieb ist wieder eingestellt.

Beispiel 3.3

Drücken Sie die Taste CODE .
Die grüne CODE-Kontrolleuchte der Systemeinheit leuchtet auf. Der Codebetrieb ist eingeschaltet.
Drücken Sie die Taste A⌐ .
Auf dem Bildschirm erscheint das Zeichen ä.
Drücken Sie anschließend die Tasten SHIFT und A⌐ gleichzeitig.
Auf dem Bildschirm erscheint das Zeichen Ä.
Drücken Sie die Taste CODE .
Die grüne CODE-Kontrolleuchte auf der Systemeinheit erlischt. Der Codebetrieb ist ausgeschaltet, der Normalbetrieb wieder eingeschaltet. Drücken Sie zum Nachweis die Taste A⌐ . Auf dem Bildschirm erscheint ein kleines a.

Die Leertaste

> **Die Leertaste (engl.: SPACE) erzeugt Leerstellen.**

Sie fällt durch ihre Größe innerhalb der Schreibmaschinentastatur auf. Wenn diese Taste gedrückt wird, wird ein sog. Leerzeichen ausgegeben, d.h. an der Stelle eines Zeichens wird kein Zeichen ausgegeben. Es wird i.a. zur Trennung von Zeichen und Worten verwendet.

Die Leertaste ist nur einfach belegt. Somit kann das Leerzeichen in allen Betriebsarten ohne Umschaltung gewählt werden.

In der Darstellung dieses Buches wird teilweise das Symbol ⌴ verwendet, wenn ausdrücklich dargelegt werden soll, daß eine *bestimmte* Anzahl von Leerstellen zur Trennung von Worten einzugeben ist.

3.6.2 Die Umschalttasten

Die besprochenen Tasten

SHIFT , CAPS , GRAPH und CODE

nennt man auch Umschalttasten, da sie ein Umschalten der Betriebsart bzw. der Tastenbelegung erlauben.

3.6.3 Die Funktionstasten

Die fünf Tasten, die unten mit F1 bis F5 und oben mit F6 bis F10 bezeichnet sind, nennt man programmierbare Funktionstasten.

> **Nach dem Einschalten des Computers sind die Funktionstasten zunächst zunächst <u>automatisch</u> mit bestimmten Zeichenketten belegt.**

Jeder dieser Funktionstasten kann jedoch auch eine andere, vom Benutzer bestimmte Zeichenkette zugewiesen werden.

Folgende Zeichenketten werden den Funktionstasten automatisch zugeordnet:

Taste	Zeichenkette	Bedeutung
$\dfrac{F6}{F1}$ = F1	color	Schlüsselwort zur Einstellung der Vorder- und Hintergrundfarbe sowie der Farbe des Rahmens bei einem Farbsichtgerät.
$\dfrac{F7}{F2}$ = F2	auto	Schlüsselwort zur automatischen Numerierung der Anweisungen eines Programms mit Anweisungsnummern.
$\dfrac{F8}{F3}$ = F3	goto	Schlüsselwort der direkten Sprunganweisung.
$\dfrac{F9}{F4}$ = F4	list	Schlüsselwort zum Auflisten eines sich im Arbeitsspeicher befindenden Programms bzw. eines definierten Bereiches des Programms auf dem Bildschirm.
$\dfrac{F10}{F5}$ = F5	run ⏎	Schlüsselwort, das ein Programm sofort zum Ablauf bringt (das Drücken der RETURN-Taste ⏎ ist nicht erforderlich).

Die Belegung der Funktionstasten mit den entsprechenden Zeichenketten (Schlüsselwörtern) muß man sich nicht merken. In der 24. Zeile, d.h. in der untersten Zeile auf dem Bildschirm stehen die fünf Zeichenketten. Sie werden von links nach rechts den Funktionstasten F1 bis F5 zugeordnet.

Im Normalfall stehen somit folgende Zeichenketten in der untersten Zeile:

color   auto   goto   list   run

Drückt man die SHIFT -Taste, so zeigt die unterste Zeile:

color   cload"   cont   list.   run

Somit gilt nun folgende Tastenzuordnung:

Taste	Zeichenkette	Bedeutung
SHIFT + $\dfrac{F6}{F1}$ = F6	color 15, 4, 7	Schlüsselwort mit Farbangabe für Vordergrund (grau), Hintergrund (dunkelblau) und Rahmen (zyanblau). Das ist die Standardeinstellung.
SHIFT + $\dfrac{F7}{F2}$ = F7	cload"	Schlüsselwort zum Laden eines Programmes von der Kassette in den Arbeitsspeicher.
SHIFT + $\dfrac{F8}{F3}$ = F8	cont	Schlüsselwort zur Fortsetzung des Programmlaufs, wenn er unterbrochen wurde.
SHIFT + $\dfrac{F9}{F4}$ = F9	list.	Die letzte Programmzeile wird aufgelistet. Der Cursor steht am Anfang der Programmzeile (nützlich z.B. für Korrekturzwecke).
SHIFT + $\dfrac{F10}{F5}$ = F10	run	Es wird vor dem Programmablauf der Bildschirm gelöscht, sonst wie F5 .

Ohne Drücken der [SHIFT]-Taste werden somit die Funktionstasten [F1] bis [F5] ange-sprochen, mit Drücken der [SHIFT]-Taste die Funktionstasten [F6] bis [F10].

Beispiel 3.4

Sie möchten mit einem Tastendruck die Zeichenkette goto auf dem Bildschirm ausgeben. Drücken Sie dazu die Taste

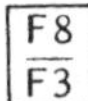

Beispiel 3.5

Sie möchten ohne viel Mühe die Zeichenfolge cload" auf den Bildschirm schreiben. Drücken Sie dazu die Tasten

$$[SHIFT] + \boxed{\frac{F7}{F2}}$$

Diese Zeichenketten sind vielfach benötigte Zeichenketten (Schlüsselwörter) in BASIC-Anweisungen bzw. BASIC-Kommandos. Auf ihre genauere Bedeutung wird später aus-führlich eingegangen (Kap. 7 und 14). Man kann somit mit Hilfe der Funktionstasten den Eingabeaufwand reduzieren, da i.a. zur Eingabe häufig vorkommender Schlüsselworte nur eine Taste zu drücken ist (mit [SHIFT] höchstens zwei).

> **Stellt sich heraus, daß die beim Einschalten automatisch festgelegten Zeichenketten im eigenen Betrieb seltener benötigt werden als andere, so kann man die den Funk-tionstasten zugeordneten Zeichenketten individuell anders programmieren.**
>
> **Dazu dient das Kommando**
>
> KEY n, "Zeichenkette" [↵]

- KEY ist das Schlüsselwort zur Änderung der Zeichenkettenzuordnung für Funktions-tasten (engl. key bedeutet Taste).
- n gibt die Ziffer der Funktionstaste an, der eine andere Zeichenkette zugeordnet wer-den soll.
- "Zeichenkette" ist die neu zuzuordnende Zeichenkette.
- [↵] bedeutet, daß die RETURN-Taste nach Eingabe des gesamten Kommandos zu drücken ist.

Beispiel 3.6

Sie möchten die Zeichenkette goto, die der Funktionstaste [F3] zugeordnet ist, gegen die Zeichen-Kette "return" tauschen.

Geben Sie dazu folgendes Kommando ein:

KEY 3, "return" [↵]

In der untersten Zeile des Bildschirms erscheint an der Stelle, wo vorher die Zeichenfolge "goto" stand, die Zeichenfolge „return". Dabei ist es gleichgültig, ob das Schlüsselwort KEY groß oder klein geschrieben wurde.

> **Kleingeschriebene Schlüsselwörter werden vom Computer intern in Großbuchstaben umcodiert.**

Beispiel 3.7

Drücken Sie im Anschluß zu Beispiel 3.6 zur Probe die Taste [F3] . Auf dem Bildschirm erscheint ab der Stelle, wo der Cursor auf dem Bildschirm stand, die Zeichenfolge "return".

> **Möchte man nicht nur die Belegung von jeweils 5 Funktionstasten in der untersten Zeile des Bildschirms sehen, sondern alle 10 gleichzeitig, so ist dies möglich durch Eingabe des Kommandos**
>
> **KEY LIST [↵]**

Zur Eingabe von Kommandos muß das System bereit sein, d.h. es muß das Systembereitschaftszeichen OK hinter der letzten Anweisungs- oder Kommandozeile auf dem Bildschirm stehen. Dies erreicht man u.a. durch Drücken der RETURN-Taste [↵].

Möchten Sie nach einer Änderung der Schlüsselwörter mit Hilfe des KEYn-Kommandos die standardmäßig voreingestellten Schlüsselwörter wieder voreinstellen, ohne diese umzuprogrammieren, so drücken Sie einfach die RESET-Taste auf der Rückseite der Systemeinheit. Dabei ist jedoch zu beachten, daß der ganze Computer inklusive Arbeitsspeicherinhalt zurückgesetzt wird, d.h. er wird gelöscht.

3.6.4 Die Cursortasten

Unter einem Cursor versteht man eine Lichtmarke auf dem Bildschirm (weißes Rechteck), die anzeigt, an welcher Stelle auf dem Bildschirm das Zeichen ausgegeben wird, das als nächstes über die Tastatur eingegeben wird.

> **Mit Hilfe der Cursortasten läßt sich der Cursor auf dem Bildschirm bewegen.**

Die Cursortasten befinden sich rechts auf der Tastatur der Systemeinheit.

Taste	Bedeutung
[→]	Der Cursor bewegt sich bei einmaligem Betägigen um eine Position innerhalb der Zeile nach rechts.
[↓]	Der Cursor bewegt sich bei einmaligem Betätigen auf die eine Zeile darunter befindliche Position.
[←]	Der Cursor bewegt sich bei einmaligem Betätigen um eine Position innerhalb der Zeile nach links.
[↑]	Der Cursor bewegt sich bei einmaligem Betätigen auf die eine Zeile darüber befindliche Position.
CLR HOME	Wird diese Taste gedrückt, so bewegt sich der Cursor zur äußerst linken oberen Ecke des Bildschirms (Zeile 1, Spalte 1), der sog. HOME-Position (Ausgangslage).
[TAB]	Wird diese Taste gedrückt, springt der Cursor zur nächsten Tabulatorstelle (die Abkürzung TAB steht für engl. *tabu*late, tabulieren). Wie der Name sagt, lassen sich mit Hilfe des Tabulators auf einfache Weise Tabellen erstellen. Diese Tabulatorpositionen befinden sich an folgenden Positionen der Bildschirmzeilen: Spalte 1, Spalte 10, Spalte 18, Spalte 26, Spalte 34, Spalte 1 der neuen Zeile usw.

Beispiel 3.8

- Drücken Sie die RESET-Taste auf der Rückseite der Systemeinheit, um eine definierte Ausgangslage einzunehmen.
- Drücken sie je 10mal die Tasten $\boxed{\rightarrow}$ $\boxed{\downarrow}$ $\boxed{\leftarrow}$ und $\boxed{\uparrow}$
  Der Cursor beschreibt auf dem Bildschirm ein Viereck, das im Uhrzeigersinn durchlaufen wird.
- Drücken Sie anschließend die Taste $\boxed{\begin{array}{c}\text{CLR}\\\text{HOME}\end{array}}$. Der Cursor springt in die äußerste linke obere Ecke des Bildschirms, zum M in der Systemmeldung „MSX-BASIC". Das M wird aufgrund des weißen Cursors invers (hellblau auf weiß) dargestellt.
- Halten Sie die Taste $\boxed{\downarrow}$ längere Zeit gedrückt. Der Cursor bewegt sich nach kurzer Zeit so lange nach unten, wie Sie die Taste gedrückt halten. Dies gilt auch für die anderen Cursor-Tasten. Auf diese Weise kann man den Cursor bequem mit Hilfe der Cursor-Tasten beliebig über den Bildschirm zu einer gewünschten Position bewegen.

Beispiel 3.9

Geben Sie folgende Ziffern in der angegebenen Reihenfolge ein:

12345678901234567890123456789012345678

Damit haben Sie die Zeile durchnumeriert.

Drücken Sie nun mehrfach die $\boxed{\text{TAB}}$ -Taste. Vergleichen Sie anhand der eingegebenen Ziffern, wo der Cursor nach jedem Druck der Taste $\boxed{\text{TAB}}$ hinspringt. Dies sind die Tabulatorpositionen. Vergleichen Sie das Ergebnis mit den Angaben in diesem Abschnitt.

3.6.5 Die Korrektur-Tasten

Eingaben über die Tastatur lassen sich nie vollkommen fehlerfrei erstellen. Daher müssen Eingaben korrigiert werden können.

> **Um Korrekturen einfach vornehmen zu können, bedient man sich für die häufigsten Korrekturwünsche spezieller Korrektur-Tasten.**

Die Korrektur-Tasten befinden sich auf der rechten Seite der Schreibmaschinentastatur der Systemeinheit.

Taste	Bedeutung
$\boxed{\text{INS}}$	**Einfügetaste** INS ist eine Abkürzung für engl.: *ins*ert, d.h. einfügen. **Durch das einmalige Drücken dieser Taste wird der Einfügevorgang an der jeweiligen Cursorposition eingeleitet.** Äußerlich wird dies erkennbar durch die Veränderung des Cursors auf ca. 1/3 seiner Höhe. Drückt man anschließend eine Zeichentaste, erscheint das eingegebene Zeichen an dieser Stelle. Alle anderen Zeichen rechts von der Cursorposition rutschen dabei um eine Stelle nach rechts. Damit ist das Zeichen an der Cursorposition eingefügt. **Zum Beenden des Einfügevorgangs muß die $\boxed{\text{INS}}$ -Taste erneut gedrückt werden.**

DEL	**Löschtaste**
	DEL ist eine Abkürzung für engl.: *del*ete, d.h. löschen.
	Durch das einmalige Drücken dieser Taste wird das Zeichen, das sich <u>an</u> der Cursorposition befindet, gelöscht.
	Alle auf den Cursor folgenden Zeichen der Eingabezeile werden anschließend um eine Position nach links verschoben, so daß die durch das Löschen entstehende Lücke aufgefüllt wird.
BS ←	**Rückschritt-Taste**
	BS ist eine Abkürzung für engl.: *back*space, d.h. soviel wie: „um einePosition *zurück*gehen (back) und diese Stelle mit einem *Leerzeichen* (space) überschreiben". Diesen Rückschritt deutet auch das Symbol ← auf der Taste an.
	Durch das einmalige Drücken dieser Taste wird das Zeichen, das sich direkt links neben dem Cursor befindet, gelöscht.

Durch mehrfaches Drücken der Korrektur-Tasten kann man auch mehrere Zeichen an einer Stelle einfügen bzw. löschen.

Beispiel 3.10

- Drücken Sie 10mal die Taste A.
  Auf dem Bildschirm befinden sich in einer Zeile 10 kleine a. Der Cursor steht hinter dem letzten a.
  aaaaaaaaaa■

- Wenn Sie einmal die Taste BS ← drücken, wird das letzte a gelöscht.
  aaaaaaaaa■

- Drücken Sie viermal die Cursortaste ←
  Der Cursor steht beim sechsten a (infolge des weißen Cursors invers geschrieben, d.h. hellblau auf weißem Hintergrund).
  aaaaa[a]aaa

- Drücken Sie nun die INS -Taste. Die Form des Cursors verändert sich (er wird kleiner).
  Drückt man nun eine Taste mit einem beliebigen Zeichen, z.B. die Taste mit der Ziffer 1, so wird die Ziffer an der durch den Cursor gekennzeichneten Stelle eingefügt.
  Die Zeichen, die sich rechts von der Einfügestelle befanden und das Zeichen an der Einfügestelle werden um eine Stelle nach rechts verschoben. Die Zeichenfolge ist nunmehr:
  aaaaa1aaaa
  Das Einfügezeichen ist, wie die Zeichenfolge zeigt, ebenfalls um eine Stelle nach rechts gerutscht. Es könnte an dieser Stelle ein weiteres Zeichen eingefügt werden.

- Möchte man hingegen den Einfügevorgang beenden, muß erneut die INS -Taste gedrückt werden. Der Cursor erscheint wieder in voller Größe anstelle des Einfügezeichens (das Zeichen, das sich an der Stelle des Cursors befindet, wird wieder invers ausgegeben).
  aaaaa1[a]aaa

- Drücken Sie nun einmal die Cursortaste ← und anschließend die DEL -Taste. Die eingefügte 1 wird auf diese Weise wieder gelöscht. Die Zeichen, die sich rechts vom gelöschten Zeichen befinden, werden um eine Stelle nach links verschoben.
  aaaaa[a]aaa

Auf die Benutzung der Korrekturtasten bei der Korrektur von Programmen wird eingehend in Kapitel 9 eingegangen.

3.6.6 Die Sondertasten

Diese Tasten lassen sich keiner größeren Gruppe zuordnen. Deshalb werden sie hier Sondertasten genannt.

Taste	Bedeutung
RETURN ↵	**Wagenrücklauftaste bzw. Eingabetaste** Das Symbol ↵ soll den Sprung zur nächsten Zeile und den darauf folgenden „Wagenrücklauf" einer Fernschreibmaschine darstellen. Dies drückt auch das engl. Wort RETURN aus. Es handelt sich um eine Kurzform für engl. carriage *return*, was soviel wie *Wagenrücklauf* bedeutet. **Bei Mikrocomputern wird diese Taste immer dann gedrückt, wenn eine Eingabe beendet wird (Kommando oder Anweisung).** Der Cursor springt anschließend zum Anfang der nächsten Zeile. Dies entspricht dem Wagenrücklauf mit Zeilenvorschub auf dem Bildschirm. Durch das Drücken der RETURN-Taste wird eine über die Tastatur eingegebene Anweisung in den Arbeitsspeicher des Mikrocomputers gebracht bzw. ein über die Tastatur eingegebenes Kommando zur Ausführung gebracht. Daher wird diese Taste bei Mikrocomputern auch *Eingabetaste* genannt.
SHIFT + CLR HOME = CLR	**Bildschirmlöschtaste** **Durch das Drücken der beiden angegebenen Tasten wird der gesamte Bildschirm gelöscht.** Der Cursor befindet sich anschließend in der äußerst linken oberen Ecke. (Durch das Drücken der SHIFT-Taste wird die obere Belegung der Taste CLR HOME gewählt, d.h. die Funktion CLR. Dies ist eine Abkürzung für engl. *clear*, d.h. säubern, löschen.)
STOP	**STOP-Taste** **Mit Hilfe dieser Taste kann der Programmlauf <u>unterbrochen</u> werden. Durch erneutes Drücken der STOP-Taste kann der Programmlauf fortgesetzt werden.**
SELECT	**Auswahl-Taste** Mit Hilfe dieser Taste kann *bei Benutzung eines Programmmoduls* eine Auswahl zwischen den Möglichkeiten getroffen werden, die der Programmodul bietet.
ESC	**Freigabe-Taste** Diese Taste ist nur interessant, wenn ein Drucker an den Computer angeschlossen ist. Die Abkürzung ESC steht für engl.: *escape*, d.h. freigeben.

3.6.7 Die Kontrolltaste

Die Kontralltaste ⌷CTRL⌷ hat nur einen Sinn, wenn sie zusammen mit *einer* anderen Buchstabentaste gedrückt wird. Hier gibt es eine Vielzahl von Möglichkeiten. In diesem Abschnitt werden jedoch nur die Kontrollfunktionen aufgeführt, die nicht schon durch Drücken spezieller Tasten ausgeführt werden können. Diese Kontrollfunktionen sind in der folgenden Aufstellung alphabetisch nach den zusätzlich zu drückenden Buchstabentasten aufgeführt.

Tasten	Bedeutung
CTRL + B	**Der Cursor wird auf das erste Zeichen des vorhergehenden Wortes gesetzt.** Dabei wird davon ausgegangen, daß Worte durch Trennzeichen, wie z.B. durch Leerstellen, Kommas sowie durch andere Sonderzeichen getrennt sind.
CTRL + C	Wenn die *automatische Zeilennumerierung* mit Hilfe des Kommandos AUTO eingestellt war, läßt sie sich durch diese Kontrollfunktion *beenden* (vgl. Abschnitt 3.6.3, Taste F2).
CTRL + E	**Alle Zeichen ab der aktuellen Cursorposition werden bis zum Zeilenende gelöscht.**
CTRL + F	**Der Cursor wird auf das erste Zeichen des nächsten Wortes gesetzt.** Dabei wird davon ausgegangen, daß Worte durch Trennzeichen getrennt werden, wie z.B. Leerzeichen, Kommas o.ä.
CTRL + G	Durch diese Kontrollfunktion wird ein *Piepton* ausgegeben (der Fernsehlautstärkeregler muß dazu entsprechend „laut" eingestellt sein).
CTRL + J	**Der Cursor wird zur nächsten Zeile bewegt. Die aktuelle Spaltenposition bleibt dabei erhalten.**
CTRL + N	**Der Cursor wird hinter dem letzten Zeichen der aktuellen Zeile positioniert.**
CTRL + U	**Die ganze Zeile wird gelöscht.**

Die fettgedruckten Kontrollfunktionen stellen somit zusätzliche Cursorfunktionen bzw. Korrekturfunktionen dar.

3.6.8 Tastencodes

Um die Funktionen der Tasten auch *in Programmen* nutzen zu können, ist den Tasten ein bestimmter Code (Dezimaläquivalent eines Binärwertes) zugeordnet.

- Für die normalen Zeichentasten (Buchstaben, Ziffern, Sonderzeichen, grafische Zeichen) ist dies der übliche ASCII-Code (siehe Anhang A2).

● Für die speziellen Funktionstasten gilt hingegen folgende Zusammenstellung:

Code (Dezimaläquivalent)	Taste(n)	Code (Dezimaläquivalent)	Taste
1	CTRL + A	17	—
2	CTRL + B	18	INS
3	CTRL + C	19	—
4	—	20	—
5	CTRL + E	21	CTRL + U
6	CTRL + F	22	—
7	CTRL + G	23	—
8	BS	24	SELECT
9	TAB	25	—
10	CTRL + J	26	—
11	HOME	27	ESC
12	CLR	28	→
13	RETURN	29	←
14	CTRL + N	30	↑
15	—	31	↓
16	—		

Im Programm wird die Funktion der aufgeführten Tasten mit Hilfe der PRINT-Anweisung und der Textstandardfunktion CHR$(X) realisiert, wobei X den Code (Dezimaläquivalent) darstellt.
Die allgemeine Form ist:

> n PRINT CHR$(X)

Hierbei ist n eine Anweisungsnummer im Programm.

Beispiel 3.11

Es soll der Bildschirm programmgesteuert gelöscht werden. Von Hand ist dies durch Drücken der Taste CLR möglich (vgl. Abschnitt 3.6.6).
Programmgesteuert lautet die Anweisung

    1Ø   PRINT CHR$ (12) ⏎

Geben Sie diese Anweisung ein und schließen Sie diese durch Drücken der RETURN-Taste ⏎ ab.
Wird nach der Eingabe dieser Anweisung die Taste F5 gedrückt, wird dieses Programm, das aus einer einzigen Anweisung besteht, ausgeführt (vgl. Abschnitt 3.6.3). Der Bildschirm wird gelöscht. (Das OK in der *obersten Zeile* des Bildschirms quittiert die Ausführung des Programms, bestehend aus der obigen Programmzeile, d.h. es wird *nach* dem Löschvorgang ausgegeben.)
Die *unterste Zeile*, die die Belegung der Funktionstaste ausgibt, wird ebenfalls nicht gelöscht, da sie den Benutzer jederzeit über die Belegung der Funktionstasten informieren soll.

In dieser Form lassen sich derartige Anweisungen in jedes beliebige BASIC-Programm einbeziehen. Die Anweisungsnummer muß entsprechend angepaßt sein.

4 Allgemeiner Überblick über die Programmierung von Mikrocomputern

Bevor auf die spezielle Programmiersprache des Philips Homecomputers VG-8010 eingegangen wird, soll dem Leser in einem allgemeinen Überblick der Sinn und Zweck sowie die Möglichkeiten von Programmiersprachen verständlich gemacht werden.

4.1 Allgemeines

Die Hardwareausstattung eines Mikrocomputers stellt nur die technischen Funktionseinheiten zur Verfügung. Aber erst die Verbindung von Mikrocomputer und Programm führt zu einem funktionsgerechten Datenverarbeitungssystem (siehe Abschnitt 1.7), d.h. das Programm veranlaßt die Hardware zu einer gewünschten Tätigkeit. Zur Formulierung von Programmen bedient man sich geeigneter Programmiersprachen.

4.2 Programmiersprachen

Zum Erstellen von Anwenderprogrammen lassen sich prinzipiell folgende Arten von Programmiersprachen verwenden:

- Maschinensprachen
- Assemblersprachen
- Problemorientierte Programmiersprachen

4.2.1 Maschinensprachen

In den Anfängen der Datenverarbeitung wurden die Arbeitsanweisungen für eine DVA in der Maschinensprache (Maschinencode) programmiert. Dabei handelt es sich in der Regel um eine *Codierung der Befehle* [1] *mit Hilfe von Binärziffern* [1], die von den digital arbeitenden Datenverarbeitungsanlagen ohne weitere Übersetzung verstanden werden und ohne menschliche Hilfe in Steuersignale umgesetzt werden können.

Beispiel 4.1

Am Beispiel einer Addition soll die Codierung in der Maschinensprache verdeutlicht werden.

In Worten ließe sich die Addition der Zahlen 8 und 1 wie folgt formulieren:

1. Lade in das Register [1] A (Akkumulator) des Mikroprozessors den Zahlenwert 8.
2. Lade in das Register B des Mikroprozessors den Zahlenwert 1.
3. Addiere den Registerinhalt des Registers B zum Registerinhalt des Registers A und speichere das Ergebnis im Register A (Akkumulator).

---

[1] Nähere Erläuterung siehe Anhang A1.

Würde man zur Realisierung dieser Aufgabe den Mikroprozessor 8080/8085 von INTEL benutzen, so würde das Programm in der Maschinensprache wie folgt aussehen:

Byte-Nr.	Maschinensprache (binär)	Erläuterung
1	00111110	Laden in das Register A des Mikroprozessors
2	00001000	den Zahlenwert 8
3	00000110	Laden in das Register B des Mikroprozessors
4	00000001	den Zahlenwert 1
5	10000000	Addition der Registerinhalte der Register A und B und Speicherung des Ergebnisses im Register A

Bei anderen Mikroprozessoren ist der verwendete binäre Code der Maschinensprache für die einzelnen Befehle wie auch die Zahl und die Art der Befehle, die verschiedene Mikroprozessoren verstehen, unterschiedlich.

> **Maschinensprachen werden heute nur noch selten benutzt. Dies liegt vor allem daran, daß die Darstellung der Befehle durch Binärziffern**
> - **relativ zeitaufwendig,**
> - **recht unübersichtlich und damit fehleranfällig und**
> - **schwer merkbar und somit schwer erlernbar ist.**

Eine gewisse *Vereinfachung* wird erreicht, wenn man Befehle und Zahlenwerte nicht als Binärziffern schreibt, sondern eine hexa*dezimale Schreibweise* wählt. Hier werden jeweils die ersten und letzten 4 Binärwerte eines Bytes zu einem Hexadezimalwert wie folgt zusammengefaßt:

Binär	Hexadezimal	Binär	Hexadezimal
0000	0	1000	8
0001	1	1001	9
0010	2	1010	A
0011	3	1011	B
0100	4	1100	C
0101	5	1101	D
0110	6	1110	E
0111	7	1111	F

Beispiel 4.2

Das vorangegangene Additionsprogramm ließe sich mit Hilfe der hexadezimalen Schreibweise wie folgt schreiben:

Byte-Nr.	Maschinensprache (Index H-hexadezimale Schreibweise)
1	$3E_H$
2	08_H
3	06_H
4	01_H
5	80_H

Ein derartiges Programm ist schon etwas übersichtlicher als ein Programm in Binärdarstellung. Außerdem ist die Eingabe einfacher und somit nicht mehr so fehleranfällig.

Mit wachsenden Aufgaben in der Datenverarbeitung wurde jedoch bald deutlich, daß nach einer noch einfacheren, schnelleren und wirtschaftlicheren Programmierung gesucht werden mußte.

4.2.2 Assemblersprachen

Mit der Entwicklung von Assemblersprachen wurde ein weiterer Schritt zur Vereinfachung der Programmierung getan.

> **Die Assemblersprache ist eine symbolische Programmiersprache, bei der der Befehlsschlüssel nicht mehr aus einer Folge von Binär- bzw. Hexadezimalzeichen besteht, sondern aus einem leicht erlernbaren symbolischen Code.** Speicherplatzadressen können ebenfalls durch einen symbolischen Namen gekennzeichnet werden.
>
> Zur Eingabe von Zahlenwerten kann die übliche Dezimalschreibweise verwendet werden.

Beispiel 4.3

Das schon besprochene Additionsprogramm ließe sich dann mit Hilfe der Assemblersprache des INTEL-Mikroprozessors 8080/8085 wie folgt schreiben:

Befehl-Nr.	Assemblersprache
1	MVI A, 8
2	MVI B, 1
3	ADD B

Die ersten drei Buchstaben der Assemblersprache geben den *symbolischen Befehlscode* an.

- MVI   steht als Abkürzung für die englischen Worte: move immediate (deutsch: bewege, bringe, lade sofort). Auf diesen Befehlscode folgt der *Operand*, d.h. die Angabe, wohin (hier Register A bzw. B) ein Zahlenwert (hier 8 bzw. 1) zu bringen ist.
- ADD   steht als Abkürzung für das englische Wort: *add* (deutsch: addiere). Auf diesen Befehlscode folgt ebenfalls der Operand, d.h. in diesem Falle die Angabe, welcher Registerinhalt (hier der Inhalt von Register B) zum Inhalt des Akkumulators (Register A) zu addieren ist und wo das Ergebnis abzuspeichern ist (Register A).

Wie dieses Beispiel zeigt, lassen sich diese Befehle einfacher merken als die Befehle im Maschinencode. Dadurch wird das Programm übersichtlicher, verständlicher, läßt sich schneller entwickeln usw.

Die Datenverarbeitungsanlage „versteht" jedoch nur den Maschinencode. Es muß also eine Einrichtung gefunden werden, die die Assemblersprache in die Maschinensprache überführt. Diesen Vorgang nennt man auch, da es sich um Sprachen handelt, *Übersetzung*. Sie läuft nach festen Regeln ab und kann deshalb mit Hilfe eines geeigneten *Programmes* von der DVA selbst vorgenommen werden.

> **Das Übersetzungsprogramm, das die Assemblersprache in die Maschinensprache übersetzt, heißt Assembler.**

Diesen Übersetzungsvorgang stellt Bild 4.1 grafisch dar.

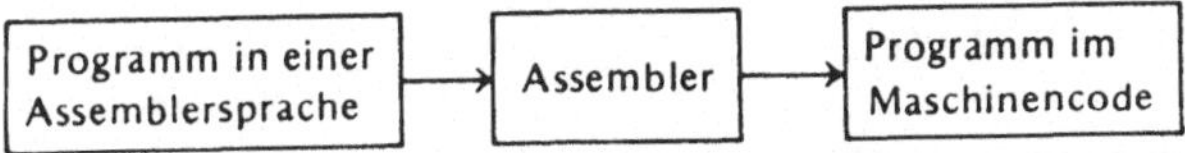

Bild 4.1 Übersetzung eines in einer Assemblersprache geschriebenen Programms in die Maschinensprache (Maschinencode)

> **Die Assemblersprache ist eine maschinenorientierte Programmiersprache, weil jeder Befehl der Maschinensprache durch einen symbolischen Ausdruck ersetzt wird.**

Dies hat Vor- und Nachteile.

Als Vorteil der Assemblersprache gegenüber der Maschinensprache wäre zu nennen:

> **Der Programmieraufwand ist weniger zeitaufwendig, da sich die Befehle leichter merken lassen. Außerdem wird das Programm übersichtlicher und somit weniger fehleranfällig.**

Folgende Nachteile wären jedoch immer noch anzuführen:

> **Da die Assemblersprache maschinenorientiert ist, hängt sie vom Typ der DVA ab, so daß zur Programmierung eines bestimmten Problems für verschiedene DVA-Typen unterschiedliche Programme geschrieben werden müssen.**

4.2.3 Problemorientierte Programmiersprachen

Den genannten Nachteil der Assemblersprachen vermeiden die problemorientierten Programmiersprachen. Ihre Entwicklung orientiert sich unabhängig von der jeweiligen Maschinensprache nur am Problem. Dadurch werden sie anlageunabhängig. Als Beispiel mögen die mathematisch-naturwissenschaftlich orientierten Programmiersprachen dienen. Sie beschreiben unabhängig von der Maschinensprache eine mathematische Aufgabe, wie aus der Mathematik gewohnt, mit Hilfe einer mathematischen Formel.

Beispiel 4.4
Um bei dem Beispiel einer Addition von zwei Zahlenwerten zu bleiben, kann das Additionsprogramm in einer problemorientierten Programmiersprache wie folgt formuliert werden:

$$8 + 1.$$

Wie schon dieses einfache Beispiel zeigt, ist die Zahl der Maschinencodebefehle im allgemeinen größer als die Zahl der verwendeten Sprachelemente bei problemorientierten Programmiersprachen.

> **Die problemorientierten Sprachen zeichnen sich aus durch:**
>
> - bessere Überschaubarkeit der Programme durch Anweisungen in der Fachsprache
> - geringen Zeitbedarf für die Programmierung
> - leichte Erlernbarkeit
> - Unabhängigkeit von dem Typ der Datenverarbeitungsanlage (sog. Portabilität)

Weit verbreitete problemorientierte Programmiersprachen sind:

Name	Bedeutung	Anwendungsbereich
ALGOL	Algorithmic Language	mathem.-naturwissenschaftlich
FORTRAN	Formula Translation	mathem.-naturwissenschaftlich
COBOL	Common Business Oriented Language	kommerziell
PL1	Programming Language Nr. 1	kommerziell/mathem-naturwissenschaftlich
BASIC	Beginners All-Purpose Symbolic Instruction Code	Programmierung im Dialog mit der DVA.
APL	A Programming Language	Programmierung im Dialog mit der DVA.
PASCAL	Benannt nach dem Mathematiker Pascal.	Strukturierte Programmierung allgemeiner Probleme.

Eine z.B. als mathematische Formel dargestellte Anweisung kann eine Datenverarbeitungsanlage nicht direkt „verstehen" (vgl. Beispiel 4.4). Sie „versteht" nur die Maschinensprache. Daher ist eine Übersetzung von der mathematischen Formelsprache in die Maschinensprache nötig (vgl. Beispiel 4.1). Da die Übersetzung nach festen Regeln ablaufen muß, kann die Datenverarbeitungsanlage auch hier die Übersetzung selbst durch Verwendung eines geeigneten Programms vornehmen.

> **Prinzipiell können zwei Arten von Übersetzerprogrammen unterschieden werden:**
>
> - **Compiler und**
> - **Interpreter**

Der Übersetzungsvorgang läßt sich grafisch wie folgt darstellen (s. Bild 4.2):

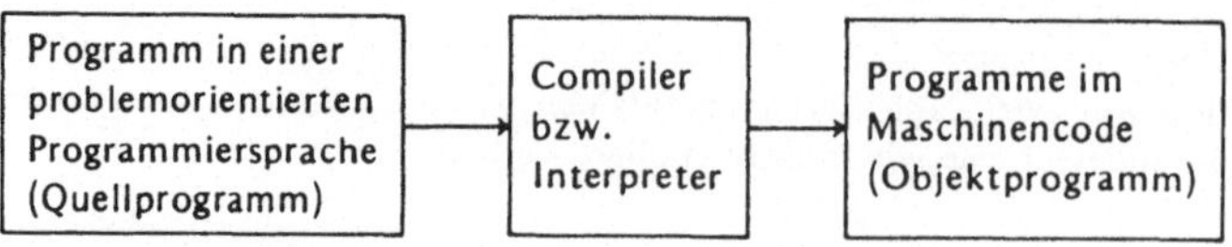

Bild 4.2 Übersetzung eines in einer problemorientierten Programmiersprache geschriebenen Programms in ein Maschinencodeprogramm

Die Vorteile des Einsatzes von problemorientierten Programmiersprachen wurden schon erwähnt. Es gibt jedoch nicht nur Vorteile, sondern auch Nachteile wie z.B.:

- Die Übersetzungszeit ist i.a. länger als die Übersetzungszeit eines entsprechenden speziellen Assemblerprogrammes.

- Die Ausführungszeit (Rechenlauf) ist i.a. länger als die Ausführungszeit eines entsprechenden speziellen Assemblerprogrammes.
- Die Programmierung eines Compilers ist aufwendiger als die eines Assemblers.
- Der Compiler (nicht das Anwenderprogramm) ist abhängig vom Typ der DVA.

4.3 Übersetzer

4.3.1 Compiler

> Compiler (engl. to compile, d.h. zusammensetzen) übersetzen in <u>einem</u> direkten Schritt einen Befehl der problemorientierten Programmiersprache nach dem anderen in den Maschinencode und speichern diese insgesamt im Arbeitsspeicher der DVA.

Das in der problemorientierten Programmiersprache geschriebene Programm nennt man auch kurz *Quellprogramm*, das in den Maschinencode übersetzte Quellprogramm nennt man hingegen kurz *Objektprogramm*.

Liegt das Objektprogramm nach der Übersetzung vollständig vor, kann es, versehen mit den notwendigen Eingabedaten, ausgeführt werden. An den *Übersetzungslauf* schließt sich somit der *Rechenlauf* an [1]. Weiter ist zu vermerken, daß der Compiler noch eine Prüfung auf formale Richtigkeit der Anweisungen des Quellprogrammes vornimmt (sog. Syntaxprüfung). Die gefundenen Fehler werden in einem *Übersetzerprotokoll* festgehalten, damit sie korrigiert werden können. Nach jeder Korrektur muß eine neue Übersetzung des gesamten Programms erfolgen.

Den vollständigen Ablauf zeigt Bild 4.3:

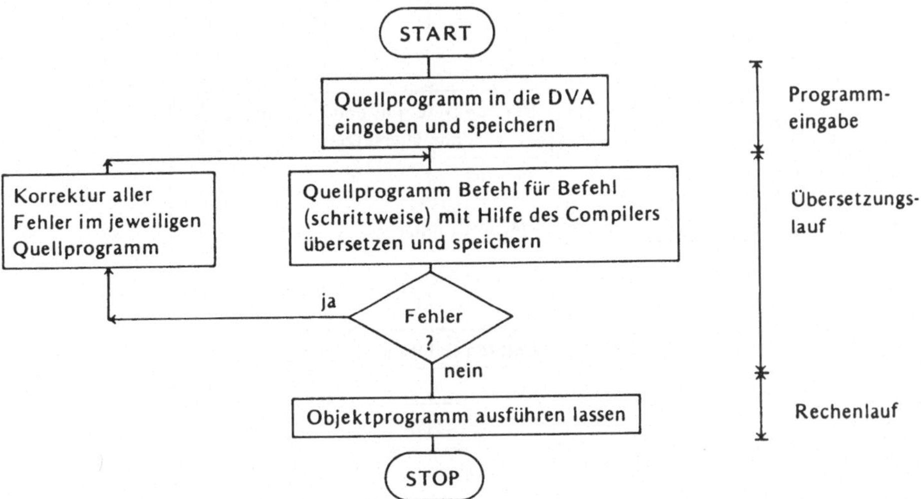

Bild 4.3 Übersetzung eines Quellprogrammes in ein Objektprogramm mit anschließender Ausführung

---

1) Auf das ebenfalls notwendige „binden" im sog. „Binderlauf" soll hier nicht näher eingegangen werden.

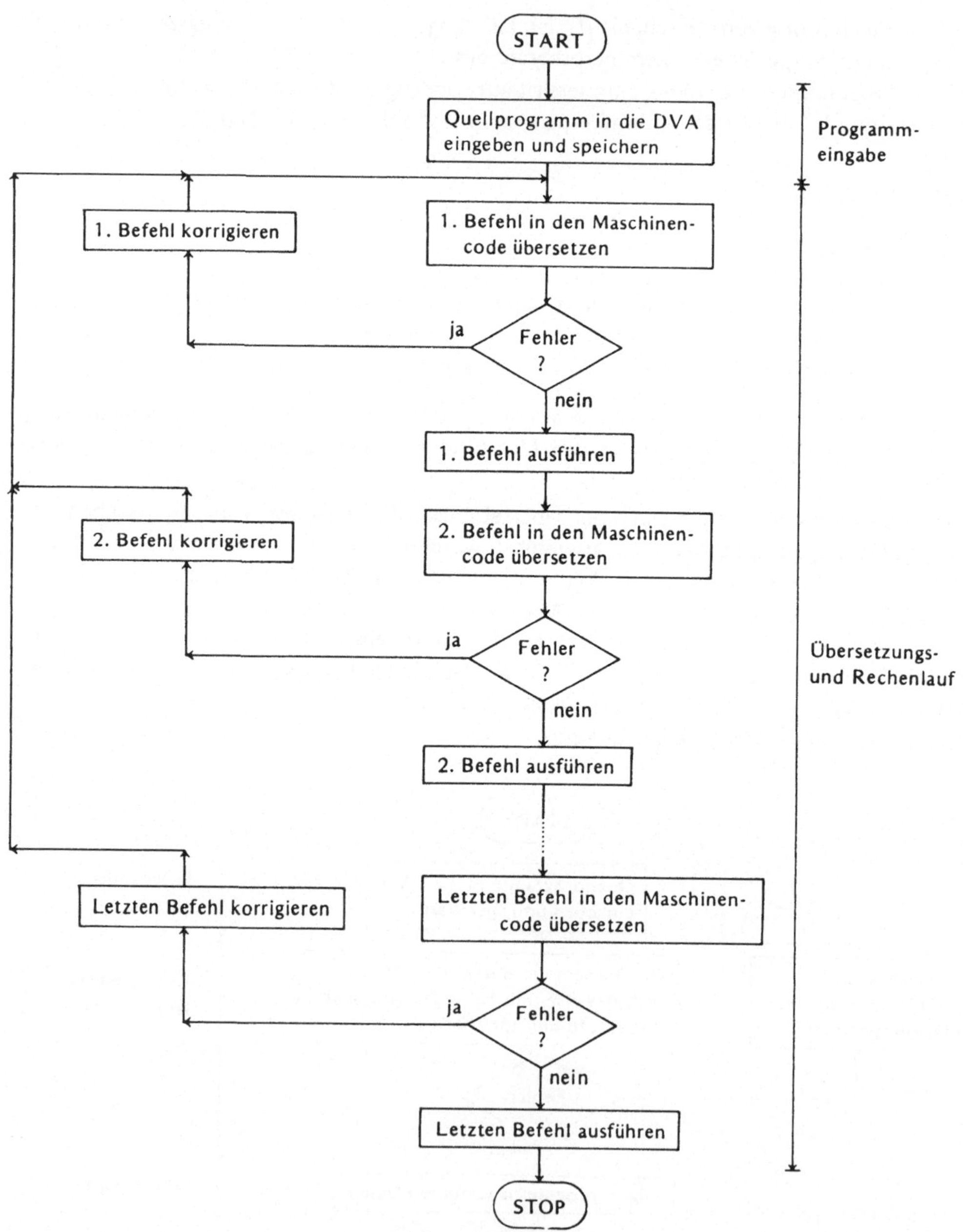

Bild 4.4 Übersetzung eines Quellprogrammes mit gleichzeitiger Ausführung bei Einsatz eines Interpreters

4.3.2 Interpreter

> Interpreter (engl.: to interprete, d.h. interpretieren, auslegen) übersetzen nach dem Start des Anwenderquellprogramms jeweils einen Befehl in den Maschinencode. Anschließend wird der Befehl sofort ausgeführt, sofern er formal richtig ist. Ansonsten wird eine Fehlermeldung ausgegeben. Der Fehler ist zu korrigieren.
>
> War der Befehl jedoch fehlerfrei formuliert, wird anschließend der nächste Befehl übersetzt und ausgeführt usw., bis das Ende des Quellprogramms erreicht ist.

Das Objektprogramm wird somit nicht gespeichert. Dies ist auch nicht nötig, da die einzelnen Befehle nach ihrer Übersetzung sofort ausgeführt werden.

In Bild 4.4 wird die Arbeitsweise eines Interpreters grafisch dargestellt.

4.3.3 Vor- und Nachteile von Interpreter und Compiler

● Nachteile von Interpretern gegenüber Compilern:
Die Übersetzung eines Programmes mit Hilfe eines Compilers (Befehle analysieren und auf formale Fehler überprüfen) beansprucht ca. 90 % der gesamten Bearbeitungszeit eines Programmes, d.h. der eigentliche Rechenlauf benötigt nur ca. 10 % der gesamten Bearbeitungszeit. Da bei Interpretern das gesamte Programm nicht getrennt übersetzt und anschließend ausgeführt wird, ist die gesamte Ausführungszeit bei Einsatz von Interpretern stets wesentlich länger als bei *einem schon übersetzten*, d.h. im Maschinencode vorliegenden Programm, das nur noch ausgeführt werden muß (compiliertes Programm). Man sagt: Compiler sind schneller als Interpreter.

● Vorteil von Interpretern gegenüber Compilern
Geht man davon aus, daß eine DVA eine bestimmte Arbeitsspeicherkapazität aufweist und daß das Compiler- bzw. Interpreterprogramm etwa gleich umfangreich ist, so steht für Quellprogramme (Programme in einer problemorientierten Programmiersprache) bei einer Übersetzung mit Hilfe eines Interpreters mehr freier Speicherplatz zur Verfügung als bei der Übersetzung mit Hilfe eines Compilers, da während der Übersetzung mit Hilfe eines Compilers gleichzeitig das Maschinencodeprogramm (Objektprogramm) und das Quellprogramm im Arbeitsspeicher gespeichert werden muß (vgl. Bild 4.5).

Speicherbelegung bei
Einsatz eines Compilers

Compiler
Quellprogramm
Objektprogramm
freier Speicherplatz

Speicherbelegung bei
Einsatz eines Interpreters

Interpreter
Quellprogramm
freier Speicherplatz

Bild 4.5 Speicherbelegung bei Einsatz von Compilern bzw. Interpretern zur Übersetzung von Quellprogrammen

Der Einsatz von Interpretern eignet sich außerdem durch die schrittweise Ausführung der einzelnen Befehle besonders gut für den *Dialogbetrieb* zwischen der DVA und dem Benutzer der DVA.

Der Benutzer der DVA hat die Möglichkeit, über geeignete Eingaben jederzeit in den Ablauf des Programmes eingreifen sowie auf Anforderungen der DVA reagieren zu können.

Betrachtet man die in Abschnitt 4.2.3 angegebenen problemorientierten Programmiersprachen hinsichtlich ihrer Übersetzer, so kann man feststellen:

FORTRAN, ALGOL, COBOL und PL1 benutzen überwiegend Compiler zur Übersetzung, APL und BASIC überwiegend Interpreter.

Dies ist jedoch nicht zwingend. Es gibt z.B. auch BASIC-Compiler.

5 Das MSX-BASIC – die Programmiersprache des VG-8010

Die Programmiersprache BASIC besitzt viele Dialekte. Das besondere am MSX-BASIC ist, daß sich viele Computerhersteller auf eine Standardisierung (Norm) geeinigt haben, dem MSX-BASIC.

> **MSX-BASIC ist eine Kurzform für
> MICROSOFT Super Extended BASIC**

d.h. soviel wie
Höchst erweitertes BASIC der Firma Microsoft.

> **Das MSX-BASIC ist in einem ROM in der Systemeinheit gespeichert. Wegen des umfangreichen BASIC ist der ROM relativ groß (32 Kbyte).**

Hinter dem MSX-BASIC steht somit das bekannte amerikanische Software-Haus Microsoft, das ihr bekanntes Microsoft BASIC noch einmal um eine Reihe von BASIC-Anweisungen erweitert hat.

Die Erweiterungen ermöglichen insbesondere eine bequeme Programmierung von Musik und Grafik, hier insbesondere von Sprites.

Sprites sind grafische Objekte, deren Form einmal programmiert wird. Diese grafischen Objekte lassen sich dann in der einmal programmierten Form beliebig über den Bildschirm bewegen. Das MSX-BASIC bietet die Möglichkeit, insgesamt 32 dieser grafischen Objekte zu programmieren.

Den gesamten Sprachumfang des MSX-BASIC finden Sie in einer alphabetischen Liste der Schlüsselworte sowie nach Verwendungsart geordnet in Kapitel 15.

> **Das MSX-BASIC enthält auch BASIC-Kommandos, die organisatorische Aufgaben übernehmen und die Arbeit mit dem Computer erleichtern. Sie müssen dem Betriebssystem des Rechners zugeordnet werden.**

Um den Unterschied zwischen BASIC-*Anweisungen* und BASIC-*Kommandos* besser zu verstehen, sollen zunächst einmal die Aufgaben eines Betriebssystems in allgemeiner Form erläutert werden.

6 Allgemeiner Überblick über die Aufgaben von Betriebssystemen bei Mikrocomputern

6.1 Allgemeines

Nach den bisherigen Ausführungen stehen dem Benutzer (Anwender) eines Mikrocomputers die *Hardware* und gewisse *Anwenderprogramme* zur Verfügung. Falls diese Anwenderprogramme in einer problemorientierten Programmiersprache vorliegen, können *Übersetzerprogramme* eingesetzt werden, um das sog. *Quellprogramm* in der problemorientierten Programmiersprache in ein *Objektprogramm* (Maschinensprache) zu übersetzen.

Der Mikrocomputer verarbeitet nun die Daten mit Hilfe des vorgegebenen Programms und gibt die Ergebnisse (Ausgabedaten) aus.

Bei diesem Zusammenspiel ergeben sich eine Vielzahl von *organisatorischen Problemen:*

- Wie erkennt die Hardware, daß Programme und Daten eingegeben werden sollen?
- Wie erkennt die Hardware, von welchem Eingabegerät die Programme und Daten eingegeben werden sollen, falls mehrere Alternativen bestehen?
- Woraus entnimmt die Hardware, auf welchem Ausgabegerät Daten und Meldungen auszugeben sind (z.B. Bildschirm oder Drucker)?
- Wie entscheidet und merkt sich die Hardware, wo die Programme und Daten im Arbeitsspeicher gespeichert werden sollen (Arbeitsspeicheradressen)?
- Wie entscheidet und merkt sich die Hardware, wo die Programme und Daten auf externen Speichern abgespeichert werden sollen?
- Wie erkennt die Hardware, daß ein Programm zum Rechenlauf gestartet werden soll?

Diese Aufzählung von organisatorischen Fragen ließe sich noch um viele Fragen ergänzen.

All diese komplexen organisatorischen Probleme werden nicht nur von der Hardware des Mikrocomputers, z.B. vom Steuerwerk der DVA, gelöst. Da es für jedes dieser organisatorischen Probleme einen Lösungsalgorithmus gibt, lassen sich für diese Algorithmen auch Programme schreiben.

> **Das Hilfsprogramm, das den komfortablen Betrieb zwischen der Hardware des Mikrocomputers, dem Anwenderprogramm und dem Benutzer organisiert, nennt man Betriebssystem (Organisationsprogramm, engl. Operating System, kurz OS).**

Wenig komplexe Betriebssysteme nennt man vielfach auch *Monitor*. Der Monitor ermöglicht zumindest die wichtigsten Grundfunktionen, d.h. Programme und Daten in den Arbeitsspeicher einlesen (laden) und speichern.

6.2 Elementare Aufgaben

Betriebssysteme stellen ihre Leistung dem Anwender zur Verfügung, indem sie ihm viele Routineaufgaben abnehmen. *Elementare* Aufgaben für Betriebssysteme eines jeden Mikrocomputers sind:

- die Ablaufsteuerung
- die Ein-Ausgabesteuerung und
- die Speicherplatzverwaltung.

6.2.1 Ablaufsteuerung

Die Programmbearbeitung muß vom Anwender gezielt *eingeleitet* werden können. Nach *Beendigung* des Programms muß der Anfangszustand wieder eingenommen werden. Dies muß für den Anwender zu erkennen sein (Systembereitschaftsmeldung, z.B. OK).

Ein laufendes Programm muß vom Anwender vor Beendigung des Programms abgebrochen oder angehalten werden können. Dazu muß das Betriebssystem die Tastatur in gewissen Abständen nach einem Abbruchkommando oder STOP-Kommando abfragen (z.B. eine RESET bzw. STOP-Taste).

> **Die Ablaufsteuerung bildet die organisatorische Schnittstelle zwischen dem Benutzer des Mikrocomputers und dem Mikrocomputer selbst.**

Über die Tastatur eingegebene *Kommandos* müssen *interpretiert* und *ausgeführt* bzw. zur Ausführung weitergeleitet werden. Die korrekte Ausführung muß erkannt und dies dem Benutzer mitgeteilt werden. *Eingabefehler* oder sonstige Fehler sollten ebenfalls erkannt und dem Benutzer *gemeldet* werden.

6.2.2 Ein- und Ausgabesteuerung

Ein- und Ausgabegeräte (E/A-Geräte) bieten die Daten oft in verschiedener Form (Codes) an (z.B. Daten von der Tastatur im ASCII-Code (vgl. Anhang A2), Daten von Lochstreifen im Baudot-Code, Daten von der Lochkarte im Hollerith-Code). Dadurch ist es vielfach nötig, die Form der Daten der Ein- und Ausgabegeräte an die *interne* Form der Daten in der DVA anzupassen, d.h. *umzucodieren.*

Ein- und Ausgabegeräte liefern Daten außerdem z.T. *parallel*, z.T. *seriell*. Auch hier ist eine Anpassung nötig.

Weiterhin werden die Daten von den E/A-Geräten in unterschiedlichen Geschwindigkeiten geliefert bzw. benötigt. Daher ist eine *Geschwindigkeitsanpassung* erforderlich.

Bei manchen Daten können Übertragungsfehler erkannt und z.T. korrigiert werden.

Aufgaben der geschilderten Art übernimmt die Ein- und Ausgabesteuerung.

6.2.3 Speicherplatzverwaltung

Programme und Daten müssen während der Bearbeitung im Arbeitsspeicher zur Verfügung
stehen (vgl. Abschnitt 1.3).

> **Um den Anwender von der Aufgabe zu entlasten, die Adressen ausdrücklich anzu-
> geben, wo die Programme und Daten im Arbeitsspeicher zu finden sind, wird die
> gesamte Verwaltung des Arbeitsspeichers vom Betriebssystem vorgenommen, d.h.
> das Betriebssystem legt die Programme und Daten in bestimmten Arbeitsspeicher-
> bereichen ab und „merkt" sich die Adressen.**

Zur Aufgabe der Speicherverwaltung gehört ebenfalls die Umcodierung der symbolischen
Arbeitsspeicheradressen (Variablennamen) einer problemorientierten Programmiersprache
in die in einer Maschinensprache notwendigen absoluten binär codierten Arbeitsspeicheradressen.

> **Werden externe Speicher eingesetzt, gilt entsprechendes auch für die Verwaltung
> der externen Speicher.**

Hierbei kann man sich vorstellen, daß die Verwaltung des Speicherplatzes auf einer
Magnetbandkassette einfacher ist als die Verwaltung des Speicherplatzes auf einer Diskette.
Während auf einer Magnetbandkassette Programme und Daten nur hintereinander (seriell)
aufgezeichnet werden können, ist die Speicherung auf Disketten in beliebigen Sektoren
auf beliebigen Spuren möglich (vgl. Abschnitt 2.6). Der Verwaltungsaufwand zur Speicherung von Programmen und Daten auf Disketten wird daher größer sein als der zur Speicherung von Programmen und Daten auf Magnetbandkassetten.

6.2.4 Zusammenarbeit zwischen Ablaufsteuerung, Ein- und Ausgabesteuerung und Speicherverwaltung

Die drei elementaren Aufgaben für Betriebssysteme stehen nicht beziehungslos zueinander, sondern stehen im allgemeinen in folgender Verbindung zueinander (vgl. Bild 6.1).

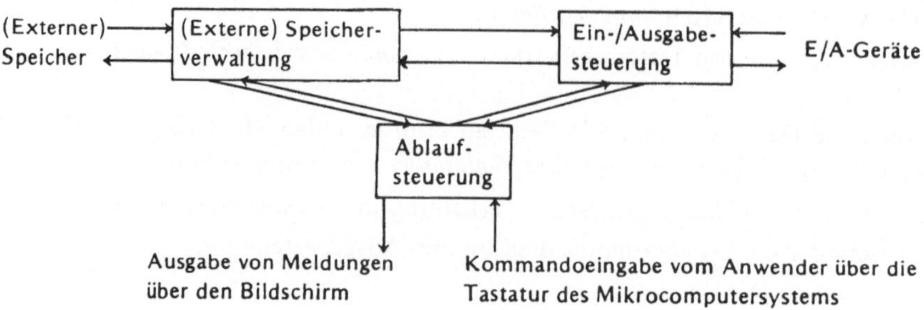

Bild 6.1 Elementare Grundstruktur eines Mikrocomputer-Betriebssystems

Wie Bild 6.1 zeigt, müssen vom Anwender zunächst *Kommandos* über die Tastatur eingegeben werden. Die Ablaufsteuerung untersucht diese auf formale Eingabefehler und gibt, falls erforderlich, eine Fehler*meldung* aus. Ist das Kommando korrekt, erfolgt dessen Bearbeitung. Ist dies z.B. vom Umfang der Aufgabe her nicht innerhalb der Ablaufsteuerung möglich, wird die Bearbeitung an die Ein-Ausgabesteuerung bzw. an die Speicherverwaltung weitergegeben.

Nach der Bearbeitung geben diese Meldungen ab, z.B. daß die Bearbeitung erfolgreich abgeschlossen wurde bzw. daß die Bearbeitung nicht ausgeführt werden konnte. Über die Ablaufsteuerung erfährt dies auch der Benutzer. Im Fehlerfall wird eine Fehlermeldung ausgegeben, die die Art des Fehlers genauer angibt.

Im Falle der externen Speicher wird nicht nur die externe Speicherplatzverwaltung von der Ablaufsteuerung angesprochen, sondern auch die Ein-Ausgabesteuerung, denn die externen Speicher stellen für den Mikrocomputer auch Ein-Ausgabegeräte dar.

6.2.5 Weitere Aufgaben von Betriebssystemen

Der Bedienungskomfort, den Mikrocomputersysteme heute bieten, hängt entscheidend von der Qualität des verwendeten Betriebssystems ab. Heute nehmen Betriebssysteme auch folgende Aufgaben wahr:

● Editieren von Programmen

  Mit Hilfe eines EDITORs lassen sich Anwenderprogramme mehr oder weniger komfortabel über die Eingabetastatur

  — erstellen und
  — ändern (korrigieren).

  Da die Erfahrung zeigt, daß neu erstellte, längere Programme stets eine Vielzahl von Fehlern enthalten, ist es wichtig, auf einfache Weise mit Hilfe sogenannter EDITOR-Kommandos Programme korrigieren zu können. Entsprechendes gilt, wenn man Programme erweitern und ergänzen möchte.

  Prinzipiell unterscheidet man

  — Bildschirm-Editoren (engl.: Screen-EDITOR) und
  — Zeilen-Editoren (engl.: Line-EDITOR).

  Bei einem Bildschirm-EDITOR fährt man mit Hilfe der Cursor-Tasten den Cursor an die zu ändernden Stellen und nimmt anschließend die Änderungen vor, während beim Zeilen-EDITOR die Zeilen- und vielfach auch die Spaltennummer der zu ändernden Stelle über die Eingabetastatur angegeben werden muß, um anschließend die Änderung vorzunehmen.

Das Arbeiten mit dem Bildschirm-EDITOR ist für den Anwender bequemer.

Vielfach treten auch Mischformen auf. Hier ist die zu ändernde Zeilennummer über die Eingabetastatur anzugeben, innerhalb der Zeile wird jedoch die zu ändernde Spalte mit dem Cursor gekennzeichnet.

Einzelheiten zum Editieren von Programmen beim Homecomputer VG-8010 werden im Kapitel 9 behandelt.

- Programmierhilfen

  Vorteilhaft sind auch Programmierhilfen, z.B. Kommandos, die automatisch die in BASIC erforderlichen Anweisungsnummern erzeugen bzw. umnumerieren (vgl. Kommando AUTO und RENUM in Abschnitt 7.1).

- Auskunft über den Systemzustand

  Es ist vielfach hilfreich, wenn das Mikrocomputersystem über seinen aktuellen Systemzustand informiert, wie z.B. über
  - die aktuelle freie Arbeitsspeicherkapazität
  - die aktuelle freie Externspeicherkapazität
  - über angeschlossene externe Geräte u.dgl.

- Programmlaufverfolgung

  Zur Fehlerverfolgung in komplizierten Programmen ist es hiflreich, mit Hilfe besonderer Kommandos alle durchlaufenen Anweisungen eines Programmes auflisten lassen zu können, um so die Fehlerstelle besser lokalisieren zu können. Dies gilt insbesondere für stark verschachtelte Programmschleifen (vgl. Kommandos TRON und TROFF in Abschnitt 7.1, Punkt 7 und 8).

- Behandlung von Dateien

  Dateien auf externen Speichern sollen nicht nur hinsichtlich ihres Speicherplatzes verwaltet und wiedergefunden werden, sondern eventuell auch

  - verkettet
  - kopiert
  - umbenannt oder
  - gelöscht

  werden. Diese Aufgabe muß ein Betriebssystem ebenfalls leisten, indem es einfache Kommandos zur Verfügung stellt (vgl. Abschnitt 7.4).

- HELP-Routinen

  Hilfsroutinen (engl. HELP-Routinen) *helfen* dem Anwender. Auf dessen Wunsch werden ihm über den Bildschirm Auskünfte gegeben wie z.B.
  - über die allgemeine Struktur von Betriebssystem-Kommandos bzw.
  - über die allgemeine Struktur von BASIC-Anweisungen.

  Somit kann vielfach während der Arbeit mit dem Mikrocomputer das Nachblättern in Handbüchern entfallen, d.h. das Mikrocomputersystem informiert über sich selbst.

6.3 Speicherung von Betriebssystemen

Kleinere Betriebssysteme werden vielfach im Maschinencode oder der zugehörigen Assemblersprache geschrieben. Sie werden in *Festwertspeichern* (ROM) abgelegt. Somit ist die Software hardwaremäßig festgelegt. Diese Form, die zwischen Hard- und Software liegt, nennt man auch *Firmware*. Diese Art der Speicherung ist vergleichsweise einfach und damit billig. Würde man eine andere dauerhafte Speicherung, z.B. auf einer Diskette vorsehen, so wäre dies bei billigen Mikrocomputern aufwendiger, denn die Diskettenlaufwerke benötigen für ihren eigenen Betrieb schon ein aufwendiges Betriebssystem. Dies lohnt sich aber erst ab einer höheren Ausbaustufe eines Mikrocomputersystems, da dann umfangreichere Betriebssysteme sinnvoll werden. Sie sind teilweise wegen der Komplexität in höheren Programmiersprachen formuliert.

6.4 Die Kommandosprache

> **Um das Betriebssystem zu den verschiedensten Tätigkeiten gezielt zu veranlassen, bedient man sich der <u>Kommandosprache</u>.**

Die gewünschten *Kommandos* lassen sich über die Tastatur

durch Drücken *spezieller Tasten* eingeben oder aber

durch kurze *Kommandoworte*, d.h. durch Drücken einer Folge von Buchstaben-Tasten, die dem Kommando entsprechen.

Beispiel 6.1

Durch Drücken der Taste ⌷F5⌷ [1] bzw. der Tastenfolge R, U und N mit anschließendem Drücken der RETURN-Taste ⌷↵⌷ (vgl. Abschnitt 3.6.6), kann der Mikrocomputer veranlaßt werden, ein im Arbeitsspeicher gespeichertes Programm ablaufen zu lassen.

Für viele der heute angebotenen Mikrocomputer wird von Haus aus ein Betriebssystem mitgeliefert, das sich von dem anderer Hersteller unterscheidet. Vielfach ist es sogar so, daß bei einem Modellwechsel oder bei einer Erweiterung der Modellpalette schon bei einem Hersteller unterschiedliche Betriebssysteme verwendet werden.

Insgesamt führt dies dazu, daß einerseits

- für gleiche Betriebssystemfunktionen von der Schreibweise her unterschiedliche Kommandos eingegeben werden müssen,
- bzw. manche Betriebssystemfunktionen fehlen bzw. zusätzlich vorhanden sind.

Der Anwender muß sich daher bei jedem Mikrocomputer neu in die Anwendung des jeweiligen Betriebssystems und seiner Kommandosprache einarbeiten. Dazu dient in diesem Buch das folgende Kapitel 7, das einen Überblick über die wichtigsten Betriebssystemkommandos des MSX-BASIC gibt.

Kommandos sind von Anweisungen zu unterscheiden. *Anweisungen* sind *Teile* eines Programmes, während die Programmerstellung, der Programmablauf, kurz der ganze Betrieb des Computers von *Kommandos* gesteuert wird.

Äußerlich unterscheiden sich Kommandos von Anweisungen dadurch, daß sie keine Anweisungsnummern vor dem Schlüsselwort benötigen.

6.5 Dialog zwischen Mikrocomputer und Mikrocomputerbenutzer

Während der gesamten Arbeit am Mikrocomputer führt der Benutzer eine Art Dialog mit dem Mikrocomputer (genauer: mit seinem Betriebssystem). Dieser Dialog soll die Abfolge

---

[1] Die Funktionstaste ⌷F5⌷ ist mit dem Kommando RUN ⌷↵⌷ belegt (vgl. Abschnitt 3.6.3).

der Schritte zeigen, die *in der Regel* aufeinander folgen, wenn ein Programmierer ein Programm von einem Mikrocomputer bearbeiten lassen will (vgl. auch Abschnitt 6.2.4):

SCHRITT 1: *Einschalten des Mikrocomputers durch den Benutzer*
Der Benutzer schaltet den Mikrocomputer ein (siehe Abschnitt 3.4).

SCHRITT 2: *Bereitmeldung des Mikrocomputers (Systembereitschaftszeichen)*
Der Mikrocomputer meldet mit einer Anzeige auf dem Bildschirm, daß er zur Bearbeitung von Kommandos bzw. zur Programmeingabe bereit ist, beim VG-8010 z.B. durch das Wort „OK", siehe Abschnitt 3.4);

SCHRITT 3: *Eingabe des Programmes vom Benutzer*
Das Programm wird über die Tastatur Anweisung für Anweisung vom Benutzer eingegeben. Damit der Mikrocomputer weiß, wann eine eingegebene Anweisung zu Ende ist und wann eine neue Anweisung beginnt, muß nach jeder Anweisung eine spezielle Taste betätigt werden. Beim Philips VG-8010 ist dies die Wagenrücklauftaste RETURN (vgl. Abschnitt 3.6.6). Damit wird die eingegebene Programmzeile im Arbeitsspeicher des Mikrocomputers gespeichert. Der Cursor geht zum Anfang der nächsten Programmzeile, die anschließend eingegeben werden kann. Jedes Programm muß mit Hilfe einer Programm-Ende-Anweisung abgeschlossen sein[1]. Mit Hilfe dieser Anweisung wird dem Mikrocomputer mitgeteilt, wann das Programm zu Ende ist und er die Programmbearbeitung einstellen kann.

SCHRITT 4: *Programmlauf (Rechenlauf) des Mikrocomputers*
Nachdem das Programm im Speicher des Mikrocomputers vorliegt, kann das Programm ausgeführt werden. Mit Hilfe eines RUN-Kommandos (meist eine spezielle Taste, vgl. Beispiel 6.1) gibt der Benutzer dem Mikrocomputer zu erkennen, daß das eingegebene Programm ausgeführt werden soll. Der Mikrocomputer bearbeitet nun eine Anweisung nach der anderen z.B. mit Hilfe des Interpreters, d.h. er übersetzt jede einzelne Anweisung und führt sie anschließend sofort aus (siehe Abschnitt 4.3.2).

Stellt der Mikrocomputer während der Übersetzung formale Fehler in der Programmzeile fest, so wird eine Fehlermeldung ausgegeben und der Programmlauf abgebrochen. Der Mikrocomputer meldet sich anschließend mit einer Systembereitschaftsmeldung, d.h. er wartet auf neue Kommandos, z.B. zur Korrektur der Programmzeile (hier ist das Systembereitschaftszeichen z.B. OK).

Nach Abschluß der Korrektur muß der Rechenlauf mit Hilfe des RUN-Kommandos erneut gestartet werden.

---

[1] Bei einigen BASIC-Versionen kann die Programmendeanweisung entfallen.

SCHRITT 5: *Eingabe der Daten vom Benutzer*
Wenn der Mikrocomputer eine Eingabe-Anweisung für Daten (INPUT-Anweisung) während des Rechenlaufes bearbeitet, gibt er auf dem Bildschirm ein Fragezeichen (?) aus. Der Mikrocomputer erwartet nun, daß der Benutzer die erforderlichen Daten, z.B. durch Kommas getrennt, über die Tastatur eingibt. Sind alle Daten eingegeben, wird die RETURN-Taste ⏎ gedrückt (vgl. Abschnitt 3.6.6). Damit ist der Eingabevorgang der Daten beendet. Der Mikrocomputer verarbeitet anschließend diese Werte programmgemäß.

SCHRITT 6: *Ausgabe der Ergebnisse durch den Mikrocomputer*
Nach bzw. während des Rechenlaufes werden die Ergebnisse der Programmbearbeitung programmgesteuert von dem Mikrocomputer auf dem Bildschirm, Drucker o.ä. ausgegeben.

SCHRITT 7: *Warten des Mikrocomputers auf neue Aufgaben*
Nach der Ausgabe der Ergebnisse teilt der Mikrocomputer dem Benutzer z.B. durch das Systembereitschaftszeichen OK mit, daß er das Problem für gelöst hält und auf neue Aufgaben wartet.

Soll nun das gleiche Programm noch einmal mit anderen Daten bearbeitet werden, so wiederholen sich die Schritte 4 bis 7.

Soll ein neues Programm eingegeben werden, so wird z.B. der Arbeitsspeicher mit dem alten Programm gelöscht (siehe Abschnitt 7.1, Kommando NEW) und es wiederholen sich die Schritte 2 bis 7.

Diese gesamte Vorgehensweise wird noch einmal an einem Beispiel ausführlich in Kapitel 8 behandelt.

Nach den allgemeinen Ausführungen soll jedoch zunächst im folgenden Kapitel einführend auf die speziellen Kommandos des Betriebssystems des Philips VG-8010 eingegangen werden.

7 Die wichtigsten MSX-BASIC-Betriebssystemkommandos des Philips Homecomputers VG-8010

Da die MSX-BASIC-Betriebssystemkommandos zusammen mit dem MSX-BASIC Interpreter für BASIC-Anweisungen im gleichen ROM integriert sind, stehen sie dem Anwender wie das MSX-BASIC auch *sofort nach dem Einschalten* des Homecomputers zur Verfügung.

Bevor gezeigt wird, wie man BASIC-Programme in den Mikrocomputer eingibt, diese zur Korrektur ändert, zum Ablauf bringt, dauerhaft speichert usw., ist es sinnvoll, die wichtigsten MSX-BASIC-Kommandos, die dazu häufig benötigt werden, kennenzulernen.

BASIC-Kommandos werden in der folgenden Beschreibung nach ihren Einsatzgebieten getrennt besprochen.

Einige Schlüsselwörter für BASIC-Kommandos lassen sich mit Hilfe der programmierbaren Funktionstasten F1 bis F10 durch einen einzigen Tastendruck in den Mikrocomputer eingeben. Daraus läßt sich schließen, daß dies häufig vorkommende BASIC-Kommandos sind. In der folgenden Beschreibung dieser BASIC-Kommandos wird, falls dies der Fall ist, auf die zugehörigen Funktionstasten verwiesen.

7.1 Kommandos, die bei der Programmerstellung helfen

Nr.	Schlüssel- wort	Erläuterung
1	NEW	**Mit Hilfe des NEW-Kommandos wird das im Arbeitsspeicher befindliche Programm sowie alle Werte von Variablen gelöscht.**
		Dieses Kommando sollte man stets benutzen, bevor ein *neues* Programm in den Arbeitsspeicher eingegeben bzw. geladen wird. Nach dem Einschalten des Mikrocomputers ist dies jedoch nicht erforderlich.

2	AUTO bzw. Funktionstaste [F2]	Wird dieses Kommando eingegeben, werden die über die Tastatur einzugebenden Anweisungen eines Programms automatisch durchnumeriert. Jedesmal wenn die „Eingabetaste" [↵] am Ende einer eingegebenen Anweisung gedrückt wird, erscheint in der nächsten Zeile automatisch die Anweisungsnummer der nächsten einzugebenden Anweisung eines BASIC-Programms. Die Programmierarbeit wird somit erleichtert, da die Anweisungsnummern nicht mehr selbst eingegeben werden müssen. Wird weiter nichts als das Schlüsselwort AUTO eingegeben, beginnt die automatische Numerierung der Anweisungen standardmäßig mit der Anweisungsnummer 1∅. Die Schrittweite für folgende Anweisungsnummern ist 1∅. Möchte man, daß die Numerierung mit einer anderen Anweisungsnummer beginnt, bzw. die Schrittweite größer oder kleiner ist, so ist dies hinter dem Schlüsselwort AUTO wie folgt anzugeben AUTO ⌴ Anweisungsnummer, Schrittweite [↵] Möchte man die automatische Numerierung unterbrechen bzw. abbrechen, so sind die Tasten [Ctrl] und [C] zu drücken (vgl. Abschnitt 3.6.7).
		Beispiele:
		AUTO Dieses Kommando erzeugt die Anweisungsnummern 1∅, 2∅, 3∅,...
		AUTO ⌴ 2∅, 2∅ Dieses Kommando erzeugt die Anweisungsnummern 2∅, 4∅, 6∅, ...
3	RENUM	**Mit Hilfe des RENUM-Kommandos werden die Anweisungen eines Programms neu durchnumeriert.**
		Dies ist häufig nötig, wenn Anweisungen in ein bestehendes Programm eingefügt bzw. Anweisungen gelöscht wurden und man — weiteren Platz für weitere Anweisungen schaffen möchte bzw. — einfach nur eine gleichmäßige Durchnumerierung im Programm aus optischen Gründen schaffen möchte. Wird nur das Schlüsselwort RENUM eingegeben, wird standardmäßig als erste neue Anweisungsnummer 1∅ gewählt, die der ersten Anweisung des Programms zugeordnet wird. Die folgenden Anweisungen erhalten Anweisungsnummern, die schrittweise um 1∅ höher sind (Schrittweite 1∅). Möchte man ein Programm nach eigenen Wünschen neu durchnumerieren, so ist das Kommando wie folgt zu erweitern: RENUM ⌴ neue Anw.-Nr., alte Anw.-Nr., Schrittweite [↵]

		Beispiel: RENUM ⌴1ØØØ, 1ØØ, 2Ø Die Anweisungen eines alten Programms werden ab Anweisungsnummer 1ØØ wie folgt neu durchnumeriert: Der Anweisung mit der alten Anweisungsnummer 1ØØ wird die neue Anweisungsnummer 1ØØØ zugeordnet. Für die darauf folgenden Anweisungen gilt als neue Schrittweite 2Ø.
		Es ist wichtig zu wissen, daß bei der Neunumerierung der Anweisungen eines Programms auch die Sprungziele in den Anweisungen entsprechend geändert werden.
4	DELETE	**Mit Hilfe des DELETE-Kommandos können eine oder mehrere Anweisungen eines Programms gelöscht werden.**
		Dieses Kommando ist somit bei Programmänderungen sinnvoll einsetzbar. Die allgemeine Form des DELETE-Kommandos ist: | **DELETE Anw.nr.1 — Anw.nr.2** | ↵ | Dabei ist Anw.nr. 1 die erste und Anw.nr. 2 die letzte <u>Anweisungsnummer</u> der zu löschenden Anweisungsgruppe (einschließlich). Wird allein die Anw.nr. 1 angegeben, so wird nur die damit gekennzeichnete Anweisung gelöscht. Wird die Anw.nr. 1 nicht angegeben, so werden *alle* Anweisungen *bis* zur Anw.nr. 2 einschließlich gelöscht. Wird eine nicht vorhandene Anweisungsnummer angegeben, wird folgende Fehlermeldung ausgegeben: | Illegal function call |
		Beispiele: DELETE 1ØØ Dieses Kommando löscht die Anweisung mit der Anweisungsnummer 1ØØ. Nach der Ausführung meldet sich das System mit OK, d.h. das Kommando wurde ausgeführt.
		DELETE 1ØØ—2ØØ Dieses Kommando löscht alle Anweisungen, die Anweisungsnummern zwischen 1ØØ und 2ØØ einschließlich aufweisen.
		DELETE —1ØØ Dieses Kommando löscht alle Anweisungen, die Anweisungsnummern *bis* zur Anweisungsnummer 1ØØ einschließlich aufweisen.

| 5 | LIST bzw. Funktions- taste F4 | Mit Hilfe dieses Kommandos wird ein Programm, das sich gerade im Arbeitsspeicher befindet, auf dem Bildschirm ausgegeben. |

Es dient zur Kontrolle von eingegebenen bzw. gespeicherten Programmen und wird dadurch häufig bei der Korrektur von Programmen benötigt.

Folgt auf das Schlüsselwort LIST keine weitere Angabe, so wird das gesamte gespeicherte Programm auf dem Bildschirm aufgelistet.

Ist das Programm länger als eine Bildschirmseite (23 Zeilen), so werden von unten stets neue Programmzeilen auf dem Bildschirm ausgegeben, während oben entsprechend Programmzeilen verschwinden. Man erhält den Eindruck, als ob die Ausgabe nach oben aus den Bildschirm herausrollt (engl.: scrolling).

Am Schluß sind nur die letzten 23 Zeilen auf dem Bildschirm zu sehen. Dies erschwert die Kontrolle eines längeren Programms. Daher gibt es die Möglichkeit, einen *Bereich* des Programms gezielt auf dem Bildschirm ausgeben zu lassen. Dazu dient das Kommando:

LIST Anw.-Nr. 1 — Anw.-Nr. 2 ⏎

Dabei kann die erste oder zweite Anweisungsnummer (hier als Kurzform Anw.-Nr.) entfallen.

Unter einer Anweisungsnummer versteht man eine Ziffernfolge zur Numerierung der Anweisungen (Reihenfolge der Ausführung).

- Sind beide Anweisungsnummern angegeben, werden alle Programmanweisungen von der ersten angegebenen Anweisungsnummer 1 bis zur zweiten angegebenen Anweisungsnummer 2 *einschließlich* ausgegeben.

- Entfällt die Anweisungsnummer 2, werden alle Programmanweisungen ab der ersten angegebenen Anweisungsnummer 1 einschließlich ausgegeben.

- Entfällt die Anweisungsnummer 1, werden alle Programmanweisungen vom Anfang des Programms bis zur Anweisungsnummer 2 einschließlich ausgegeben.

- Wird nur eine Anweisungsnummer *ohne* Bindestrich angegeben, wird allein diese Anweisung auf dem Bildschirm ausgegeben.

Beispiele:

LIST⌴1∅−2∅∅
Die Anweisungen mit den Anweisungsnummern 1∅ bis 2∅∅ werden auf dem Bildschirm ausgegeben.

LIST⌴−2∅∅
Alle Anweisungen mit Anweisungsnummern unter 2∅∅ werden in aufsteigender Reihenfolge auf dem Bildschirm ausgegeben.

		LIST␣ 2⌀⌀— Alle Anweisungen *ab* Anweisungsnummer 2⌀⌀ werden in aufsteigender Reihenfolge bis zum Programmende auf dem Bildschirm ausgegeben.
		LIST 2⌀⌀ Es wird *nur* die Anweisung mit der Anweisungsnummer 2⌀⌀ auf dem Bildschirm ausgegeben.
6	LLIST	**Mit Hilfe dieses Kommandos wird ein Programm, das sich gerade im Arbeitsspeicher befindet, auf einem angeschlossenen Drucker ausgegeben.** Das Kommando unterscheidet sich außer im vorangestellten L vor dem Schlüsselwort LIST in keinem Punkt vom vorher besprochen LIST-Kommando.
7	TRON	**Mit Hilfe dieses Kommandos kann zum Zwecke des Programmtests eine Programmablaufverfolgung eingeschaltet werden (engl.: Trace On).** Mit Hilfe dieses Kommandos werden dazu die Anweisungsnummern der gerade bearbeiteten Anweisungen auf dem Bildschirm ausgegeben. Um Anweisungsnummern von normalen Ergebnissen, die ja ebenfalls ausgegeben werden, unterscheiden zu können, werden die ausgegebenen Anweisungsnummern automatisch in eckige Klammern gesetzt.
8	TROFF	**Mit Hilfe dieses Kommandos kann das Kommando TRON wieder rückgängig gemacht werden (engl.: "Trace Off", d.h. Programmablaufverfolgung abschalten).**

7.2 Kommandos, die den Programmablauf steuern

Nr.	Schlüssel- wort	Erläuterungen
1	RUN bzw. Funktions- tasten F5 bzw. F10	**Mit Hilfe des RUN-Kommandos wird ein Programm, das sich gerade im Arbeitsspeicher befindet, zur Ausführung gebracht.** Die Programmausführung beginnt mit der Anweisung, die die niedrigste Anweisungsnummer aufweist. Folgt dem Schlüsselwort RUN jedoch eine Anweisungsnummer, so beginnt die Programmausführung mit der Anweisung, die diese Anweisungsnummer angibt. Die allgemeine Form des Kommandos ist somit: RUN Anw.-Nr. ↵

		Beispiel:
		Das Betriebssystem meldet sich bereit zur Aufnahme von Kommandos mit: OK Sie geben folgende Anweisung ein: 1∅⌴PRINT "HALLO" Dieses Programm, das nur aus einer Anweisung besteht, hat zur Aufgabe, den Text HALLO auf dem Bildschirm auszugeben. Das Programm wird ausgeführt, wenn die Taste F5 gedrückt wird. Dies bewirkt das gleiche wie das Drücken der drei Buchstabentasten R, U und N. Das so eingegebene Kommando wird jedoch erst durch das Drücken der Taste ⏎ an den Mikrocomputer übergeben und ausgeführt. Nach Ausführung des Programms erscheint der Text HALLO auf dem Bildschirm sowie anschließend das "OK" als Zeichen, daß ein neues Kommando eingegeben werden kann (Systembereitschaftszeichen). Drückt man die Taste F10 , so wird *vor* der Ausführung des RUN-Kommandos der *Bildschirm gelöscht*, d.h. es wird nur das eingegebene RUN-Kommando, die im Programm vorgesehene Ausgabe und, nach Abschluß des Programms, das Systembereitschaftszeichen auf dem Bildschirm zu sehen sein.
2	CONT	Die Programmausführung (siehe Kommando RUN) kann *unterbrochen* werden, z.B. • vom Anwender veranlaßt durch drücken der *Taste* STOP (vgl. Abschnitt 3.6.6). Die Programmausführung kann durch erneutes Drücken der STOP -Taste fortgesetzt werden. • Programmgesteuerte, vom Anwender gewollte Unterbrechung im Programmlauf durch Verwendung der *Anweisung* STOP im Programm. **Mit Hilfe des Kommandos CONT kann die Programmausführung an der Stelle fortgesetzt werden, an der eine Programmunterbrechung aufgrund der Anweisung STOP im Programm auftrat.** • Programmgesteuerte, vom Anwender *nicht* gewollte Unterbrechung des Programmlaufs bei bestimmten Fehlern (Programmablauffehler). In diesem letzten Fall ist eine Fortsetzung der Programmausführung i.a. nicht sinnvoll. Der Programmlauf wird i.a. abgebrochen.

7.3 Kommandos, die Programme auf einer Kassette speichern bzw. von dieser laden

Diese beiden Kommandos sollen an dieser Stelle nur kurz besprochen werden, da sie später im Zusammenhang mit der Speicherung auf einer Kassette ausführlich behandelt werden (vgl. Kapitel 10).

Nr.	Schlüssel-wort	Erläuterungen
1	CSAVE	Mit Hilfe von CSAVE wird ein Programm vom Arbeitsspeicher des Computers zum Kassettenrekorder übertragen und auf einer Kassette dauerhaft gespeichert.
2	CLOAD bzw. Funktions-taste F7	Mit Hilfe dieses Kommandos wird ein Programm, das auf einer Kassette dauerhaft gespeichert ist, vom Kassettenrekorder zum Arbeitsspeicher des Computers übertragen.

7.4 Disketten-BASIC-Kommandos

Die Disketten-BASIC-Kommandos sollen an dieser Stelle nur kurz besprochen werden, da sie später ausführlich behandelt werden (vgl. Kapitel 12).

Nr.	Schlüssel-wort	Erläuterungen
1	SAVE	SAVE überträgt ein Programm vom Arbeitsspeicher des Computers zu einem Diskettenlaufwerk und speichert es auf einer Diskette dauerhaft.
2	LOAD	Mit Hilfe dieses Kommandos wird ein Programm, das auf einer Diskette dauerhaft gespeichert ist, vom Diskettenlaufwerk zum Arbeitsspeicher des Computers übertragen.
3	FILES	Es wird das Dateiinhaltsverzeichnis von der sich im Disketten-laufwerk zur Zeit eingelegten Diskette ausgegeben.
4	NAME	Mit Hilfe dieses Kommandos wird eine Datei auf einer Diskette umbenannt, d.h. mit einem anderen Namen versehen.
5	KILL	Mit Hilfe dieses Kommandos wird eine Datei von einer Diskette gelöscht.
6	MERGE	Mit Hilfe dieses Kommandos kann man ein Programm von der Diskette lesen und mit einem bereits im Arbeitsspeicher befind-lichem Programm mischen.

8 Eingabe von BASIC-Programmen in den Arbeitsspeicher des Mikrocomputers und deren Start

In diesem Kapitel soll zunächst darüber gesprochen werden, wie BASIC-Programme über die Eingabetastatur in den Arbeitsspeicher des Philips VG-8010 eingegeben werden müssen. Dies bedeutet nicht, daß an dieser Stelle auf das *Programmieren* in der Programmiersprache BASIC eingegangen wird[1]. Es soll nur die *Bedienung* des VG-8010, insbesondere der Umgang mit der Eingabetastatur, geübt werden. Außerdem ergibt sich dabei die Problematik, wie Falscheingaben in einzelnen Eingabezeilen bzw. im gesamten Programm *korrigiert* werden können.

Die Eingabe eines einfachen Testprogrammes und sein erfolgreicher Lauf nach dem Start des Programmes kann als zusätzlicher Test dienen, ob der Philips Homecomputer nebst der notwendigen Firmware richtig funktioniert.

Als Beispiel soll ein BASIC-Programm dienen, das in der Lage ist, zwei eingegebene Zahlen zu addieren und das Ergebnis auszugeben.

8.1 Eingabe einer Anweisung eines Programmes

Beispiel 8.1:

Geben Sie zunächst folgende BASIC-Anweisung ein:

1ØØ ⌴ INPUT ⌴ A, B ⏎

Auf die Beschreibung der einzelnen Bestandteile dieser Anweisung wird im folgenden näher eingegangen.

8.1.1 Eingabe der Anweisungsnummer

> **Jede BASIC-Anweisung beginnt mit einer Anweisungsnummer.**

Die einzelnen Anweisungen eines Programmes werden, bei der niedrigsten Anweisungsnummer beginnend, in aufsteigender Reihenfolge nacheinander bearbeitet.

8.1.2 Eingabe des Schlüsselwortes

Auf die Anweisungsnummer 1ØØ folgt das Zeichen ⌴.

Das Zeichen ⌴ in der Anweisung steht *stellvertretend* für das Leerzeichen (engl.: blank oder space). Es wird auf dem Bildschirm ein „leeres Zeichen", d.h. kein Zeichen ausgegeben, wenn die „Leerzeichentaste" gedrückt wird. Dies ist die lange Taste mit dem Auf-

---

[1] Siehe dazu in der Reihe: Programmieren von Mikrocomputern, Band 1 Einführung in BASIC und Band 3 BASIC für Fortgeschrittene bzw. Band 13 Strukturiertes Programmieren in BASIC von W. Schneider, erschienen im Viewegverlag.

druck SPACE am unteren Ende der Tastatur (vgl. Abschnitt 3.6 und Bild 3.6). Das Leerzeichen wird verwendet, um Zeichenketten voneinander zu trennen, wie dies auch in der BASIC-Anweisung deutlich wird.

> **Das Leerzeichen trennt die Anweisungsnummer vom folgenden <u>Schlüsselwort</u> INPUT.**

Drücken Sie daher die Leerzeichentaste. Sie werden sehen, daß der Cursor um eine Position weiter nach rechts rückt, ohne ein sichtbares Zeichen auszugeben.

Der Cursor ist bekanntlich die weiße Lichtmarke, die die Stelle auf dem Bildschirm kennzeichnet, an der das nächste Zeichen ausgegeben wird, wenn eine Zeichentaste auf der Tastatur gedrückt wird.

Nach dem Leerzeichen muß das Schlüsselwort INPUT Buchstabe für Buchstabe eingegeben werden.

> **Die BASIC-Schlüsselwörter geben an, was der Mikrocomputer im einzelnen ausführen soll.**

Im Falle des Schlüsselwortes INPUT fordert der Mikrocomputer den Benutzer auf, Daten in den Mikrocomputer einzugeben.

> **BASIC-Schlüsselwörter müssen aus Großbuchstaben zusammengesetzt sein.**

Beim Drücken der Buchstabentaste [I] werden Sie jedoch feststellen, daß ein kleines i auf dem Bildschirm ausgegeben wird.

Nach dem Einschalten des Mikrocomputers ist bekanntlich standardmäßig die untere Tastenbelegung eingeschaltet, d.h. es werden standardmäßig kleine Buchstaben ausgegeben.

Möchte man große Buchstaben auf dem Bildschirm ausgeben, so muß man eine der beiden folgenden Umschalttasten betätigen:

Taste	Erläuterungen
[SHIFT]	*Temporäre* Umschaltung auf die obere Tastenbelegung, d.h. die Umschaltung gilt nur so lange wie die SHIFT-Taste gedrückt wird.
[CAPS]	*Dauerhafte* umschaltung auf Großbuchstaben.

Da in BASIC-Anweisungen nur Großbuchstaben verwendet werden, sollte man sich daran gewöhnen, grundsätzlich nach dem Einschalten des VG-8010 die [CAPS]-Taste zu drücken. Andererseits ist dies jedoch nicht *unbedingt* erforderlich.

Der Homecomputer VG-8010 wandelt *intern* Kleinbuchstaben von BASIC-Schlüsselwörtern automatisch in Großbuchstaben um (vgl. Abschnitt 8.6).

Lassen Sie daher das kleine i in der Anweisung INPUT zur Demonstration so auf dem Bildschirm stehen. Drücken Sie nun die Umschalttaste CAPS und fahren Sie fort mit der Eingabe des Schlüsselwortes INPUT.

8.1.3 Eingabe der Eingabevariablennamen

Durch ein Leerzeichen getrennt folgt nun die genauere Angabe, was für Daten einzugeben sind. Die Zeichenfolge A, B besagt, daß für die Variablen A und B Daten einzugeben sind. Geben Sie diese *Variablenliste* ebenfalls mit Hilfe der Eingabetastatur ein.

Diese Buchstaben werden nun infolge der vorangegangenen dauerhaften Umschaltung durch die Taste CAPS ebenfalls groß geschrieben.

Überprüfen Sie nun noch einmal die erste BASIC-Eingabezeile auf ihre Richtigkeit. Falls Sie Fehler entdecken, schauen Sie sich bitte das nächste Kapitel an (Kapitel 9). Dort wird beschrieben, wie man Fehler in einer BASIC-Anweisungszeile korrigieren kann, *bevor* sie durch Drücken der RETURN-Taste ⏎ *abgeschlossen* wird.

8.1.4 Abschluß der Anweisung

> **Falls Sie keinen Fehler feststellen können, schließen Sie die BASIC-Anweisung durch Drücken der RETURN-Taste ⏎ ab (vgl. Abschnitt 3.6.6).**

Das Zeichen ⏎ steht symbolisch für „Wagenrücklauf und Zeilenvorschub" (engl.: carriage return and line feed).

Diese Worte stammen aus der Fernschreibtechnik. Hier muß der „Wagen" der Fernschreibmaschine zurückbewegt werden (d.h. zum linken Rand) und anschließend zur nächsten Zeile übergegangen werden, wenn eine Zeile voll geschrieben ist.

Wenn der Fernschreiber einen Text empfängt, muß dies *automatisch* ablaufen. Dazu wird ein entsprechender Code am Zeilenende gesendet. Wenn der Fernschreiber ein Sendesignal empfängt, das diesen Code beinhaltet, bewegt sich der Wagen des Fernschreibers in die gewünschte Position.

Bei Mikrocomputern ist *rein äußerlich* die Bedeutung des Codes ähnlich.

> **Der Cursor (Lichtmarke, die die Stelle kennzeichnet, wo das nächste eingegebene Zeichen auf dem Bildschirm erscheint) springt zum Anfang der nächsten Bildschirmzeile. Dies entspricht dem Wagenrücklauf und Zeilenvorschub beim Fernschreiber.**

Intern geschieht im Mikrocomputersystem noch etwas Zusätzliches.

In dem Moment, in dem die RETURN-Taste ⏎ gedrückt wird, wird die eingegebene BASIC-Anweisung in der eingegebenen Form von einem Zwischenspeicher zum Arbeitsspeicher des Mikrocomputers übergeben.

> **Damit ist die BASIC-Eingabe einer Anweisungszeile <u>abgeschlossen</u> und es kann in der neuen Zeile damit begonnen werden, eine weitere BASIC-Anweisung einzugeben.**

Eine zusätzliche Anmerkung soll hier jedoch noch gemacht werden:

Eine BASIC-Anweisungszeile darf maximal aus 255 Zeichen bestehen (einschließlich des Codes, der beim Drücken der RETURN-Taste gesendet wird). Somit darf eine BASIC-Anweisung auch über mehrere Bildschirmzeilen geschrieben werden.

Da eine Bildschirmzeile 37 Zeichen aufnimmt, sollte man maximal 6 Bildschirmzeilen für eine BASIC-Anweisung verwenden (222 Zeichen), da sonst das Auszählen der exakten Zahl der Zeichen mühselig wird.

8.2 Eingabe weiterer Anweisungen

Nun soll mit der Eingabe des einfachen Programmbeispiels fortgefahren werden.

Beispiel 8.2

Geben Sie dazu folgende BASIC-Anweisungen ein:

2∅∅ ⌴C=A+B ⏎
3∅∅ ⌴PRINT ⌴A, B, C ⏎
4∅∅ ⌴END ⏎

Mit Hilfe der BASIC-Anweisung mit der Anweisungsnummer 2∅∅ werden die zwei eingegebenen Werte, für die die Variablen A und B stellvertretend stehen, addiert und das Ergebnis der Variablen C zugeordnet.

Mit Hilfe der BASIC-Anweisung mit der Anweisungsnummer 3∅∅ werden die Werte, für die die Variablen A, B und C stellvertretend stehen, auf dem Bildschirm ausgegeben (das englische Schlüsselwort PRINT bedeutet drucken, ausgeben).

Die letzte BASIC-Anweisung mit der Anweisungsnummer 4∅∅ und dem Schlüsselwort END beendet das Programm.

Dieses Programm ist somit in der Lage, für zwei beliebige Eingabewerte die Summe zu errechnen und die Eingabewerte sowie das Ergebnis auf dem Bildschirm auszugeben.

8.3 Starten von BASIC-Programmen

Das BASIC-Programm soll nun Anweisung für Anweisung vom Mikrocomputer bearbeitet werden. Dazu muß es zunächst gestartet werden.

> **Ein BASIC-Programm wird durch das Kommando**
>
> RUN ⏎
>
> **gestartet** (engl.: run, d.h. laufen, hier ablaufen lassen von Programmen, vgl. Abschnitte 3.6.3 und 7.2).

Dieses RUN-Kommando kann man auf drei Weisen eingeben:

- Eingabe über die Schreibmaschinentastatur
  Die einzelnen Buchstaben R, U und N werden gedrückt. Zum Abschluß des Kommandos, das zur Ausführung des Kommandos führt, wird die RETURN-Taste ⏎ gedrückt.

- Eingabe über die Funktionstaste F5
  Die Funktionstaste F5 steht stellvertretend für das Kommando RUN. Damit nicht dauernd in Handbüchern nachgeschlagen werden muß, welche Funktionstaste für welches Kommando steht, ist diese Zuordnung beim Philips VG-8010 in der untersten Bildschirmzeile dauerhaft angegeben.

> **Drückt man die Taste** F5 **, so wird das Programm** <u>sofort</u> **gestartet.**

Dies bedeutet, daß beim Benutzen der Taste F5 nicht mehr die RETURN-Taste ⏎ betätigt werden muß, da dieser Code ebenfalls in der Zeichenfolge enthalten ist, die der Funktionstaste F5 standardmäßig nach dem Einschalten zugeordnet wurde.

- Eingabe über die Funktionstaste [F10]
  Drückt man die Taste [SHIFT] , so sieht man in der untersten Bildschirmzeile, welche
  Kommandos den Funktionstasten [F6] bis [F10] zugeordnet sind. Man erkennt, daß
  auch der Funktionstaste [F10] das Kommando RUN zugeordnet ist.
  Der Unterschied zur Funktionstaste [F5] besteht darin, daß vor dem Start des Pro-
  grammes der Bildschirm gelöscht wird.

8.4 Dateneingabe

Haben Sie das Programm auf eine dieser drei Arten gestartet, muß ein Fragezeichen auf
dem Bildschirm erscheinen. Dieses Fragezeichen fordert zur Dateneingabe auf (hier zur
Dateneingabe für die Variablen A und B der INPUT-Anweisung).

Falls dies nicht der Fall ist, haben Sie Fehler in diesem kurzen Programm. Diesen Fehler
gilt es zu entdecken und zu korrigieren (lesen Sie dazu Abschnitt 8.7 und Kapitel 9).

Das Programm wartet so lange mit der weiteren Ausführung des Programmes, bis die
Daten eingegeben sind.

Beispiel 8.3

Wollen Sie z.B. den Wert 1,1 für die Variable A und den Wert 2,2 für die Variable B eingeben, so muß
die Dateneingabe forgendermaßen aussehen:

1.1, 2.2 [↵]

Bei der Eingabe von Zahlenwerten ist folgendes zu berücksichtigen:

- Die einzelnen Zahlenwerte sind durch Kommas zu trennen.
- Dezimalzahlen werden anstelle eines Dezimalkommas mit einem Dezimal*punkt* versehen.
- Die gesamte Eingabe ist durch Drücken der RETURN-Taste abzuschließen. Das Drücken
  dieser Taste bewirkt, daß dem Mikrocomputer die Zahlen zur Bearbeitung übergeben
  werden. Anschließend wird die nächste Anweisung des Programmes bearbeitet usw.

8.5 Datenausgabe

Beispiel 8.4

Wurden die Daten formatgerecht eingegeben, erscheint auf dem Bildschirm infolge der BASIC-PRINT-
Anweisung (Anweisungsnummer 3$\emptyset\emptyset$) die Ausgabe für die Werte A, B und C in folgender Form:

Für jede auszugebende Zahl werden, wie die Ausgabe zeigt, 15 Spalten innerhalb einer
Zeile reserviert. Es können daher in diesem Ausgabeformat nur *zwei Zahlenwerte pro
Zeile* ausgegeben werden.

8.6 Ausgabe des eingegebenen Programmes (Programmlisting)

Mit Hilfe des Kommandos

LIST ↵

läßt sich das eingegebene Programm auf dem Bildschirm zur Kontrolle auflisten (vgl. Abschnitt 7.1, Punkt 5).

Wie man sieht, erscheint auch das mit kleinem Buchstaben i eingegebene BASIC-Schlüsselwort iNPUT nun mit dem Großbuchstaben I. Kleinbuchstaben werden, wie schon gesagt wurde, intern in Großbuchstaben umgewandelt (vgl. Abschnitt 8.1.2).

8.7 Fehler im Programm

Es soll nun ein mit Fehlern behaftetes Programm eingegeben werden, um die verschiedenen Fehlerarten und Fehlermeldungen kennenzulernen. Zur Demonstration wird das verfälschte Additionsprogramm benutzt, da hier der Fehler auch für Laien erkenntlich ist (Vergleich mit dem richtigen Programm).

Beispiel 8.5

Nehmen wir an, folgendes mit Fehlern behaftetes Programm sei eingegeben worden:

```
1ØØ⎵INPAT⎵A,B  ↵
2ØØ⎵C=A+BN  ↵
3ØØ⎵PRINT⎵AB,C  ↵
4ØØ⎵END  ↵
```

8.7.1 Syntaxfehler

In längeren Programmen kommt es trotz sorgfältiger Überprüfung leicht vor, daß BASIC-Anweisungen formal falsch sind, d.h. sie entsprechen nicht der Form, wie BASIC-Anweisungen zu schreiben sind.

> **Wenn gegen die formalen BASIC-Regeln verstoßen wird, spricht man von Syntaxfehlern.**

Startet man ein Programm, so werden während des Programmlaufs alle Anweisungen auf formale Richtigkeit überprüft. Ist eine Anweisung falsch, wird eine Fehlermeldung ausgegeben.

Beispiel 8.6

Beim Start des fehlerhaften Beispielprogrammes wird z.B. folgende Fehlermeldung ausgegeben:

```
Syntax  Error in  1ØØ
OK
```

Es wird somit ein Syntaxfehler (engl.: error, d.h. Fehler) in der Anweisung mit der Anweisungsnummer 1ØØ bemerkt. Die Aufgabe besteht nun darin, den Fehler in Zeile 1ØØ zu entdecken und zu beseitigen.

Die *Fehlererkennung* wird vereinfacht, wenn die fehlerhafte Anweisung zur Kontrolle noch einmal auf dem Bildschirm ausgegeben wird (vgl. LIST-Kommando in Abschnitt 7.1, Punkt 5). Mit Hilfe des LIST-Kommandos LIST⎵1ØØ wird die fehlerhafte Anweisung auf dem Bildschirm aufgelistet. Wie man sieht, liegt der formale Fehler im Schlüsselwort. Es heißt INPUT und nicht INPAT.

Die Fehlerkorrektur von BASIC-Programmen wird in *allgemeiner Form* im nächsten Kapitel (Kapitel 9) besprochen.

In diesem speziellen Fall wird wie folgt korrigiert:

Beispiel 8.7

Der Cursor wird mit den Cursor-Steuertasten $\boxed{\uparrow}$ und $\boxed{\rightarrow}$ zum $\boxed{A}$ geführt. Anschließend wird die Taste $\boxed{U}$ gedrückt. Dadurch wird das $\boxed{A}$ durch das $\boxed{U}$ überschrieben.

Die Korrektur ist durch Drücken der RETURN-Taste $\boxed{\leftarrow}$ abzuschließen.

Jetzt wird das in der ersten Anweisung korrigierte Programm noch einmal durch Drücken der Taste $\boxed{F5}$ gestartet.

8.7.2 Logische Fehler

Ist die Korrektur der ersten Anweisung richtig vorgenommen worden, erscheint nach dem Start des Programmes auf dem Bildschirm ein Fragezeichen (?). Dieses Fragezeichen deutet bekanntlich darauf hin, daß eine Eingabe von Daten erwartet wird (vgl. Abschnitt 8.4).

Beispiel 8.8

Geben Sie z.B. den Wert 1,1 für die Variable A und den Wert 2,2 für die Variable B wie folgt formatgerecht ein:

1.1, 2.2 $\boxed{\leftarrow}$

Es werden die beiden Werte $\emptyset$ und 1.1 ausgegeben.

Dies ist *offensichtlich falsch*. Zu erwarten wären die Werte 1.1, 2.2 und 3.3 für die Variablen A, B und C.

Es erscheint jedoch *keine Fehlermeldung*, sondern das Systembereitschaftszeichen OK. Dies ist ein Zeichen dafür, daß *keine formalen Fehler* beim Übersetzen der BASIC-Anweisungen festgestellt wurden (Syntaxfehler). Es muß sich somit um einen logischen Fehler handeln.

> **Ist das Programm in seinem Algorithmus falsch, d.h. es führt nicht das aus, was es eigentlich ausführen soll, sondern etwas anderes, so spricht man von logischen Fehlern.**

Dies liegt jedoch nicht am Mikrocomputer, sondern an *logischen Fehlern im Programm*.

Diese Art Fehler sind oft sehr schwer zu finden. In diesem Fall ist es jedoch einfach, da die logischen Fehler in das Programm hineingebracht wurden, um die verschiedenen Fehlertypen und die zugehörigen typischen Fehlermeldungen kennenzulernen.

Wie kommt es nun zu dem angegebenen falschen Ergebnis?

Beispiel 8.9

- In der Anweisung mit der Anweisungsnummer $1\emptyset\emptyset$, die korrigiert wurde, wird der Variablen A der Wert 1.1 und der Variablen B der Wert 2.2 zugeordnet.

- In der Anweisung mit der Anweisungsnummer $2\emptyset\emptyset$ wird die Summe der Variablen A und BN gebildet. Der Wert der Variablen A ist nach der Eingabe 1.1. Der Variablen BN wurde jedoch weder durch eine Eingabe, noch durch eine Rechnung ein Wert zugeordnet. Sie nimmt daher den Wert Null an (gelöschter Speicherinhalt). Somit wird der Variablen C der Wert $1.1 + \emptyset = 1.1$ zugeordnet. Die Variablennamen B und BN sind somit zwei *verschiedene* Variablennamen, denen unterschiedliche Werte zugeordnet sein können.

- In der Anweisung mit der Anweisungsnummer 3ØØ sollen die Werte der Variablen AB und C ausgegeben werden. Der Variablen AB wurde bislang durch das Programm kein Wert zugeordnet. Somit nimmt sie automatisch den Wert Ø an (gelöschter Speicherinhalt). Der Wert der Variablen C errechnet sich, wie der vorhergehende Abschnitt zeigte, zu 1.1. Diese beiden Werte werden auf Bildschirm ausgegeben.

Damit das Programm wie gewünscht abläuft, muß folgendes korrigiert werden:

Beispiel 8.10

- Anweisungsnummer 2ØØ: Das N hinter dem B muß *gelöscht* werden.

    Der Weg ist folgender:
    - Eingabe des Kommandos LIST ⏎ bzw. F4 ⏎.
    - Cursor mit Hilfe der Cursortasten ↑ und → zum Buchstaben N in der Anweisung mit der Anweisungsnummer 2ØØ bewegen.
    - Drücken der Leertaste (SPACE) (Überschreiben des Buchstabens N durch ein Leerzeichen).
    - Drücken der RETURN-Taste ⏎ (Abschluß der Korrektur).
    - Cursor unter das OK bewegen (Cursor-Taste ↓).
    - Eingabe des Kommandos LIST ⏎ bzw. F4 ⏎ zur Kontrolle der Korrektur. Das auf das B folgende N muß gelöscht sein.

- Anweisungsnummer 3ØØ: Zwischen den Buchstaben A und B muß ein Komma *eingefügt* werden (siehe Abschnitt 9.1.2).

    Der Weg ist folgender:
    - Cursor mit Hilfe der Cursortasten ↑ und → zum B in der Anweisung mit der Anweisungsnummer 3ØØ bewegen (Stelle, wo das Komma eingefügt werden soll).
    - Taste INS drücken (das Einfügen vorbereiten).
    - Komma-Taste , drücken (das Komma einfügen).
    - Taste INS drücken (das Einfügen beenden).
    - RETURN-Taste ⏎ drücken (die Korrektur abschließen).
    - Eingabe des Kommandos LIST ⏎ bzw. F4 ⏎ (Kontrolle der Korrektur). Das Komma muß zwischen den Variablen A und B eingefügt sein.

- Nun kann das Programm gestartet werden. Bei richtiger Eingabe der Daten erscheinen die erwarteten Ergebnisse (vgl. Abschnitt 8.5).

Es gibt noch eine Vielzahl weiterer Fehlertypen und zugehörige Korrekturwünsche. Wie fehlerhafte Programme zu korrigieren sind, wird im folgenden Kapitel ausführlich beschrieben (Kapitel 9).

> **Werden die Eingabedaten nicht formatgerecht eingegeben, wird eine Fehlermeldung auf dem Bildschirm ausgegeben.**

Dies zeigen folgende Beispiele:

Beispiel 8.11

- Trennen Sie die beiden Zahlen nicht durch Kommas, wie z.B.

    1.1 2.2 ⏎

    so erscheint die Fehlermeldung:

    > ? Redo from start
    > ?

Das letzte Fragezeichen fordert zur *erneuten Dateneingabe* auf.

Beispiel 8.12

- Geben Sie weniger Werte ein als Variablennamen in der Variablenliste der INPUT-Anweisung stehen, wie z.B.

  1.1 ⏎ ,

  so werden zwei Fragezeichen

  ⎡??⎤

  ausgegeben. Die Dateineingabe kann fortgesetzt werden mit

  2.2 ⏎

  Es wird anschließend das richtige Ergebnis ausgegeben.

Beispiel 8.13

- Geben Sie zu viele Werte ein, wie z.B.

  1.1, 2.2, 3.3 ⏎

  so erscheint die Fehlermeldung

  ? ⎡ Extra Ignored ⎤

  d.h. die Daten, die zuviel eingegeben wurden, werden nicht berücksichtigt. Der Rechenlauf jedoch wird nicht abgebrochen, sondern mit den ersten beiden Werten durchgeführt. Der zuviel eingegebene Zahlenwert *wird nicht berücksichtigt*.

8.8 Neustart von BASIC-Programmen

> **Der große Vorteil von Programmen ist, daß selbst umfangreiche und schwierige Rechnungen auf einfache Weise <u>beliebig oft</u> wiederholt werden können.**

Die Erstellung und Eingabe eines BASIC-Programmes ist zwar zeitaufwendig. Wenn es jedoch erstellt ist, lassen sich, wie dieses Beispiel zeigt, ohne zusätzlichen Aufwand beliebig viele Additionen ausführen.

> **Dazu muß das Programm nur neu gestartet werden, z.B.**
> - durch Eingabe von RUN ⏎ oder einfacher
> - durch Drücken der ⎡F5⎤ - bzw. ⎡F10⎤ -Taste.

Anschließend sind nur noch die zu addierenden Zahlen, durch Kommas getrennt, einzugeben und durch Drücken der RETURN-Taste ⏎ an den Mikrocomputer zu übergeben.

9 Korrigieren von BASIC-Programmen

Niemand ist in der Lage, längere Programme vollständig fehlerfrei in den Mikrocomputer einzugeben. Es muß somit die Möglichkeit bestehen, Fehler zu korrigieren.

Die üblichen Korrekturwünsche lassen sich wie folgt zusammenfassen:

1	Ersetzen eines oder mehrerer Zeichen durch entsprechend viele andere Zeichen.
2	Anhängen eines oder mehrerer Zeichen an andere Zeichen.
3	Einfügen eines oder mehrerer Zeichen zwischen zwei anderen Zeichen.
4	Löschen eines oder mehrerer Zeichen zwischen zwei anderen Zeichen.
5	Ersetzen ganzer Zeilen.
6	Einfügen ganzer Zeilen.
7	Löschen ganzer Zeilen.
8	Löschen des gesamten Programmes.

Weiter muß man unterscheiden, ob die Fehler in *abgeschlossenen* BASIC-Anweisungen enthalten sind oder nicht (d. h. ob die Anweisungen bereits durch Drücken der RETURN-Taste ⏎ abgeschlossen wurden oder nicht). Nicht abgeschlossene Anweisungen befinden sich noch im Zwischenspeicher, abgeschlossene Anweisungen schon im Arbeitsspeicher des Mikrocomputers. Dieser Unterschied führt teilweise zu unterschiedlichen Korrekturmöglichkeiten.

9.1 Korrigieren nicht abgeschlossener BASIC-Anweisungen

Vielfach merkt man schon während der Eingabe einer BASIC-Anweisung, daß man sich verschrieben hat. Die BASIC-Anweisung wurde somit *noch nicht* durch Drücken der RETURN-Taste ⏎ *abgeschlossen*. Der Korrekturwunsch kann sich somit nur auf *Zeichen* innerhalb der Eingabezeile beziehen, d. h. auf die Korrekturwünsche 1 bis 4 in der obigen Tabelle. Sie sollen im folgenden besprochen werden.

9.1.1 Ersetzen von Zeichen

Der Cursor gibt bekanntlich die Position an, an der das nächste eingegebene Zeichen ausgegeben wird.

> Zum Ersetzen eines Zeichens durch ein anderes Zeichen steuert man daher den Cursor an die Stelle, an der ein Zeichen durch ein anderes ersetzt werden soll.

Zur Korrektur *innerhalb einer Zeile* werden nur fo gende Cursor-Steuertasten benötigt:

Symbol	Erläuterung
←	Der Cursor bewegt sich pro Tastendruck um eine Spalte nach links. Ist der Cursor am linken Bildschirmrand angelangt, so springt er beim nächsten Tastendruck zum Ende der *vorhergehenden* Zeile.
→	Der Cursor bewegt sich pro Tastendruck um eine Spalte nach rechts. Ist der Cursor am rechten Bildschirmrand angelangt, so springt er beim nächsten Tastendruck zum Anfang der *nächsten* Zeile.

> **Nach der Positionierung des Cursors mit Hilfe der Cursor-Tasten auf das zu ersetzende Zeichen drückt man auf die Taste mit dem Ersatzzeichen.**

An der Stelle des Bildschirms, wo vorher das zu ersetzende Zeichen stand, steht nun das Ersatzzeichen. Auf diese Art und Weise lassen sich auch mehrere Zeichen ersetzen.

Beispiel 9.1:

Gegeben sei die BASIC-Anweisung

    1ØØ␣IMPUT␣A,B□

Der Cursor □ steht am Ende der Anweisung. Nun wird bemerkt, daß das Schlüsselwort nicht IMPUT, sondern INPUT heißt.

Das M muß durch ein N ersetzt werden. Dazu drückt man zunächst achtmal die „Cursor-links-Taste" ←. Der Cursor steht nun bei dem M.

    1ØØ␣I[M]PUT␣A,B

Anschließend drückt man die Taste N. Es erscheint auf dem Bildschirm der korrigierte Ausdruck

    1ØØ␣IN[P]UT␣A,B

Der Cursor steht anschließend beim darauffolgenden Buchstaben P (in inverser Darstellung, d.h. ein hellblaues P auf weißem Grund).

> **Wurden die Zeichen in einer BASIC-Anweisungszeile wunschgemäß ersetzt, kann die Korrektur durch Drücken der RETURN-Taste ↵ abgeschlossen werden. Die Anweisung wird dadurch korrigiert in den Arbeitsspeicher übertragen.**

9.1.2 Anhängen von Zeichen

Möchte man hingegen nach dem Ersetzen von Zeichen noch etwas an die BASIC-Anweisung *anfügen*, so muß der Cursor hinter das letzte Zeichen der Anweisung bewegt werden. Dazu gibt es zwei Möglichkeiten:

- Entsprechend häufiges Betätigen der „Cursor-Rechts-Taste" →, bis der Cursor hinter dem letzten Zeichen der Anweisung steht.
- Betätigen der Kontrolltaste CTRL + N (vgl. Abschnitt 3.6.7).

Beispiel 9.2:

Der Cursor stehe beim Buchstaben P der folgenden Anweisung

    100⌴IN⯐P⯑UT⌴A,B

Es soll noch

    ,C

an die Anweisung angehängt werden. Betätigen Sie dazu die Kontrolltasten ⯐CTRL⯑ und ⯐N⯑. Der Cursor springt hinter das B der betrachteten Anweisung wie folgt:

    100⌴INPUT⌴A,B□

Nun kann an die BASIC-Anweisung wie gewünscht etwas angehängt werden, z. B.

    100⌴INPUT⌴A,B,C□

Ist die BASIC-Anweisungszeile wunschgemäß ergänzt, kann sie durch Drücken der RETURN-Taste ⯐↵⯑ abgeschlossen und somit korrigiert in den Arbeitsspeicher übertragen werden.

9.1.3 Einfügen von Zeichen mit Hilfe der ⯐INS⯑-Taste

Manchmal wird in einer Anweisung vergessen, ein oder mehrere Zeichen einzugeben. Diese Zeichen müssen später in die Programmzeile eingefügt werden können.

> **Das Einfügen von Zeichen wird durch Betätigung der Taste ⯐INS⯑ ermöglicht (Ins steht für engl. <u>in</u>sert, d. h. einfügen).**

Diese Taste befindet sich rechts neben der Schreibmaschinentastatur der Systemeinheit. Der Einfügevorgang läuft nun folgendermaßen ab:

- Der Cursor wird an die Stelle bewegt, wo ein Zeichen einzufügen ist.
- Die ⯐INS⯑-Taste wird gedrückt. Der quadratische Cursor verkleinert sich auf etwa 1/3 seiner ursprünglichen Größe. Dies ist das *äußere Zeichen,* daß der *Einfügemodus eingeschaltet* ist.
- Die Taste mit dem einzufügenden Zeichen wird gedrückt. Das Zeichen erscheint auf dem Bildschirm an der gewünschten Stelle. Das Zeichen, das an der Position des Cursors stand und alle rechts folgenden Zeichen werden dabei um eine Position nach rechts verschoben.
  Damit ist das Zeichen richtig eingefügt.
- Das Einfügezeichen (verkleinerter Cursor) ist ebenfalls um eine Position weiter nach rechts gerückt., d. h. der Einfügevorgang ist noch nicht beendet und es könnte nun an dieser Stelle ein weiteres Zeichen eingefügt werden.
  So lassen sich auf einfache Weise auch *mehrere* Zeichen zwischen zwei Zeichen einfügen.
- Soll der Einfügevorgang beendet werden, so ist erneut die ⯐INS⯑-Taste zu drücken. Es erscheint der normale Cursor an der Stelle, wo vorher das Einfügezeichen stand.

Beispiel 9.3:

Sie haben folgende BASIC-Anweisung eingegeben:

    100⌴INPUTA,B□

Hinter dem T von INPUT bzw. vor der Variablen A fehlt das Leerzeichen ⌴. Es muß eingefügt werden.

Zunächst wird der Cursor, der bei einer Eingabe i. a. hinter dem letzten Zeichen der Anweisung steht, an die Stelle bewegt, wo das Leerzeichen einzufügen ist, d. h. an die Stelle, wo z. Z. das A steht.

        1ØØ␣INPUT A ,B

Anschließend wird die INS -Taste gedrückt. Der Cursor verkleinert sich. Der Einfügemodus ist eingeschaltet.

        1ØØ␣INPUT A ,B

Dann wird die Taste des einzufügenden Zeichens gedrückt, d. h. die Leertaste (SPACE). Es ergibt sich folgendes Bild:

        1ØØ␣INPUT␣ A ,B

Anschließend wird erneut die Ins -Taste gedrückt. Damit ist die Einfügung des Leerzeichens abgeschlossen.

        1ØØ␣INPUT␣ A ,B

Soll eine korrigierte Anweisung in den Arbeitsspeicher des Mikrocomputers mit Hilfe der RETURN-Anweisung ⏎ übergeben werden, muß man den Cursor nicht unbedingt wieder an das Ende der Anweisung bewegen, sondern man kann sofort die RETURN-Taste ⏎ drücken.

Ist eine Bildschirmzeile schon voll und sollen dennoch einige Zeichen in dieser Zeile eingefügt werden, so verschwinden entsprechend viele am rechten Rand stehende Zeichen dieser Zeile. Sie erscheinen dafür links unten in der nachfolgenden Zeile (Zeilenüberlauf).

Weiterhin ist anzumerken, daß das Ausschalten des Einfügemodus nicht nur durch erneutes Drücken der Ins -Taste vorgenommen werden kann, sondern auch durch Drücken einer Cursor-Steuertaste. Dabei wird gleichzeitig die gewählte Cursor-Steuerung vorgenommen, d. h. der Cursor bewegt sich z. B. um eine Stelle nach rechts oder links.

9.1.4 Löschen von Zeichen mit Hilfe der DEL -Taste

Es kommt teilweise auch vor, daß zu viele Zeichen in einer Programmzeile eingegeben wurden. Sie müssen später wieder gelöscht werden können.

> **Das Löschen von Zeichen ist durch Betätigung der Taste DEL möglich (Del steht für engl. delete, d. h. löschen).**

Diese Taste befindet sich ebenfalls rechts neben der Schreibmaschinentastatur der Systemeinheit.

Der Löschvorgang läuft folgendermaßen ab:

* Der Cursor wird an die Stelle bewegt, wo das zu löschende Zeichen steht.
* Die DEL -Taste wird gedrückt.
  Das zu löschende Zeichen verschwindet vom Bildschirm. Alle rechts vom gelöschten Zeichen stehenden Zeichen werden gleichzeitig um eine Position nach links verschoben, um den sonst entstehenden leeren Raum aufzufüllen.

* Der Cursor steht nun bei dem auf das gelöschte Zeichen folgenden Zeichen. Es könnte nun durch Betätigen der DEL -Taste ebenfalls gelöscht werden.

So lassen sich auf einfache Weise mehrere Zeichen löschen.

Zum Löschen mehrerer Zeichen sollte der Cursor dazu auf das von den zu löschenden Zeichen am weitesten links stehende Zeichen gesetzt werden. Anschließend wird entsprechend der Zahl der zu löschenden Zeichen die $\boxed{\text{DEL}}$-Taste bestätigt.

Beispiel 9.4:

Sie haben folgende BASIC-Anweisung eingegeben:

    1ØØ⌴INPUTT⌴A,B▢

INPUT wird nur mit einem T geschrieben. Ein T muß somit gelöscht werden. Dazu wird der Cursor mit Hilfe der Cursor-Taste $\boxed{\leftarrow}$ auf das letzte T gesetzt.

    1ØØ⌴INPUT$\boxed{\text{T}}$⌴A,B

Anschließend wird die $\boxed{\text{DEL}}$-Taste gedrückt. Es erscheint folgende Bildschirmausgabe:

    1ØØ⌴INPUT$\boxed{\text{⌴}}$A,B

9.1.5 Löschen von Zeichen mit Hilfe der Rückschritt-Taste $\boxed{\substack{\text{BS} \\ \leftarrow}}$

Häufig merkt man sofort *nach der Eingabe des letzten Zeichens,* daß dieses Zeichen fälschlicherweise eingegeben wurde. Nun müßte nach der vorhergehenden Schilderung (siehe Abschnitt 9.1.4) zunächst der Cursor um eine Position nach links bewegt und anschließend die $\boxed{\text{DEL}}$-Taste oder ein Ersatzzeichen (siehe Abschnitt 9.1.1) gedrückt werden. Das wäre zeitaufwendig und würde den Fluß des Schreibens sehr stören.

Aus diesem Grunde gibt es eine spezielle "Rückschritt-Taste" mit dem Symbol $\boxed{\substack{\text{BS} \\ \leftarrow}}$ (vgl. Abschnitt 3.6.5). Diese Taste darf nicht mit der "Cursor-links-Taste" verwechselt werden.

> **Das Betätigen der "Rückschritt-Taste" bewirkt, daß das Zeichen, das sich links vom Cursor befindet, gelöscht wird.**

Die "Rückschritt-Taste" kann nicht nur zum Löschen des *letzten* eingegebenen Zeichens verwandt werden. Bewegt man den Cursor nach links unter ein bestimmtes Zeichen, so wird beim anschließenden Betätigen der "Rückschritt-Taste" auch hier das sich links vom Cursor befindliche Zeichen gelöscht. Alle rechts vom gelöschten Zeichen stehenden Zeichen werden um eine Stelle nach links verschoben, um den durch das Löschen entstandenen Leerraum aufzufüllen.

Durch mehrfaches Betätigen der "Rückschritt-Taste" können auch mehrere Zeichen gelöscht werden.

Beispiel 9.5:

Sie haben folgende BASIC-Anweisung eingegeben.

    1ØØ⌴INPUT⌴A,B,C▢

Die beiden letzten Zeichen, *C* wurden zuviel eingegeben.

Durch zweimaliges Betätigen der "Rückschritt-Taste" werden die beiden letzten Zeichen gelöscht.

9.1.6 Löschen der gesamten eingegebenen BASIC-Anweisung

> **Das Löschen der gesamten bislang eingegebenen und noch nicht mit $\boxed{\leftarrow\!\!\lrcorner}$ abgeschlossenen BASIC-Anweisung ist durch Betätigung der Kontrolltasten $\boxed{\text{CTRL}}$ und $\boxed{\text{U}}$ möglich.**

Beispiel 9.6:

Sie haben folgende BASIC-Anweisung eingegeben:

    INPUT□

und möchten diese Zeile wieder löschen, um noch einmal neu zu beginnen, da z. B. die Zahl 1ØØ vor INPUT vergessen wurde.

Wenn die Kontrolltasten CTRL und U gedrückt werden, verschwindet die gesamte Anweisung vom Bildschirm. Der Cursor steht am Zeilenanfang.

Die bislang eingegebene Anweisungszeile wird, solange sie noch nicht durch RETURN ⏎ abgeschlossen wurde, nicht an den Arbeitsspeicher übergeben. Wurde die Anweisungszeile jedoch schon vorher mit Hilfe der RETURN-Taste ⏎ abgeschlossen, so wird zwar ebenfalls die *Bildschirmzeile* durch Drücken der Tasten CTRL und U gelöscht, *nicht* jedoch die schon übergebene BASIC-Anweisung im Arbeitsspeicher.

9.1.7 Löschen eines Teiles einer eingegebenen Anweisungszeile

> **Möchte man alle Zeichen ab einer bestimmten Stelle nach rechts löschen, so bewegt man den Cursor auf das erste zu löschende Zeichen. Anschließend werden gleichzeitig die Tasten Ctrl und E gedrückt.**

Das Zeichen an der Stelle des Cursors und alle rechts davon befindlichen Zeichen sind vom Bildschirm verschwunden und somit gelöscht.

Beispiel 9.7:

Sie haben folgende BASIC-Anweisungszeile eingegeben:

    1ØØ⌴INPUT⌴A,B□

und möchten alle Zeichen rechts vom T des Schlüsselwortes INPUT löschen. Dazu wird der Cursor auf das Leerzeichen hinter dem T von INPUT gesetzt.

    1ØØ⌴INPUT⌴ A,B

Anschließend werden die Tasten Ctrl und E gleichzeitig gedrückt. Auf dem Bildschirm ergibt sich das Bild

    1ØØ⌴INPUT□

Die Zeichen wurden wie gewünscht gelöscht. Es könnte jetzt z. B. mit der korrigierten Eingabe fortgefahren werden:

    1ØØ⌴INPUT⌴C,D □

9.2 Korrigieren von schon erstellten BASIC-Programmen

> **Zur Korrektur von schon erstellten Programmen müssen die gleichen Korrekturmöglichkeiten vorhanden sein, die auch bei der Korrektur noch nicht abgeschlossener BASIC-Anweisungen zur Verfügung standen.**
>
> **Zusätzlich kommen folgende Korrekturwünsche hinzu:**
>
> - **Ersetzen einer oder mehrerer BASIC-Anweisungen eines Programmes durch entsprechend viele andere BASIC-Anweisungen.**
> - **Einfügen einer oder mehrerer BASIC-Anweisungen in das Programm.**
> - **Löschen einer oder mehrerer BASIC-Anweisungen im Programm.**
> - **Löschen einer Gruppe von BASIC-Anweisungen eines Programmes.**
> - **Löschen des gesamten Programmes.**

Zunächst soll jedoch noch einmal angesprochen werden, wie man sich Programme auf dem Bildschirm auflisten lassen kann. Dies ist notwendig, denn es müssen zunächst die Fehler gefunden werden, die anschließend korrigiert werden sollen.

Erst danach wird darauf eingegangen, wie die Korrekturen in schon erstellten BASIC-Programmen durchgeführt werden, die schon für nicht abgeschlossene BASIC-Anweisungen besprochen wurden.

Anschließend wird darauf eingegangen, wie die aufgeführten zusätzlichen Korrekturwünsche erfüllt werden können.

9.2.1 Auflisten der Programmzeilen des BASIC-Programmes

Um die gewünschten Korrekturen am Programm vornehmen zu können, empfiehlt es sich, das im Arbeitsspeicher stehende Programm vollständig oder bereichsweise auf dem Bildschirm auflisten zu lassen. Zum Auflisten von ganzen Programmen bzw. Bereichen von Programmen dient das Kommando LIST (vgl. Abschnitt 7.1 Punkt 5).

Bei kurzen Programmen, d.h. wenn die Zahl der Anweisungen die Zahl der Bildschirmzeilen nicht übersteigt, kann das gesamte Programm aufgelistet werden. Dazu gibt man einfach die Buchstabenfolge LIST ein und drückt anschließend die RETURN-Taste ⏎. Das im Arbeitsspeicher befindliche Programm wird aufgelistet.

Anstelle der Buchstabenfolge LIST kann auch die Funktionstaste F4 betätigt werden (siehe untere Fußleiste des Bildschirmes). Nach dem Drücken dieser Taste erscheint die Buchstabenfolge LIST auf dem Bildschirm. Es muß nun nur noch die RETURN-Taste gedrückt werden und das Programm, das im Arbeitsspeicher steht, wird aufgelistet.

Bislang wurde davon ausgegangen, daß das Programm so kurz ist, daß es insgesamt auf den Bildschirm paßt. Dies ist jedoch nur selten der Fall. Bei längeren Programmen muß man sich den gewünschten Programmbereich, in dem zu korrigieren ist, mit folgendem allgemeinen LIST-Kommando ausgeben lassen (vgl. Abschnitt 7.1 Punkt 5).

    LIST␣n1−n2 ⏎

Die Anweisungsnummer n1 gibt dabei die untere Grenze, die Anweisungsnummer n2 die obere Grenze des auszugebenden Programmbereiches an, d.h. es werden alle Anweisungen von der Anweisungsnummer n1 bis zur Anweisungsnummer n2 *einschließlich* auf dem Bildschirm ausgegeben.

Sonderfälle (vgl. Abschnitt 7.1):

LIST␣−n2	Es werden alle Anweisungen vom Anfang des Programms bis zur Anweisung mit der Anweisungsnummer n2 einschließlich auf dem Bildschirm ausgegeben.
LIST␣n1−	Es werden alle Anweisungen ab der Anweisung mit der Anweisungsnummer n1 einschließlich bis zum Ende des Programms auf dem Bildschirm ausgegeben.

9.2.2 Bewegen des Cursors an die zu ändernden Stellen im Programm

Um an beliebigen Stellen im Programm Änderungen vorzunehmen, muß der Cursor in alle Bildschirmrichtungen bewegt werden können. Dazu genügen die beiden besprochenen

Cursor-Bewegungen für die Änderungen *in Zeilen* (Cursor links und rechts, siehe Abschnitt 9.1.1) nicht. Es kommen sieben weitere Cursor-Bewegungsmöglichkeiten hinzu, wie die folgende Tabelle zeigt).

Symbol	Erläuterung
↑	Der Cursor bewegt sich pro Tastendruck um eine Zeile nach oben.
↓	Der Cursor bewegt sich pro Tastendruck um eine Zeile nach unten.
Home	Der Cursor bewegt sich in die linke obere Ecke des Bildschirms (Cursor-Home).
CTRL + B	Der Cursor wird auf das erste Zeichen des *vorhergehenden Wortes* gesetzt (vgl. Abschnitt 3.6.7).
CTRL + E	Der Cursor wird auf das erste Zeichen des *nächsten Wortes* gesetzt (vgl. Abschnitt 3.6.7).
CTRL + J	Der Cursur wird in die *nächste Zeile* gesetzt. Die Spaltenposition bleibt erhalten (vgl. Abschnitt 3.6.7).
CTRL + N	Werden die Tasten CTRL und N gedrückt, springt der Cursor an das Zeilenende der Zeile, in der der Cursor z. Z. steht. (vgl. Abschnitt 3.6.7).

Mit Hilfe dieser Cursor-Steuertasten kann man rasch jeden beliebigen Punkt auf dem Bildschirm ansteuern.

Vielfach ist es auch zweckmäßig, den Cursor in einer Zeile von Wort zu Wort springen zu lassen.

Unter einem Wort soll hier eine Folge von alphanumerischen Zeichen (Buchstaben und Ziffern) verstanden werden, wobei die Folge im speziellen Fall auch aus einem einzelnen Zeichen bestehen kann. Diese Wörter werden durch Sonderzeichen getrennt (Kommas, Semikolons, Punkte, Leerzeichen usw.).

Diese Möglichkeit bietet der Philips VG-8010 ebenfalls. Dazu muß gleichzeitig die CTRL-Taste zusammen mit der Taste B bzw. F gedrückt werden, wie die vorhergehende Tabelle zeigt. Dazu zwei Beispiele:

Steuertasten	Erläuterung
Ctrl F	Sprung des Cursors zum Anfang des nächsten (rechts stehenden) Wortes in der Zeile, in der sich der Cursor z. Z. befindet. Beispiel 9.8: Geben Sie folgende Anweisung ein: 1Ø⌴PRINT"DAS⌴W[A]R⌴NR.7" Der Cursor möge bei dem A des Wortes WAR stehen. Nun werden die Tasten CTRL F gedrückt. Der Cursor springt zum Anfang des nächsten Wortes, d. h. zum Buchstaben N. Bei erneutem Drücken der Tasten CTRL F springt der Cursor zur Ziffer 7.

Ctrl B	Sprung des Cursors zum Anfang des vorhergehenden (links stehenden) Wortes in der Zeile, in der sich der Cursor z. Z. befindet. Beispiel 9.9: Es wird vom Endzustand des vorhergehenden Beispiels ausgegangen. Bei entsprechend häufiger Betätigung dieser Tasten springt der Cursor vom Zeichen 7 zum N und weiter zum W, D, P und 1.

Da auf dem Bildschirm oft größere Strecken mit dem Cursor zu überwinden sind, wäre ein häufiges Drücken der Cursor-Steuertasten notwendig. Dies ist mühsam. Aus diesem Grunde sind alle Tasten mit einer *Repeat-Funktion* (engl. repeat, d. h. wiederholen) ausgestattet, d. h. wenn eine beliebige Taste nicht nur einmal kurzzeitig gedrückt wird, sondern dauerhaft, werden solange die gleichen Funktionen ausgeführt bzw. Zeichen ausgegeben, wie die Taste gedrückt bleibt. Für die Cursor-Tasten bedeutet dies, daß sich der Cursor bei längerem Drücken der Cursor-Tasten selbständig in die Richtung weiterbewegt, die die Cursor-Taste vorgibt, und zwar so lange, wie die Taste gedrückt bleibt. Auf diese Weise kann man sehr bequem auch größere Strecken mit dem Cursor auf dem Bildschirm überwinden.

Nach dem Anzeigen der fehlerhaften Anweisungszeilen und dem Positionieren des Cursors auf die fehlerhaften Stellen können die Korrekturen in den einzelnen *Zeilen* des Programmes wie folgt vorgenommen werden:

9.2.3 Ersetzen von Zeichen in einer Zeile

Der Vorgang des Ersetzens von Zeichen in abgeschlossenen Anweisungen eines Programmes ist der gleiche wie beim Ersetzen von Zeichen bei der zeilenweisen Eingabe von BASIC-Anweisungen, die noch nicht abgeschlossen sind (vgl. Abschnitt 9.1.1). Zum Ersetzen eines Zeichens durch ein anderes Zeichen steuert man den Cursor an die Stelle auf dem Bildschirm, an der ein Zeichen durch ein anderes ersetzt werden soll. Nach dem Ersetzen des Zeichens durch Betätigung der entsprechenden Zeichentaste muß die RETURN-Taste ⏎ gedrückt werden, damit die Korrektur in den Arbeitsspeicher übernommen wird. Die Stellung des Cursors ist dabei gleichgültig (vgl. Abschnitt 9.1.1).

9.2.4 Einfügen von Zeichen in einer Zeile

Der Vorgang des Einfügens von Zeichen in abgeschlossenen Anweisungen eines Programmes ist der gleiche wie beim Einfügen von Zeichen bei der zeilenweisen Eingabe von BASIC-Anweisungen, die noch nicht abgeschlossen sind (vgl. Abschnitt 9.1.3). Der Einfügevorgang muß durch Drücken der RETURN-Taste ⏎ abgeschlossen werden.

9.2.5 Löschen von Zeichen in einer Zeile

Der Vorgang des Löschens von Zeichen in abgeschlossenen Anweisungen eines Programmes ist der gleiche wie beim Löschen von Zeichen bei der zeilenweisen Eingabe von BASIC-Anweisungen, die noch nicht abgeschlossen sind (vgl. Abschnitt 9.1.4).

Auch das Löschen mit der "Rückschritt-Taste" ← ist möglich (vgl. Abschnitt 9.1.5).

Beispiel 9.10:

Es sollen in den Anweisungen mit den Anweisungsnummern 2∅∅ und 3∅∅ des folgenden Programms die Variablennamen Z, X und Y gegen die Variablennamen C, A und B ausgetauscht werden:

```
1∅∅⌴INPUT⌴X,Y
2∅∅⌴Z=X+Y
3∅∅⌴PRINT⌴X,Y,Z
4∅∅⌴END
```

Die zu korrigierenden Anweisungen können wie folgt auf dem Bildschirm aufgelistet werden:

```
LIST⌴1∅∅−3∅∅ ⏎
```

Nun bewegt man den Cursor zum ersten auszutauschenden Zeichen der Anweisung mit der Anweisungsnummer 1∅∅, tauscht das angegebene Zeichen sowie die folgenden aus und drückt abschließend die RETURN-Taste ⏎. Anschließend werden in der Anweisung mit der Anweisungsnummer 2∅∅ die Zeichen in bekannter Weise ausgetauscht. Anschließend wird hier ebenfalls die RETURN-Taste ⏎ gedrückt. Entsprechend verfährt man mit der Anweisung der Anweisungsnummer 3∅∅. Gibt man anschließend das Kommando

```
LIST⌴1∅∅−3∅∅ ⏎
```

so wird das korrigierte Programm auf dem Bildschirm ausgegeben.

9.2.6 Ersetzen ganzer BASIC-Anweisungen

> **Eine BASIC-Anweisungszeile wird durch eine neue ersetzt, indem man für die neue Anweisung die gleiche Anweisungsnummer eingibt, die die alte zu ersetzende Anweisung aufweist. Anschließend ist die neue Anweisung einzugeben. Wenn diese Eingabe durch Drücken der RETURN-Taste ⏎ abgeschlossen wird, wird die alte Anweisung durch die neu eingegebene Anweisung im Arbeitsspeicher ersetzt.**

Beispiel 9.11:

Folgendes Programm sei gegeben (vom vorhergehenden Beispiel nach der Änderung vorhanden):

```
1∅∅⌴INPUT⌴A,B ⏎
2∅∅⌴C=A+B ⏎
3∅∅⌴PRINT⌴A,B,C ⏎
4∅∅⌴END ⏎
```

Die Anweisung mit der Anweisungsnummer 1∅∅ soll wie folgt durch eine andere ersetzt werden:

```
1∅∅⌴INPUT⌴ "GEBEN⌴SIE⌴ZWEI⌴WERTE⌴EIN";
A,B ⏎
```

Dazu ist die neue Anweisung wie oben angegeben in zwei Zeilen einzugeben.

Gibt man anschließend das Kommando

```
LIST ⏎
```

so wird das geänderte Programm wie folgt ausgegeben:

```
1∅∅⌴INPUT⌴"GEBEN⌴SIE⌴ZWEI⌴WERTE⌴EIN";
A, B
2∅∅⌴C=A+B
3∅∅⌴PRINT⌴A,B,C
4∅∅⌴END
```

Mit Hilfe dieser geänderten Anweisung wird der Benutzer nach dem Starten des Programmes über den Bildschirm durch den Text

> Geben Sie zwei Werte ein?

zur Eingabe von zwei Zahlenwerten aufgefordert.

Die Korrektur hätte selbstverständlich auch anders vorgenommen werden können. Dieser Weg ist hier nur als Beispiel gedacht, um zu zeigen, wie ganze Anweisungen ersetzt werden können.

9.2.7 Einfügen von ganzen BASIC-Anweisungen

> **Möchte man ganze BASIC-Anweisungen in ein vorhandenes BASIC-Programm einfügen, so ist dazu eine Anweisungsnummer zu wählen, die zwischen den Anweisungsnummern der Einfügestelle liegt. Anschließend ist die eigentliche Anweisung einzugeben.**

Beispiel 9.12:

Möchte man außer der Addition noch eine Subtraktion der den Variablen von A und B zugeordneten Werten im obigen Programm ausführen lassen, so kann diese Anweisung zwischen den Anweisungsnummern 2$\emptyset\emptyset$ und 3$\emptyset\emptyset$ *eingefügt* werden, indem folgende Anweisung eingegeben wird:

    25$\emptyset$⌴D=A−B ⏎

Die Eingabe muß durch Drücken der RETURN-Taste ⏎ abgeschlossen werden.

Das Ergebnis der Subtraktion soll in einer gesonderten Zeile ausgegeben werden. Dazu muß eine entsprechende Ausgabeanweisung in das Programm eingefügt werden:

    35$\emptyset$⌴PRINT⌴A,B,D ⏎

Gibt man zur Kontrolle anschließend das Kommando

    LIST ⏎ ,

so wird das geänderte Programm mit den eingefügten Anweisungen ausgegeben:

```
1ØØ⌴INPUT⌴"GEBEN⌴SIE⌴ZWEI⌴WERTE⌴EIN";
A,B
2ØØ⌴C=A+B
25Ø⌴D=A−B
3ØØ⌴PRINT⌴A,B,C
35Ø⌴PRINT⌴A,B,D
4ØØ⌴END
```

Wie man sieht, sind die einzufügenden Anweisungen an den Stellen in das ursprüngliche Programm eingefügt worden, die die Anweisungsnummern vorschreiben.

Ist der Arbeitsspeicher voll und versucht man dennoch Anweisungen einzufügen, so wird die Fehlermeldung

    "Out of memory"

ausgegeben, d. h., es ist zu wenig Arbeitsspeicherplatz (engl. memory) für weitere Anweisungen vorhanden.

9.2.8 Löschen ganzer BASIC-Anweisungen

> **Möchte man einzelne BASIC-Anweisungen <u>löschen</u>, so gibt man die Anweisungs-nummer dieser zu löschenden Anweisung ein und drückt anschließend, ohne jegliche weitere Eingabe, die RETURN-Taste ⏎ .**

Beispiel 9.13:

Es soll die Anweisung mit der Anweisungsnummer 35Ø des vorhergegangenen Beispiels gelöscht werden. Dies erreicht man mit Hilfe der Eingabe

        35Ø ⏎

Gibt man zur Kontrolle anschließend das Kommando

        LIST ⏎

so sieht man, daß diese Anweisung tatsächlich gelöscht wurde:

        1ØØ␣INPUT␣"GEBEN␣SIE␣ZWEI␣WERTE␣EIN";
        A,B
        2ØØ␣C=A+B
        25Ø␣D=A−B
        3ØØ␣PRINT␣A,B,C
        4ØØ␣END

9.2.9 Löschen einer Gruppe von BASIC-Anweisungen

Möchte man eine Gruppe von BASIC-Anweisungen löschen, d. h. mehrere aufeinander-folgende BASIC-Anweisungen, so wäre es mühsam, alle Anweisungsnummern *einzeln* eingeben zu müssen. Praktischer wäre es, wenn man nur die erste und letzte Anweisungs-nummer der Gruppe angeben müßte.

> **Diese Möglichkeit zum Löschen einer Gruppe von BASIC-Anweisungen bietet das DELETE-Kommando mit der allgemeinen Form**
>
> > **DELETE␣n1−n2**
>
> **Dabei ist n1 die erste und n2 die letzte Anweisungsnummer der zu löschenden Anweisungsgruppe (vgl. Abschnitt 7.1 Punkt 4).**

Beispiel 9.14:

Es sollen im vorangegangenen Beispiel alle Anweisungen zwischen der Anweisungsnummer 2ØØ und 3ØØ einschließlich dieser Anweisungen selbst gelöscht werden. Das Löschkommando lautet:

        DELETE␣2ØØ−3ØØ ⏎

Nach der Ausführung meldet sich das System mit OK, d. h. das Kommando wurde ausgeführt. Dies läßt sich überprüfen durch das Kommando

        LIST ⏎

Das Programm enthält nun nur noch die Zeilen

        1ØØ␣INPUT␣"GEBEN␣SIE␣ZWEI␣WERTE␣EIN";
        A,B
        4ØØ␣END

Die gewünschte Anweisungsgruppe wurde somit tatsächlich gelöscht.

Wird eine nicht vorhandene Anweisungsnummer angegeben, wird folgende Fehlermeldung ausgegeben:

> Illegal function call

9.2.10 Löschen eines ganzen Programms

> **Die Möglichkeit, ein ganzes Programm im Arbeitsspeicher zu löschen, bietet das Kommando**
>
> NEW ⏎ **(siehe Abschnitt 7.1 Punkt 1)**

Dieses Kommando bewirkt, daß der gesamte Arbeitsspeicher gelöscht wird und somit auch das darin gespeicherte Programm.

Die Eingabe dieses Kommandos empfiehlt sich vor jeder Eingabe eines *neuen* Programms, um sicherzustellen, daß keine "Reste" von vorher eingegebenen Programmen im Arbeitsspeicher stehen, die das neu eingegebene Programm verfälschen könnten.

Nach der Ausführung des NEW-Kommandos meldet sich das System mit OK, d. h. das Kommando wurde ausgeführt.

Die Löschung des Programmes läßt sich überprüfen durch das Kommando

    LIST ⏎

Nach der Ausführung dieses Kommandos folgt sofort das Systembereitschaftszeichen OK, *ohne* daß Anweisungen ausgegeben werden. Dies bedeutet, daß das Programm vollständig gelöscht wurde.

10 Inbetriebnahme eines externen Datenrekorders

Auch bei den bisherigen kurzen Beispielen wird eventuell schon der Wunsch aufgetreten sein, eingegebene Programme *dauerhaft* auf einem externen Speicher speichern zu können, denn das Ausschalten der Systemeinheit führt zum Verlust der eingegebenen Anweisungen im Arbeitsspeicher.

> **Durch Anschluß eines Datenrekorders (eines speziellen Kassettenrekorders) lassen sich Programme und andere Daten einfach und preiswert dauerhaft auf den üblichen Musikkassetten speichern.**

Wie im einzelnen vorzugehen ist, ist Thema dieses Kapitels.

10.1 Anschluß eines Datenrekorders

Vom Autor wurde der Philips Datenrekorder D-6600/60P verwendet. Durch die MSX-Standardisierung und damit der Standardisierung der Schnittstellen können auch andere MSX-Datenrekorder entsprechend angeschlossen werden.

- Verbindung des Datenrekorders mit der Systemeinheit

  Zur Verbindung des Datenrekorders mit der Systemeinheit müssen folgende Schritte aufeinanderfolgen:
  — Ausschalten der Systemeinheit.
  — Die *Datenrekorderbuchse* auf der Rückseite der Systemeinheit ist mit der Aufschrift REC/MAG und dem Symbol ᴑᴑ gekennzeichnet.
  In diese Buchse wird der dazu passende 8-polige DIN-Stecker (vgl. Bild 10.1 Steckernr. 1) des *Verbindungskabels* (vgl. Bild 10.1) gesteckt. Dieses Verbindungskabel muß mit dem Datenrekorder gekauft werden. Es hat folgendes Aussehen:

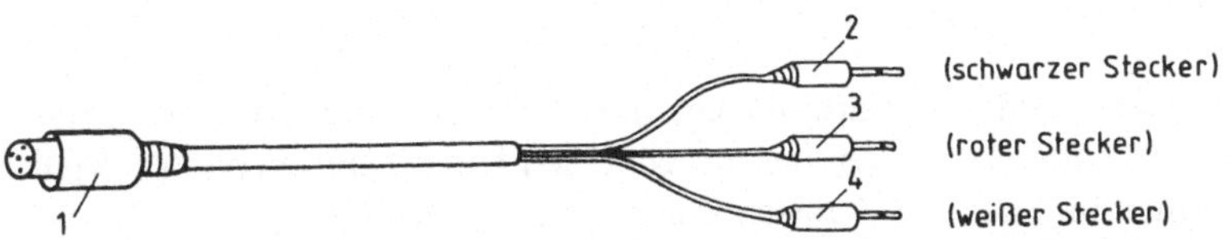

Bild 10.1 Verbindungskabel zum Anschluß des Datenrekorders an die Systemeinheit

Die Stifte der 8-poligen Datenrekorderbuchse haben folgende Belegung:

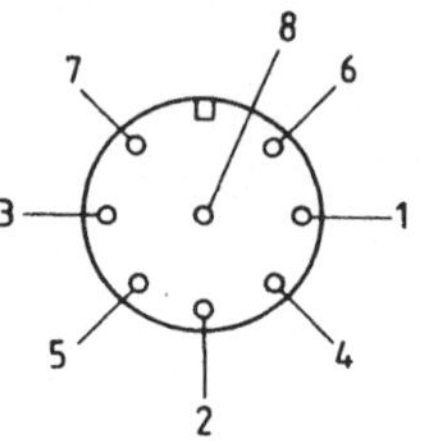

Bild 10.2 Stiftkennzeichnung der Datenrekorderanschlußbuchse.

Stift	Belegung
1	Masse
2	Masse
3	Masse
4	CMT OUT — Signalausgang
5	CMT IN — Signaleingang
6	REM + }
7	REM — } — Motorfernbedienung
8	Masse

— Das andere Ende des Verbindungs-Kabels besitzt *drei einzelne* Stecker (vgl. Bild 10.1), die wie folgt an den *Datenrekorder* anzuschließen sind:
  — *Schwarzer* Stecker (vgl. Bild 10.1 Steckernr. 2) in die REM-Buchse (vgl. Bild 10.3) des Datenrekorders (Motorfernbedienungsbuchse für die Start-Stop Fernbedienung).
  — *Roter* Stecker (vgl. Bild 10.1 Steckernr. 3) in die MIC-Buchse (vgl. Bild 10.3) des Datenrekorders (Mikrofonbuchse, hier allgemein Signaleingang für das Speichern von Programmen auf einer Kassette).
  — *Weißer* Stecker (vgl. Bild 10.1 Steckernr. 4) in die EAR-Buchse (vgl. Bild 10.3) des Datenrekorders (Kopfhörerbuchse, hier allgemein Signalausgang für das Laden von Programmen vom Datenrekorder).

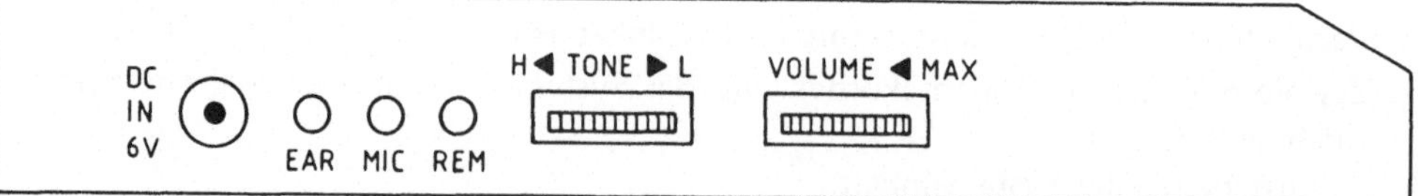

Bild 10.3 Linke Seite des Datenrekorders mit den wichtigsten Anschlußbuchsen.

Damit ist die Verbindung zwischen Datenrekorder und Systemeinheit hergestellt.

● Stromversorgung des Datenrekorders

Zur Stromversorgung gibt es zwei verschiedene Möglichkeiten. Zum einen den Batteriebetrieb, zum anderen den Netzbetrieb.

— Batteriebetrieb

Zum Batteriebetrieb wird die Batteriefachklappe an der Unterseite des Datenrekorders geöffnet, indem man an der durch den Pfeil gekennzeichneten Stelle zunächst nach unten und dann in Pfeilrichtung drückt (vgl. Bild 10.4).

In dieses Batteriefach werden 4 Batterien (*Mignon* Batterien nach IEC LR6 zu je 1,5 V) so eingelegt, wie es die Kennzeichnung im Batteriefach vorschreibt (vgl. Bild 10.5).

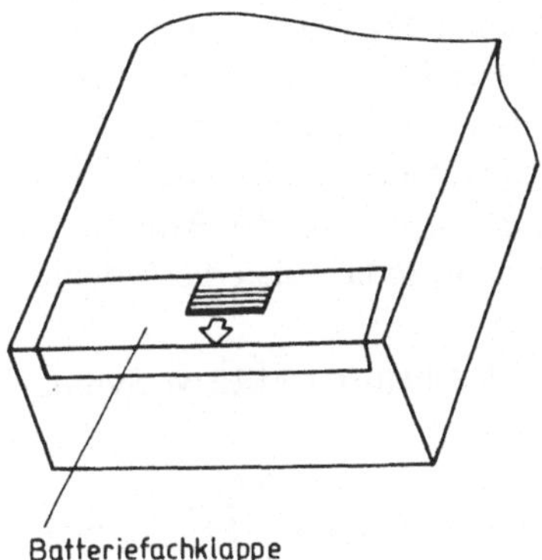

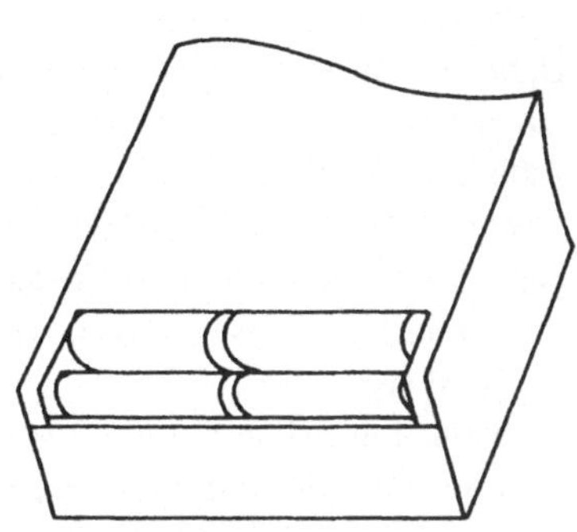

Bild 10.4 Unterseite des Datenrekorders
mit der Batteriefachklappe

Bild 10.5 Batterien im Batteriefach
des Datenrekorders

— Netzbetrieb

Zum Netzbetrieb wird ein Gleichstromadapter benötigt, d. h. ein Gerät, das aus
220 V Wechselstrom 6 V Gleichstrom erzeugt (z. B. Typ EM 1000/00). Das Netzkabel des Adapters wird dazu mit dem Netzstecker in die Steckdose des Strom-
netzes gesteckt. Der andere Stecker wird in die Datenrekorderbuchse DC IN 6V
(vgl. Bild 10.3) gesteckt. DC IN ist eine Abkürzung für engl. Direct Current INput,
d. h. Gleichstromeingang.

● Computer einschalten.

10.2 Übertragen von Programmen vom Computer auf eine Kassette

Möchte man ein Programm, das sich im Arbeitsspeicher des Computers befindet, dauerhaft auf einer Kassette speichern, so sind bei einem richtig angeschlossenen Datenrekorder
(vgl. Abschnitt 10.1) folgende Schritte notwendig:

● | **Kassette in den Datenrekorder einlegen.**

Bei *neuen* Kassetten ist dies kein Problem. Das Band wird so in das Kassettenfach
des Datenrekorders eingelegt, daß mit der Speicherung des Programms am Bandanfang
begonnen wird (zur Sicherheit kann man noch einmal die REWIND-Taste REW mit
dem Symbol ◄◄ drücken (vgl. Bild 10.6), die das Band schnell zum Anfang zurück-
spult.

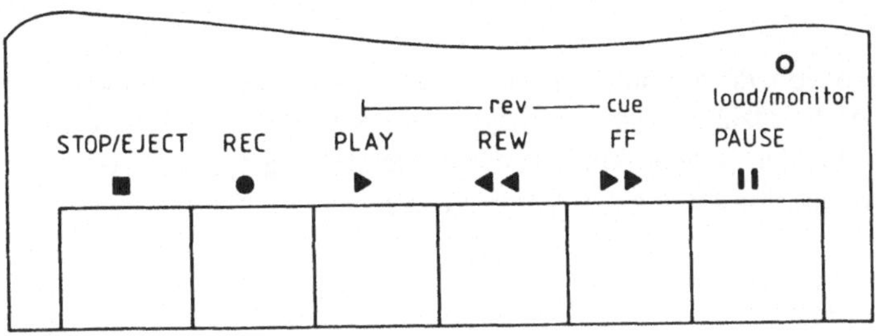

Bild 10.6
Tasten des Datenrekorders

Bei bereits *benutzten* Kassetten, d. h. Kassetten, die schon Programme oder Daten enthalten, ist die Vorgehensweise zur Speicherung weiterer Programme aufwendiger. Dabei ist insbesondere darauf zu achten, daß keine anderen Programme bzw. Daten auf der Kassette überschrieben werden können. Hilfreich ist hier das eingebaute Bandzählwerk. Man sollte sich, ausgehend vom Zählerstand ϕ am Anfang des Bandes, die Lage der Programme und Dateien notieren. Wird dies gemacht, so läßt sich die Anfangslage für ein neu zu speicherndes Programm wie folgt finden:

— Zurückspulen der Kassette zum Bandanfang (schnelle Rücklauftaste $\boxed{\text{REW}}$, Symbol $\boxed{\blacktriangleleft\blacktriangleleft}$ (vgl. Bild 10.6)).
— Bandzählwerk auf Null setzen (Taste neben dem Bandzählwerk drücken).
— Vorspulen des Bandes in der Kassette (Taste FAST FORWARD, kurz $\boxed{\text{FF}}$, Symbol $\boxed{\blacktriangleright\blacktriangleright}$ vgl. Bild 10.6), bis der notierte Zählerstand für das *Ende* des letzten gespeicherten Programms erreicht ist. Zur *Sicherheit* sollte man das Band sogar noch etwas über den notierten Zählerstand hinauslaufen lassen. Dies ist die Anfangslage des Bandes für ein *neu* zu speicherndes Programm.

> ● **Zur Speicherung des Programms muß die PLAY und RECord Taste des Datenrekorders gleichzeitig gedrückt werden (vgl. Bild 10.6).**

Diese beiden Tasten liegen nebeneinander. Das Band beginnt zu laufen.

> ● **Eingabe des BASIC-Kommandos zur Speicherung eines Programmes auf einer Kassette. Dieses Kommando lautet im allgemeinen:**
>
> CSAVE "Programmname" $\boxed{\leftarrow}$

Der *Programmname* ist der Name, unter dem man das Programm auf der Kassette von anderen Programmen unterscheiden und gezielt wieder in den Computer laden kann.

Nach Abschluß des Kommandos mit Hilfe der RETURN-Taste $\boxed{\leftarrow}$ wird das Programm unter dem angegebenen Programmnamen vom Arbeitsspeicher des Computers auf die Kassette übertragen.

Wenn dies geschehen ist, meldet sich das Betriebssystem mit dem Systembereitschaftszeichen OK.

Jetzt muß die Taste $\boxed{\text{STOP/EJECT}}$ gedrückt werden. Dadurch wird das Band angehalten.

Hinweis:
Notieren Sie beim Speichern von Programmen vom Arbeitsspeicher des Computers zur Kassette stets mit Hilfe des Bandzählwerkes die Lage des Programmes auf dem Band (Anfang und Ende bezogen auf den Bandanfang mit der Zählerstellung $\emptyset$). Das Programm läßt sich dann später viel schneller finden (vgl. Abschnitt 10.3).

Beispiel 10.1:

- Geben Sie mit Hilfe der Tastatur folgendes Programm in den Arbeitsspeicher des Mikrocomputers ein (s. auch Programm zur Demonstration der Korrektur von Programmen):

```
1Ø INPUT"GEBEN SIE ZWEI ZAHLEN,DURCH
EIN KOMMA GETRENNT,EIN";A,B
2Ø C=A+B
3Ø PRINT"ADDITION VON ZWEI ZAHLEN"
4Ø PRINT"A=";A,"B=";B,"C=";C
5Ø END
```

- Kassette so einlegen, daß das Band frei von Informationen ist.

  Achtung:
  Am *Anfang* des Bandes erfolgt während der ersten 7 Sekunden keine Aufnahme, weil die Kassette einen nichtmagnetischen transparenten Vorlauf besitzt. Dieser ist gut vom Bandmaterial zu unterscheiden.
  Lassen Sie mit Hilfe der $\boxed{\text{PLAY}}$-Taste diesen Vorlauf an den Rekorderköpfen vorbeilaufen.

- Eingabe des Kommandos

      CSAVE"ADD"

  Das im Arbeitsspeicher gespeicherte Programm wird auf der Kassette unter dem Namen ADD gespeichert.
  Nach Beendung des Speichervorgangs wird das Systembereitschaftszeichen OK auf dem Bildschirm ausgegeben.

- Drücken der Taste $\boxed{\text{STOP/EJECT}}$.

10.3 Übertragen von Programmen von einer Kassette zum Computer

Möchte man ein Programm von einer Kassette in den Arbeitsspeicher des Computers übertragen, so sind folgende Schritte notwendig:

Kassette in den Datenrekorder einlegen.

- Kassette mit dem gewünschten Programm vollständig zum Anfang des Bandes zurückspulen (Taste $\boxed{\text{REW}}$ für REWIND, Symbol ◀◀ siehe Bild 10.6).
- Der Lautstärkeregler (VOLUME, s. Bild 10.3) bleibt auf der Stellung 6 bis 8 eingestellt.
- Der Klangregler (TONE, s. Bild 10.3) bleibt auf maximaler Tonhöhe (Stellung 10, Richtung H für High) eingestellt.

Eingabe des BASIC-Kommandos zum Laden des Programmes von der Kassette in den Arbeitsspeicher des Mikrocomputers. Dieses Kommando lautet allgemein: CLOAD "Programmname" $\boxed{\hookleftarrow}$ **Das Wortsymbol "CLOAD" läßt sich kurz mit der Funktionstaste $\boxed{\text{F7}}$ eingeben.**

Der Programmname ist der Name, unter dem das Programm auf der Kassette gespeichert wurde. Das Kommando muß durch Drücken der RETURN-Taste $\boxed{\hookleftarrow}$ abgeschlossen werden.

Zum Laden des Programmes muß die PLAY-Taste des Datenrekorders gedrückt werden (vgl. Bild 10.6).

Anschließend setzt sich das Band in Bewegung.

Falls das gesuchte Programm nicht gleich am Anfang des Bandes steht, meldet der Mikrocomputer jedes andere gefundene Programm mit

> SKIP: Programmname

Wenn das gesuchte Programm gefunden wurde, meldet es der Rechner mit

> FOUND: Programmname

Anschließend wird das Programm von der Kassette in den Arbeitsspeicher geladen. Wenn das Programm vollständig geladen ist, wird das Systembereitschaftszeichen OK auf dem Bildschirm ausgegeben. Mit Hilfe der Taste STOP/EJECT (vgl. Bild 10.6) wird der Datenrekorder ausgeschaltet.

Das geladene Programm kann anschließend mit Hilfe des RUN-Kommandos gestartet werden.

- Wird im CLOAD-Kommando kein Programmname angegeben, wird gleich das erste Programm, das sich auf der Kassette befindet, geladen.
- Der Ladevorgang kann beschleunigt werden, indem man vor dem Drücken der PLAY-Taste
  - das Bandzählwerk auf Null setzt und
  - mit Hilfe des schnellen Vorlaufs (Taste FF, engl. Fast Forward Taste) die notierte Anfangslage des gesuchten Programms einstellt.
  - Erst dann wird die PLAY-Taste gedrückt.

Beispiel 10.2:

Das auf der Kassette gespeicherte Programm ADD (Beispiel 10.1) soll von der Kassette in den Arbeitsspeicher geladen werden.

- Eingabe des Kommandos NEW zum Löschen des Arbeitsspeichers.
- Eingabe des Kommandos LIST zur Kontrolle der Löschung des Arbeitsspeichers. (Nach der Eingabe des Kommandos LIST muß sofort das Systembereitschaftszeichen OK ausgegeben werden).
- Kassette mit dem Programm einlegen.
- Zurückspulen des Bandes (Taste REW, Symbol ◄ ◄) zum Bandanfang.
- Eingabe des Kommandos

      CLOAD"ADD"
- Drücken der PLAY-Taste des Datenrekorders.
- Während des Ladens des Programmes leuchtet die rote Ladekontrollampe load/monitor des Datenrekorders.
- Wenn der Anfang des Programms ADD gefunden ist, wird ausgegeben:

      Found: ADD
- Wenn das Programm vollständig geladen ist, wird ausgegeben:

      OK
- Durch Drücken der Taste STOP/EJECT wird das Band gestoppt.

10.4 Vor- und Nachteile von Kassetten zur Speicherung von Programmen und Daten

Der *Vorteil* von Kassetten liegt im wesentlichen darin, daß Programme und Daten *kostengünstig* dauerhaft gespeichert werden können.

Nachteilig ist hingegen, daß dieses Speichermedium zum Speichern bzw. Laden von Programmen sehr *langsam* ist. Dies steht im krassen Gegensatz zur Verarbeitungsgeschwindigkeit des Computers.

Außerdem sind einmal gespeicherte Programme *schlecht gegen* ein erneutes Überschreiben durch andere Programme *geschützt*. Der einzige Schutz ist die Aufmerksamkeit des Benutzers.

Es gibt zwar an der Kassette eine Löschsperre, die vor irrtümlichem Löschen schützt. Sie ist jedoch *dauerhaft*, da eine Lasche aus der Kassette herauszubrechen ist, die nicht wieder angebracht werden kann (siehe Bild 10.7). Das birgt Nachteile.

Bild 10.7 Lage der Löschsperre

Diese beiden Nachteile führen schnell dazu, daß der Mikrocomputerbenutzer zu einem anderen externen Speichermedium übergeht oder zumindest übergehen möchte, den sog. Disketten (vgl. Kap. 11 und 12). Die Laufwerke und die Disketten selbst sind zwar teurer. Die *Zugriffszeit* und der *Datenschutz* ist jedoch deutlich besser. Die nächsten beiden Kapitel zeigen, wie man ein Diskettenlaufwerk in Betrieb nimmt und zum Speichern bzw. Laden von Programmen einsetzt.

11 Inbetriebnahme eines 3½″ Mikrodiskettenlaufwerkes

> Für MSX-Computer wurden als Standarddiskettenlaufwerke 3 1/2″ Mikrodisketten-
> laufwerke ausgewählt.

Vom Autor wurde das SONY-Mikrodiskettenlaufwerk HDB-50 verwendet.

> Sinn der MSX-Computer-Standardisierung ist, daß die Schnittstellen der System-
> einheit genormt sind und somit jedes beliebige MSX-Mikrodiskettenlaufwerk an-
> schließbar ist.

Somit ist die folgende Beschreibung allgemeingültig.

Der Aufbau, die technischen Daten und die Behandlung der Mikrodisketten wurde schon
ausführlich in Abschnitt 2.6 beschrieben. Im folgenden geht es um den konkreten Anschluß eines Mikrodiskettenlaufwerkes an den Homecomputer VG-8010 von Philips.

11.1 Anschluß eines 3 1/2″ Mikrodiskettenlaufwerkes an die Systemeinheit

Zum Anschluß des Mikrodiskettenlaufwerkes müssen folgende Schritte aufeinanderfolgen:

- > <u>Alle Geräte</u> (Computer, Fernsehgerät, Laufwerk) müssen <u>ausgeschaltet</u> sein.

Um sicherzugehen, empfiehlt es sich, alle Netzstecker der Geräte zu ziehen.

- > Die <u>Abdeckklappe</u> über den <u>beiden</u> Modulschächten muß durch weites Öffnen
>   (auch gegen einen geringen Widerstand) <u>aus der Halterung entfernt</u> werden (vgl.
>   Bild 11.1).

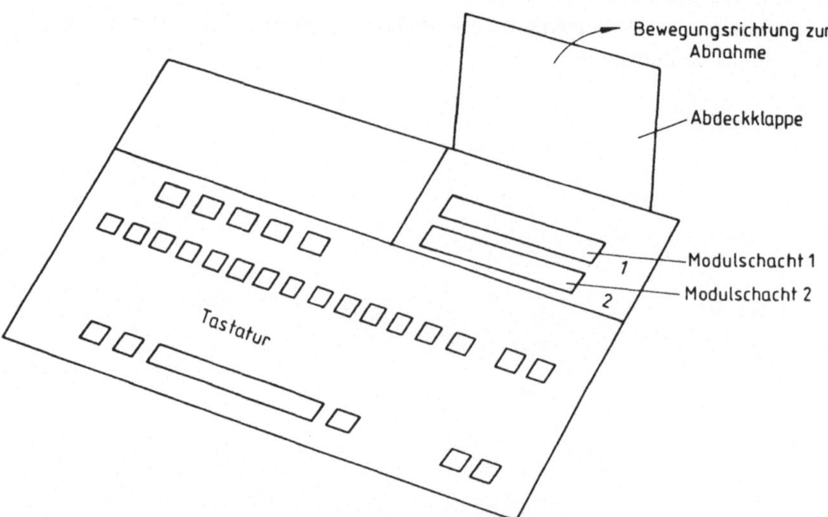

Bild 11.1 Aufsicht auf den Philips MSX Computer VG-8010 mit der Lage der Modulschächte 1 und 2

Die Abdeckklappe muß gut aufgehoben werden.

- **Der dem Mikrodiskettenlaufwerk beigefügte <u>Interface-Einschub</u> (vgl. Bild 11.2) muß mit dem Etikett nach vorn weisend in den <u>Modulschacht 1 oder 2</u> gesteckt werden.**

Ist kein Etikett auf dem Interface-Einschub vorhanden, muß es so in den Modulschacht gesteckt werden, daß sich die *runde Öffnung* im Interface-Einschub (vgl. Bild 11.2) *links unten* befindet.

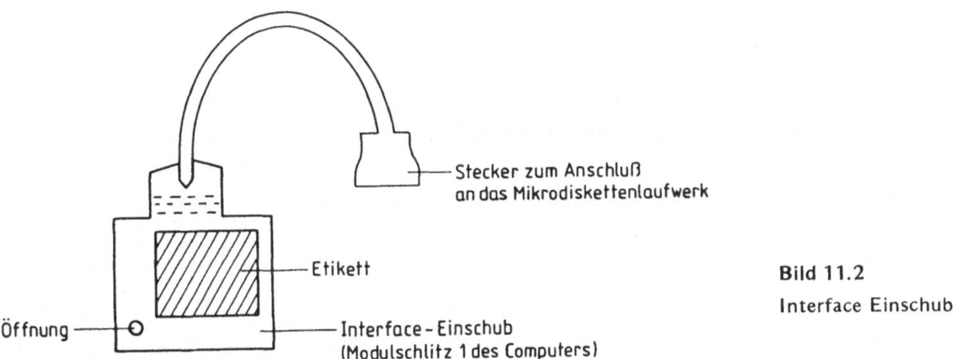

Bild 11.2

Interface Einschub

Die Belegung des 50-poligen Modulanschlusses wird hier nicht angegeben. Es sei diesbezüglich auf das Benutzerhandbuch verwiesen.

- **Der Interface-Einschub enthält das <u>MSX-Disketten-BASIC</u> (Kommandos zum Betrieb des Diskettenlaufwerkes) auf einem ROM[1].**

- **Der Stecker auf der anderen Seite des Kabels vom Interface-Einschub wird in die Buchse 1 (vgl. Bild 11.3) auf der Rückseite des Mikrodiskettenlaufwerkes gesteckt.**

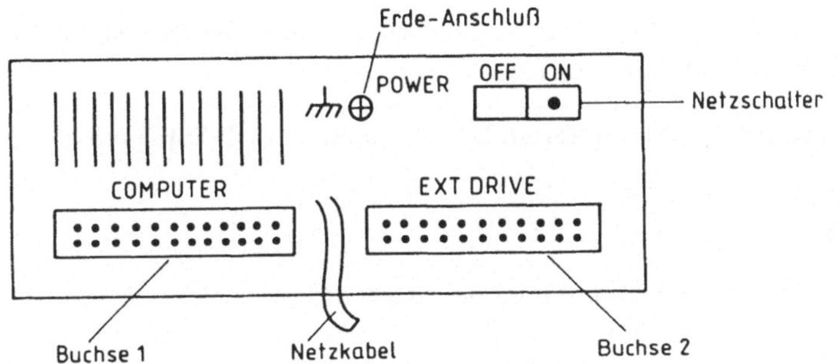

Bild 11.3

Rückseite des 3 1/2"
Mikrodiskettenlaufwerkes

Über der Buchse 1 steht entsprechend der Text "Computer".

---

1) vgl. Anhang A1.

Die Buchse 2 dient hingegen zum Anschluß eines Zusatzlaufwerkes (Ext. Drive = Extra Drive).

Damit der Stecker stets richtig in die Buchse geführt wird und keine Verwechslung möglich ist, besitzt der Stecker in der Mitte über Stift 17 eine *Erhöhung*. Diese Erhöhung muß nach oben zeigen. Dann ist gewährleistet, daß die Erhöhung in die entsprechende *Aussparung* der Buchse 1 des Mikrodiskettenlaufwerkes paßt.

Der Stecker ist soweit in die Buchse 1 zu stecken, daß die Plastik-Sicherungen, die sich an beiden Seiten der Buchse des Mikrodiskettenlaufwerkes befinden, den Stecker gegen unbeabsichtigtes Lösen sichern.

11.2 Einschalttest

- Alle Netzstecker, falls noch nicht erfolgt, an das Stromnetz anschließen.
- Einschalten der Geräte in folgender Reihenfolge:
    - Mikrodiskettenlaufwerk
      (Schalter auf der Rückseite des Gerätes, vgl. Bild 11.3).
    - Fernsehgerät
    - Computer (bzw. dessen Netzteil).

Die *grüne Netzkontrollampe* mit der Beschriftung POWER (Netz) leuchtet auf der Vorderseite des Mikrodiskettenlaufwerkes auf (vgl. Bild 11.4). Es liegt somit die Netzspannung an.

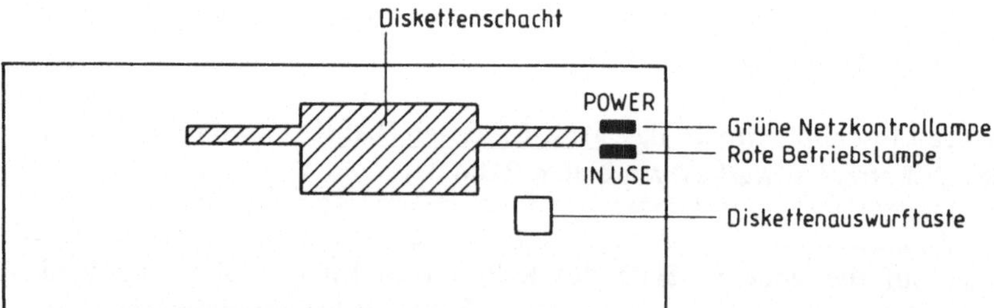

Bild 11.4 Vorderseite des 3 1/2" Mikrodiskettenlaufwerkes

Für kurze Zeit leuchtet auch die *rote Betriebslampe* mit der Beschriftung IN USE (d. h. in Betrieb) auf und Laufwerksgeräusche sind hörbar.

- **Auf dem Bildschirm meldet sich das Disketten BASIC (engl. DISK-BASIC) mit folgender Meldung**

  Enter date (D-M-Y):

Es soll somit das aktuelle Datum (engl. date) in der Reihenfolge D-M-Y eingegeben werden.

D steht für engl. Day, d. h. Tag
M steht für engl. Month, d. h. Monat
Y steht für engl. Year, d. h. Jahr

Die jeweils zweistelligen Zahlen sind durch Bindestriche getrennt einzugeben.

Ist die einzugebende Zahl nur einstellig, wird eine Ø vor die Ziffer gesetzt. Auf diese Weise wird sie zweistellig.

Nach der Eingabe des aktuellen Datums ist die RETURN-Taste ⏎ zu drücken.

Ist der Datumseintrag nicht wichtig, kann auf die Eingabe verzichtet werden. Es wird dann nur die RETURN-Taste ⏎ gedrückt.

● Das DISK-BASIC meldet sich anschließend wie folgt bereit:

```
MSX-BASIC version 1.0
Copyright 1983 bei Microsoft
24455 Bytes free
Disk BASIC version 1.0
OK
```

Die Meldung zeigt, daß das *MSX-BASIC* der Version 1.0 installiert ist. Es folgt das Copyright der Firma Microsoft. Außerdem wird angezeigt, daß für den Anwender 24455 Bytes im Arbeitsspeicher zur .Verfügung stehen. Weiter folgt die Angabe der installierten *Disk-BASIC*-Version. Das BASIC-Systembereitschaftszeichen OK zeigt an, daß nun BASIC-Kommandos bzw. -Anweisungen eingegeben werden können.

Erscheint die o. a. Meldung, kann der Einschalttest als bestanden angesehen werden. Ansonsten sind alle bisherigen Schritte noch einmal zu überprüfen.

11.3 Formatieren fabrikneuer Disketten

Durch das Formatieren einer Diskette, teilweise auch Initialisieren genannt, wird eine fabrikneue Diskette zum Aufnehmen von Programmen und Daten vorbereitet (vgl. Abschnitt 2.6.5).

Jede neue Diskette muß formatiert werden.

Insbesondere wird mit Hilfe der Formatierung Speicherplatz für das Inhaltsverzeichnis der Dateien reserviert.

Bei der Formatierung fabrikneuer Disketten müssen folgende Schritte aufeinanderfolgen:

● **Die zu formatierende Mikrodiskette muß mit geschlossenem Metallschutz in den Diskettenschacht (vgl. Bild 11.4) hineingeschoben werden, bis die Diskette hörbar einrastet.**

Die Lage der Diskette, in der sie in den Diskettenschacht zu schieben ist, geht aus Bild 2.2 hervor.

● **Eingabe des Formatierkommandos**

Dieses Kommando kann nur eingegeben werden, wenn die letzte Ausgabe auf dem Bildschirm das Systembereitschaftszeichen OK ist.

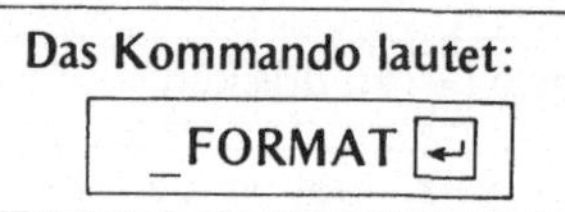

Das erste Zeichen des Kommandos, die Unterstreichung _, ist bei der Eingabe des Formatierkommandos *wichtig*. Wird dieses Zeichen nicht oder falsch eingegeben, erscheint die Meldung

d. h. es wird auf einen formalen Fehler bei der Eingabe hingewiesen.

Das Unterstreichungszeichen befindet sich als obere Belegung auf der Taste:

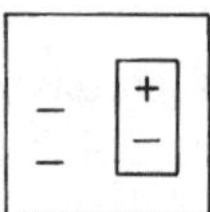

Es muß somit die Taste SHIFT zusammen mit der oben angegebenen Taste gedrückt werden.

Das Schlüsselwort des Formatierkommandos FORMAT ist *Buchstabe für Buchstabe* einzugeben. Den Abschluß des Kommandos erreicht man durch Drücken der RETURN-Taste ↵ . Der Formatiervorgang wird anschließend eingeleitet.

● Auf dem Bildschirm erscheint die Meldung

Man kann bei der Eingabe somit zwischen den Laufwerksnamen (engl. drive name) A und B wählen.

●   **Ist, wie hier, nur ein Laufwerk vorhanden, wird der Laufwerksname**

A

eingegeben.

Ein zweites Laufwerk bekäme den Laufwerksnamen B.

● Daraufhin wird folgende Meldung auf dem Bildschirm ausgegeben:

d. h.: drücken Sie eine Taste, wenn alles soweit ist.

●   **Drücken Sie daraufhin eine beliebige Taste, um den eigentlichen Formatiervorgang zu starten (bequem ist die große Leertaste SPACE).**

● Während des Formatierens (ca. 40 Sekunden) hört man Laufgeräusche des Laufwerks. Die rote Betriebslampe IN USE (vgl. Bild 11.4) leuchtet.

● Ist das Formatieren beendet, erlischt die rote Betriebslampe IN USE und folgende Meldung erscheint auf dem Bildschirm:

```
Format complete
OK
```

d. h. Formatierung beendet.

● Das OK ist das BASIC-Systembereitschaftszeichen, d. h. das System ist nun bereit, BASIC-Kommandos bzw. Anweisungen entgegenzunehmen.

● Möchte man weitere Disketten formatieren, wird die formatierte Diskette mit Hilfe der Diskettenauswurftaste (vgl. Bild 11.4) ein Stück aus dem Diskettenschacht herausgeworfen. Die Diskette kann entnommen werden. Für weitere Disketten ist der geschilderte Vorgang zu wiederholen.

● Möchte man formatierte Disketten von nicht formatierten Disketten unterscheiden, sollte man wie folgt verfahren:

— Formatierte Disketten erhalten einen Aufkleber (Aufkleber zum Beschriften der Disketten werden i. a. mit den Disketten geliefert).

— Nicht formatierte Disketten beläßt man ohne Aufkleber.

11.4 Abschalten des Systems

Das Abschalten der Geräte erfolgt in der gleichen Reihenfolge wie das Einschalten (vgl. Abschnitt 11.2), d. h.

— zunächst das Diskettenlaufwerk abschalten,

— dann das Fernsehgerät abschalten und

— zuletzt den Computer abschalten (bzw. das zugehörige Netzgerät).

12 Das MSX-Disketten-BASIC

> Zum Diskettenbetrieb wird eine erweiterte MSX-BASIC-Version benötigt. Sie enthält zusätzliche Kommandos für die Arbeit mit Disketten in Diskettenlaufwerken.

Dieses MSX-Disketten-BASIC befindet sich in einem ROM im Interface-Einschub. Es steht somit *automatisch* nach dem Anschluß des Diskettenlaufwerkes zur Verfügung.

In diesem Kapitel sollen die wichtigsten MSX-Disketten-BASIC-Kommandos ausführlich besprochen werden, nachdem diese in Abschnitt 7.4 nur kurz erläutert wurden. Es handelt sich um Kommandos, mit denen

- BASIC-Programme auf einer Diskette *gespeichert* werden können,
- Programme und Dateien auf Disketten *kopiert* werden können,
- Programme und Dateien auf Disketten *umbenannt* werden können,
- Programme und Dateien auf Disketten *gelöscht* werden können und
- Programme von der Diskette in den Arbeitsspeicher *geladen* werden können.

In den Beispielen wird davon ausgegangen, daß nur *ein* Mikrodiskettenlaufwerk an dem Mikrocomputer angeschlossen ist. Sollten zwei Mikrodiskettenlaufwerke angeschlossen sein, gilt entsprechendes. Man muß nur das gewünschte Laufwerk mit dem Buchstaben A oder B kennzeichnen.

12.1 Aufruf des Disketten-BASIC

> Das MSX-Disketten-BASIC steht <u>automatisch</u> nach dem Anschluß des Mikrodiskettenlaufwerkes durch ein ROM im Interface-Einschub <u>nach dem Einschalten</u> des Mikrodiskettenlaufwerkes und des Mikrocomputers zur Verfügung.

Nach dem Einschalten erscheint die Meldung (vgl. Abschnitt 11.2):

> Enter date (D-M-Y):

Nach der Eingabe des aktuellen Datums meldet sich auf der darauffolgenden Bildschirmausgabe das *Disk-BASIC* wie folgt bereit:

```
MSX-BASIC version 1.0
Copyright 1983 by Microsoft
24455 Bytes free
Disk BASIC version 1.0
OK
```

Sollten bis zu diesem Punkt noch Fragen offen sein, sei auf den Abschnitt 11.2 verwiesen. Der Einsatz der wichtigsten MSX-Disketten-BASIC-Kommandos soll an einem einfachen Beispiel in den folgenden Abschnitten demonstriert werden.

12.2 Eingabe eines BASIC-Programmes

Das schon bei der Korrektur von BASIC-Programmen verwendete und somit bekannte Beispiel soll auch hier Verwendung finden, allerdings in einer leicht verbesserten Form für die Ein- und Ausgabe der Daten.

Beispiel 12.1

Es werden folgende BASIC-Anweisungen eingegeben:

```
1Ø␣INPUT"GEBEN␣SIE␣ZWEI␣ZAHLEN,DURCH␣␣
EIN␣KOMMA␣GETRENNT,EIN";A,B
2Ø␣C=A+B
3Ø␣PRINT"ADDITION␣VON␣ZWEI␣ZAHLEN"
4Ø␣PRINT"A=";A,"B=";B,"C=";C
5Ø␣END
```

Die Zeichen der Anweisung mit der Anweisungsnummer 1Ø werden *fortlaufend* eingegeben. Allein durch die Begrenzung des Bildschirms hinsichtlich der Spaltenzahl je Zeile wird die *Anweisung in zwei Zeilen* auf dem Bildschirm ausgegeben.

Diese Anweisung sorgt dafür, daß der Anwender durch den angegebenen Text zur Eingabe der Zahlen für die Variablen A und B auf dem Bildschirm aufgefordert wird (Text: Geben Sie zwei Zahlen, durch ein Komma getrennt, ein).

Die Anweisungen mit den Anweisungsnummern 3Ø und 4Ø sorgen für eine Ausgabe eines *erläuternden Textes* nebst der Ausgabe der Ein- und Ausgabewerte.

Ob das eingegebene Programm *formal* richtig ist, läßt sich am besten durch den anschließenden Start des Programmes (Kommando RUN) testen.

Für den Fall einer eventuell notwendigen Korrektur sei auf Kapitel 9 verwiesen.

Ist das Programm formal fehlerfrei und sollte das Programm dennoch nicht laufen, kann es nur noch an einer falschen Eingabe der Zahlenwerte liegen (Fehlermeldung beachten). Derartige Fehler sind ebenfalls zu beseitigen.

12.3 Dateinamen

12.3.1 Datei

Das in Abschnitt 12.2 erstellte BASIC-Programm soll auf einer Diskette langfristig gespeichert werden. Das Betriebssystem nimmt dem Anwender die Aufgabe ab, die Spuren und Sektoren auf der Diskette anzugeben, wo das Programm gespeichert wird. Um jedoch dieses Programm von anderen Programmen auf der Diskette *unterscheiden* zu können, muß der Anwender das Programm unter einem bestimmten *Namen* auf der Diskette speichern. Entsprechend können auch reine Daten, z. B. Eingabewerte, Ausgabewerte u. dgl., auf Disketten gespeichert werden. Beide Fälle faßt man allgemein unter dem Begriff *Datei* zusammen.

> **Dateien (engl. file) sind zusammengehörige Informationen auf bzw. in einem Speicher.**

Da die Speicher mehrere Dateien speichern können, müssen sie mit Hilfe von *Dateinamen* (engl. file name) unterschieden werden.

Die Dateien auf *einer* Diskette müssen durch Dateinamen *eindeutig* unterscheidbar sein. Auf verschiedenen Disketten *können* hingegen auch gleiche Dateinamen gewählt werden, *falls* dies zweckmäßig ist.

12.3.2 Dateinamen

Dateinamen können nicht vollkommen willkürlich vom Anwender gewählt werden. Es sind einige Bildungsregeln zu beachten, die im folgenden beschrieben werden.

Ein Dateiname besteht im allgemeinen aus

- einem Datei-Hauptnamen und
- einem Datei-Ergänzungsnamen (Dateikennung, Dateityp, engl.: extension).

Diese beiden Bestandteile eines Dateinamens werden durch einen Punkt getrennt.

> **Somit ergibt sich folgende allgemeine Form für einen Dateinamen:**
>
> > **Dateihauptname . Dateiergänzungsname**

12.3.3 Dateihauptname

> **Der Dateihauptname setzt sich aus höchstens 8 Zeichen des auf der Tastatur möglichen Zeichenvorrats zusammen.**
>
> **Ausgenommen sind einige wenige Sonderzeichen wie z. B. der Punkt, das Komma und das Leerzeichen.**

Die Ausnahmen sollen hier nicht besonders aufgeführt werden, denn sie werden bei ihrer Verwendung in Dateinamen leicht durch folgende Fehlermeldung auf dem Bildschirm erkannt:

> Bad filename!

> **Für das Fragezeichen ? und den Stern * gelten innerhalb eines Dateinamens besondere Regeln (vgl. Abschnitt 12.3.5).**

Der Dateihauptname sollte mit Hilfe des verfügbaren Zeichenvorrats so gewählt werden, daß man erkennt, wozu die Datei dient und was sie enthält.

Es sollte somit ein aussagekräftiger Dateihauptname gewählt werden.

Beispiel 12.2

    ADD   für ein *Add*itionsprogramm,
    BSP1   für *Beisp*iele, die z. B. durchnumeriert werden,
    TEST   für ein *Testprogramm* usw.

Werden weniger als 8 Zeichen für den Dateihauptnamen verwendet, so werden die fehlenden Zeichen durch Leerzeichen ersetzt.

Beispiel 12.3

Eingegebener Dateiname: ABC.DEF

Intern gespeicherter und auf dem Bildschirm ausgegebener Dateiname: ABC⎵⎵⎵⎵⎵.DEF

Werden mehr als 8 Zeichen für den Dateihauptnamen verwendet, so wird automatisch nach dem 8. Zeichen ein Punkt gesetzt. Die überzähligen Zeichen werden für den Dateiergänzungsnamen verwendet (vgl. Abschnitt 12.3.4).

Beispiel 12.4

Eingegebener Dateiname: ABCDEFGHIJK

Intern gespeicherter Dateiname: ABCDEFGH.IJK

12.3.4 Dateiergänzungsnamen

> Der Dateiergänzungsname besteht aus höchstens 3 beliebigen Zeichen des auf der Tastatur verfügbaren Zeichenvorrats.

Werden mehr als 3 Zeichen vergeben, werden die überzähligen Zeichen ignoniert.
Es gelten die gleichen Einschränkungen bezüglich der Sonderzeichen wie beim Dateihauptnamen.

> Der Dateiergänzungsname dient dazu, den Dateityp näher zu beschreiben.

Man kann mit Hilfe des Dateiergänzungsnamens eine Datei z. B. so kennzeichnen, daß man erkennt, daß es sich um eine Datei handelt, die Programme oder Daten enthält. Mit Hilfe des Dateiergänzungsnamens kann man Programmdateien auch hinsichtlich der verwendeten Programmiersprache kennzeichnen, d. h. ob es sich um ein Programm in der Programmiersprache BASIC bzw. FORTRAN, der Assemblersprache oder dem Maschinencode handelt. Entsprechendes gilt für Dateien mit unterschiedlichen Datentypen (Dezimal, Hexadezimal, Dual usw.).

Der Dateiergänzungsname kann auch entfallen.

12.3.5 Dateigruppenname

Soll nur eine einzelne Datei auf einer Diskette gespeichert werden bzw. von der Diskette in den Arbeitsspeicher gebracht werden, so ist nur die Angabe *eines* Dateinamens erforderlich. In anderen Fällen ist es jedoch wünschenswert, nicht nur *einzelne* bestimmte Dateien bezeichnen zu können, sondern auch *Gruppen* von Dateien.
Dies vereinfacht in vielen Fällen die *Arbeit mit Dateien*, z. B. beim Auflisten, Kopieren und Löschen. Ein Kommando, das einen sog. Dateigruppennamen enthält, kann somit für eine ganze Gruppe von Dateien gelten, so daß die Kommandos nicht alle separat für jede einzelne Datei eingegeben werden müssen.

Beispiel 12.5

| Es sollen *alle* Dateien vom Typ BAS gelöscht werden. |
| Es sollen die Dateien BSP1, BSP2 und BSP3 mit Hilfe eines einzigen Kommandos auf dem Drucker ausgedruckt werden. |

> Dateigruppennamen enthalten im Dateinamen die Dateigruppenzeichen ? und *.
> - Das Dateigruppenzeichen „?" steht stellvertretend für ein beliebiges Zeichen, das im Dateinamen erlaubt ist.
> - Das Dateigruppenzeichen „*" steht stellvertretend für eine ganze Zeichenfolge.

Das Dateigruppenzeichen „?" bezieht sich somit nur auf ein Zeichen an einer ganz bestimmten Position im Dateinamen. Das Dateigruppenzeichen „?" darf auch mehrfach in einem Dateigruppennamen vorkommen.
Das Dateigruppenzeichen „*" steht stellvertretend für den gesamten Dateihauptnamen bzw. Dateiergänzungsnamen. Dieses Dateigruppenzeichen ist sehr effektiv, denn es kann

sehr viel Arbeit bei der Kommandoeingabe ersparen. Unbedacht verwendet kann es jedoch auch gefährlich sein, so beim Löschen von Dateien. Es ist daher mit Bedacht zu verwenden.

Beispiel 12.6:

Dateigruppen-name	Erläuterung
A ? C. ? E	Der Dateigruppenname A ? C. ? E steht z. B. stellvertretend für Dateinamen wie ABC.DE, AAC.EE, ACC.QE usw., d. h. an der Stelle, wo das ?-Zeichen steht, kann jedes beliebige erlaubte andere Zeichen stehen. Aus dieser Vielzahl theoretisch möglicher Dateinamen bleiben praktisch jedoch nur wenige über, die als Dateinamen auf der Diskette auch wirklich vorhanden sind und somit überhaupt angesprochen werden können.
BA ? ? . BAS	Dieser Dateigruppenname könnte z. B. stellvertretend für folgende BASIC-Quellprogrammdateien stehen: BANK, BALD, BAST, BACH usw., nicht jedoch für die Dateien BUCH, BILD o. ä.
TXT?.BAS	Dieser Dateigruppenname könnte stellvertretend für folgende BASIC-Quellprogrammdateien stehen: TXT1, TXT2, TXT3 usw. Man erkennt vielleicht an diesem Beispiel, daß die vorausschauende Wahl eines geeigneten Dateinamens das spätere Arbeiten mit den Dateien vereinfachen kann.
ADD.*	Dieser Dateigruppenname steht stellvertretend für *alle* Dateien mit dem Datei-Hauptnamen ADD.
*.COM	Dieser Dateigruppenname steht stellvertretend für *alle* Dateien mit dem Dateiergänzungsnamen COM.
.	Dieser Dateigruppenname steht stellvertretend für alle Dateien ohne jegliche Einschränkung.

12.4 Speichern eines BASIC-Programmes auf einer Diskette

Das in Abschnitt 12.2 erstellte BASIC-Programm soll nun auf einer Diskette im angeschlossenen Mikrodiskettenlaufwerk gespeichert werden.

> **Das Kommando zum Speichern eines im Arbeitsspeicher des Mikrocomputers gespeicherten BASIC-Programmes auf die im Mikrodiskettenlaufwerk eingelegte Diskette lautet allgemein:**
>
> **SAVE"Dateiname"** ⏎

Das Schlüsselwort SAVE wird durch Drücken einzelner Buchstaben eingegeben. Die Wahl des Dateinamens unterliegt gewissen Regeln, auf die schon genauer eingegangen wurde (siehe Abschnitt 12.3). Er dient zur Unterscheidung der Dateien auf der Diskette und muß daher stets eindeutig verwendet werden. Der Dateiname muß in " eingeschlossen werden. Allerdings kann das letzte " hinter dem Dateinamen auch entfallen. Das Kommando wird durch Drücken der RETURN-Taste ⏎ zur Ausführung gebracht.

Beispiel 12.7:

In diesem Beispiel wird der Name ADD für das auf der Diskette zu speichernde *Add*itionsprogramm verwendet, so daß sich folgendes Kommando ergibt:

SAVE"ADD" ⏎

Während des Speichervorgangs leuchtet die rote Kontrollampe IN USE des Mikrodiskettenlaufwerkes auf. Außerdem hört man Laufwerksgeräusche. Dies ist ein äußeres Zeichen dafür, daß das Programm auf der Diskette gespeichert wird.

In der am Ende dieses Kapitels folgenden Liste der Disketten-BASIC-Kommandos (Abschnitt 12.9) wird noch eingehender auf das SAVE-Kommando eingegangen.

12.5 Ausgabe des Disketteninhaltsverzeichnisses auf dem Bildschirm

Zur Kontrolle, ob das Programm auch wirklich auf der Diskette gespeichert wurde, kann man sich das Disketteninhaltsverzeichnis auf dem Bildschirm ausgeben lassen.

Das Inhaltsverzeichnis einer Diskette läßt sich mit Hilfe des folgenden Kommandos ausgeben:

> FILES ⏎

Gibt man dieses Kommando Buchstabe für Buchstabe ein und schließt es mit der RETURN-Taste ⏎ ab, so werden alle Dateinamen der Dateien, die sich auf der Diskette befinden, in zwei Spalten auf dem Bildschirm ausgegeben.

Die Reihenfolge der Dateinamen ist *nicht* alphabetisch geordnet, sondern entspricht der zeitlichen Reihenfolge der Speicherung auf der Diskette.

Beispiel 12.8

Bei einer neuen Diskette wird nach der Speicherung der Datei ADD und der Aufforderung zur Ausgabe des Dateiinhaltsverzeichnisses nur der Dateiname ADD ausgegeben. Sind jedoch schon Dateien auf der Diskette gespeichert, muß als letzter Dateiname der Dateiname ADD im Dateiinhaltsverzeichnis stehen. Ist dies der Fall, so bedeutet dies i. a., daß die Speicherung erfolgreich war.

Am Schluß der Liste steht, wie gewöhnlich, das BASIC-Bereitschaftszeichen OK.

In der am Ende dieses Kapitels folgenden Liste der Disketten-BASIC-Kommandos (Abschnitt 12.9) wird noch eingehender auf das FILES-Kommando eingegangen.

12.6 Laden von BASIC-Programmen von der Diskette in den Arbeitsspeicher

Um zu demonstrieren, wie ein BASIC-Programm von einer Diskette in den Arbeitsspeicher geladen wird, wird die Diskette dem Diskettenlaufwerk entnommen und der Mikrocomputer und das Diskettenlaufwerk ausgeschaltet. Dies ist der Zustand, mit dem häufig die Arbeit mit dem Computer aufgenommen wird.

Das BASIC-Programm wird in folgenden Schritten geladen:

Schritt 1:

Diskettenlaufwerk, Fernsehgerät und Mikrocomputer in der aufgeführten Reihenfolge einschalten.

Schritt 2:

- Diskette in das Diskettenlaufwerk einlegen.
- Datum eingeben oder gleich die RETURN-Taste ⏎ drücken.
- Systembereitschaftszeichen OK abwarten.

Schritt 3:

Mit Hilfe des Kommandos

> FILES [↵]

wird das Dateiinhaltsverzeichnis ausgegeben und daran überprüft, ob sich das Anwenderprogramm auch tatsächlich auf der Diskette befindet. In der ausgegebenen Liste der Dateinamen muß der Dateiname enthalten sein, den das zu ladende Anwenderprogramm besitzt (hier im Beispiel ADD).

Schritt 4:

Zur Prüfung, ob der Arbeitsspeicherinhalt wirklich leer ist, kann das Kommando

> LIST [↵]

eingegebenen werden. Ist der Arbeitsspeicher leer, wird sofort das BASIC-Bereitschaftszeichen OK ausgegeben. Ist dies nicht der Fall, sollte der Arbeitsspeicher mit Hilfe des Kommandos

> NEW [↵]

gelöscht werden.

Schritt 5:

> **Das Ladekommando von der Diskette in den Arbeitsspeicher lautet allgemein:**
>
> > **LOAD"Dateiname"** [↵]

Das Schlüsselwort LOAD wird durch Drücken der einzelnen Buchstabentasten eingegeben. Anschließend ist der Dateiname der Datei einzugeben, die von der Diskette in den Arbeitsspeicher geladen werden soll. Das Kommando ist durch Drücken der RETURN-Taste [↵] abzuschließen. Die rote Kontrollampe IN USE wird während des Ladevorgangs aufleuchten und es wird ein Laufwerksgeräusch hörbar.

Beispiel 12.9:

In dem angesprochenen Beispiel lautet das Lade-Kommando

> **LOAD"ADD"** [↵]

Nach erfolgtem Laden meldet sich das System wieder bereit mit Hilfe des Bereitschaftszeichens OK.

Schritt 6:

Das Programm kann anschließend sofort mit Hilfe des Kommandos

> RUN [↵] bzw. [F5]

gestartet oder, falls Änderungen nötig sind, korrigiert bzw. ergänzt werden. Dazu kann man sich das geladene Programm mit Hilfe des Kommandos

> LIST [↵]

auf dem Bildschirm ausgeben lassen.

In der am Ende dieses Kapitels folgenden Liste der Disketten-BASIC-Kommandos (vgl. Abschn. 12.9) wird noch eingehender auf das LOAD-Kommando eingegangen.

12.7 Umbenennen von gespeicherten Dateien auf einer Diskette

> **Vielfach kommt es vor, daß man den Dateinamen einer Datei auf einer Diskette ändern möchte. Dies erreicht man mit Hilfe des Kommandos:**
>
> **NAME"Alter Dateiname"AS"Neuer Dateiname"** ⏎

Beispiel 12.10:
In diesem Fall soll z. B. folgende Umbenennung erfolgen:

    NAME"ADD"AS"ADDITION" ⏎

Die Umbenennung ist erfolgt, wenn auf dem Bildschirm das BASIC-Bereitschaftszeichen OK erscheint.

Die Namensänderung kann überprüft werden, indem man sich das Inhaltsverzeichnis mit Hilfe des Kommandos

    FILES ⏎

ausgeben läßt.

Der Dateiname ADD muß durch den Dateinamen ADDITION ersetzt worden sein.

Damit ist nachgewiesen, daß die alte Datei ADD in ADDITION umbenannt wurde.

In der am Ende dieses Kapitels folgenden Liste der Disketten-BASIC-Kommandos wird noch eingehender auf das NAME-Kommando eingegangen (vgl. Abschn. 12.9).

12.8 Löschen von Dateien auf einer Diskette

> **Möchte man nicht mehr benötigte Dateien auf einer Diskette löschen, so läßt sich dies mit Hilfe des Kommandos**
>
> **KILL"Dateiname"** ⏎
>
> **erreichen.**

Beispiel 12.11:
In unserem Beispiel soll das Kommando

    KILL"ADDITION" ⏎

eingegeben werden.

Nach dem Löschvorgang meldet sich das System wieder mit dem Bereitschaftszeichen OK.

Zur Überprüfung des Löschvorgangs läßt man sich wieder das Inhaltsverzeichnis der Diskette ausgeben, d. h. das Kommando

    FILES ⏎

wird eingegeben. Die Datei ADDITION erscheint nicht mehr im Dateiinhaltsverzeichnis. Sie wurde somit von der Diskette gelöscht.

12.9 Liste der MSX-Disketten-BASIC-Kommandos

Nr.	Kommando	Erläuterung
12.9.1	FILES	Mit Hilfe des Kommandos FILES wird das Dateiinhaltsverzeichnis einer Diskette angezeigt: Allgemeine Form: FILES" Datei(gruppen)name" ⏎ Fehlt der Datei(gruppen)name, so werden *alle* Dateinamen der im Laufwerk liegenden Diskette auf dem Bildschirm aufgelistet.
		Beispiel 12.12: FILES ⏎ Mit Hilfe dieses Kommandos werden *alle* Dateinamen der im Laufwerk liegenden Diskette auf dem Bildschirm aufgelistet.
		FILES"*.BAS" Mit Hilfe dieses Kommandos werden alle Dateinamen mit dem Ergänzungsnamen BAS der im Laufwerk liegenden Diskette auf dem Bildschirm aufgelistet.
		Wird ein Dateiname angegeben, der nicht auf der Diskette existiert, erscheint die Fehlermeldung: FILE NOT FOUND
12.9.2	LOAD	Mit Hilfe des Kommandos LOAD wird ein *Programm* von einer Diskette in den Arbeitsspeicher des Mikrocomputers geladen. Allgemeine Form: LOAD" Dateiname" ⏎ Der Dateiname ist der Name, unter dem die Datei auf der Diskette gespeichert wurde. Möchte man das Programm nach dem Laden gleich ausführen lassen, so kann man dies durch Anhängen eines R wie folgt erreichen: LOAD" Dateiname", R ⏎ Das R steht für das Kommando RUN. Dieses Kommando ist auch geeignet, Programme oder Segmente eines Programmes zu verketten.
		Beispiel 12.13: LOAD"RECHN",R Das Programm RECHN, das sich auf einer Diskette im Mikrodiskettenlaufwerk befindet, wird in den Arbeitsspeicher gebracht und ausgeführt.

12.9.3	SAVE	Mit Hilfe des Kommandos SAVE wird ein im Arbeitsspeicher des Mikrocomputers gespeichertes Programm auf einer Diskette gespeichert. Allgemeine Form: SAVE" Dateiname" ⏎ Ist auf der Diskette schon eine Datei mit dem gleichen Namen vorhanden, wird diese Datei durch die neue Datei überschrieben. Das SAVE-Kommando kann auch einen *Anhang* bekommen. Der Anhang ist mit Hilfe eines Kommas vom beschriebenen SAVE-Kommando zu trennen. Anhang A Durch Anhängen des Buchstaben A wird die im SAVE-Kommando angegebene Datei im ASCII-Code gespeichert. Ohne diesen Anhang werden die BASIC-Programme in einem *komprimierten* Binärformat gespeichert. In einigen Fällen ist die Speicherung im ASCII-Code unbedingt erforderlich (vgl. Kommando MERGE).
		Beispiel: 12.14: SAVE" BSP1.BAS" ⏎ Das Programm BSP1.BAS wird aus dem Arbeitsspeicher auf eine Diskette im Mikrodiskettenlaufwerk gebracht und dort gespeichert.
12.9.4	MERGE	**Mit Hilfe des Kommandos MERGE kann eine Datei von einer Diskette in das Programm gemischt werden, das sich z. Z. im Arbeitsspeicher befindet.** **Allgemeine Form:** MERGE "Dateiname"
		Die einzumischende Datei muß unter dem angegebenen Dateinamen mit Hilfe des SAVE-Kommandos auf der Diskette im ASCII-Format gespeichert worden sein (vgl. Kommando SAVE). Falls dies nicht der Fall war, erscheint die Fehlermeldung: Bad file mode
		Beispiel 12.15: MERGE"PROG2" Die Datei PROG2 wird in das sich im Arbeitsspeicher befindende Programm gemischt.

12.9.5	NAME	Mit Hilfe des Kommandos NAME wird eine Datei auf einer Diskette umbenannt.
		Allgemeine Form:
		NAME"Alter Dateiname"AS"Neuer Dateiname"
		Beispiel 12.16: NAME "TEST" AS "BSP" Die Datei mit dem Namen TEST auf der Diskette erhält den neuen Dateinamen BSP.
12.9.6	KILL	Mit Hilfe des Kommandos KILL wird eine Datei von einer Diskette gelöscht.
		Allgemeine Form:
		KILL "Dateiname"
		Beispiel 12.17: KILL "TEST.BAS" Es wird die Datei TEST.BAS, die sich auf einer Diskette befindet, gelöscht.
		Wird das Kommando KILL für eine noch geöffnete Datei gegeben, so wird folgende Fehlermeldung ausgegeben:
		File already open
		d. h. die Datei ist noch geöffnet.
12.9.7	BSAVE	Mit Hilfe des Kommandos BSAVE wird das Maschinensprachprogramm, das sich z. Z. im Arbeitsspeicher befindet, auf einer Diskette unter einem vorgegebenen Dateinamen gespeichert.
		Das B vor SAVE weist auf die <u>b</u>inäre Form der Datei hin.
		Allgemeine Form:
		BSAVE"Dateiname", Anfangsadresse, Endadresse
		Die Anfangs- und Endadresse des Maschinensprachprogramms im Arbeitsspeicher ist hexadezimal anzugeben.
		Beispiel 12.18: BSAVE"RECHNUNG",&HC0OO,&HCFFF Das sich im Arbeitsspeicher befindende Maschinensprachprogramm wird ab Adresse C0OO bis zur Adresse CFFF (Hexadezimalzahlen) auf einer Diskette unter dem Namen RECHNUNG gespeichert.

12.9.8	BLOAD	Mit Hilfe des Kommandos BLOAD wird ein Maschinensprachprogramm von der Diskette in den Arbeitsspeicher geladen.
		Das B vor LOAD weist auf die binäre Form der Daten hin.
		Allgemeine Form: BLOAD "Dateiname"
		Beispiel 12.19: BLOAD "RECHNUNG" Das sich auf der Diskette befindliche Maschinensprachprogramm wird in den Arbeitsspeicher geladen.
12.9.9	COPY	Mit Hilfe des Kommandos COPY kann eine oder mehrere Dateien auf dieselbe oder eine andere Diskette kopiert werden. Allgemeine Form: COPY"Dateiname "TO" Dateiname"
		Beispiel 12.20: COPY"TEST"TO"KOPIE" Es wird das Programm TEST noch einmal unter dem Namen KOPIE auf der gleichen Diskette kopiert.

		Möchte man eine Kopie auf eine andere Diskette unter dem gleichen Namen oder einem anderen Namen mit Hilfe eines einzigen Laufwerkes anfertigen, so ist folgendes allgemeine Kommando einzugeben:
		
		    COPY"A:Dateiname"TO"B:Dateiname"
		
		Nach dem Drücken der RETURN-Taste erscheint folgender Text auf dem Bildschirm:
		
		    Insert diskette for drive B:
		    and strike any key when ready
		
		Es muß nun die eingelegte Diskette mit dem Dateioriginal herausgenommen werden und die neue Diskette für die Dateikopie eingelegt werden. Anschließend ist eine beliebige Taste zu drücken.

		Beispiel 12.21: COPY"A:ALT"TO"B:NEU" Es wird die Datei ALT auf eine andere Diskette unter dem Namen NEU kopiert.
12.9.10	FORMAT	Formatiert eine fabrikneue Diskette (vgl. Abschnitt 2.6.5 und 11.3).

13 Inbetriebnahme eines MSX-Druckers

Bislang wurde nur besprochen, wie Programme und Daten auf dem *Bildschirm* ausgegeben werden können. Diese Ausgaben möchte man vielfach auch auf einem *Drucker* ausdrucken lassen. Im folgenden soll nun besprochen werden, wie ein MSX-Drucker anzuschließen und zum Druck vorzubereiten ist. Anschließend wird demonstriert, wie Programme und Daten ausgedruckt werden können.

Im vorliegenden Fall wurde der Philips Grafikdrucker VW 0020 verwendet. Da MSX-Computer hinsichtlich ihrer Schnittstellen genormt sind, kann die Schilderung der Inbetriebnahme des Druckers als allgemeingültig angesehen werden.

Hinsichtlich der technischen Daten des Druckers können jedoch Unterschiede auftreten.

13.1 Technische Daten

Druckmethode:	Matrixdrucker mit 8 * 8 Punkten
Zeichensatz:	8-Bit-ASCII mit 253 Zeichen (inkl. grafischer Symbole)
Zeichenzahl:	80 Zeichen pro Zeile
Druckgeschwindigkeit:	37 Zeichen pro Sekunde
Papierbreite:	11,4 bis 25,4 cm (4,5″ bis 10″) einstellbar

Der Zeilenabstand und Buchstabenabstand kann vom Programm her eingestellt werden.

> Für Grafiken können eigene 8-Punkt-Kombinationen vorgegeben werden.

13.2 Anschluß des Druckers

Der Drucker benötigt zum Betrieb folgende zwei Kabelverbindungen:
— Eine Verbindung des Druckers mit der Systemeinheit.
— Eine Verbindung des Druckers mit dem Stromnetz.

13.2.1 Verbindung des Druckers mit der Systemeinheit

Vor der Verbindung des Druckers mit der Systemeinheit ist die Systemeinheit auszuschalten. Am Drucker ist an einem der beiden Kabel ein 14-poliger Stecker angebracht.

Er hat folgende Stiftbelegung:

Stift Nr.	Signal
1	Strobe
2	Datenbit 1
3	Datenbit 2
4	Datenbit 3
5	Datenbit 4
6	Datenbit 5
7	Datenbit 6
8	Datenbit 7
9	Datenbit 8
10	————
11	Busy (beschäftigt)
12	————
13	————
14	GND (Masse)

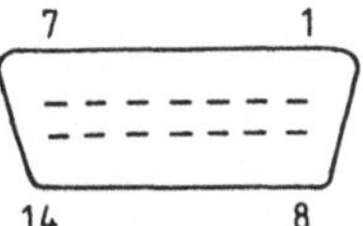

Bild 13.1 Stecker des Verbindungskabels vom Drucker zum Anschluß an die Systemeinheit.

Der Drucker ist über den Modulschlitz an den MSX-Computer anzuschließen.

Der 14-polige Druckerstecker läßt sich jedoch *nicht direkt* mit der 50-poligen Buchse im Modulanschluß verbinden. Es wird noch eine *Schnittstelle* VU 0040 zum Paralleldrucker benötigt (parallel, da die Datenbits 1 bis 8 gleichzeitig parallel übergeben werden).

Die Paralleldruckerschnittstelle wird mit dem Etikett nach vorn (rundes Loch unten links) in den Modulschacht 1 (hinten) des Computers gesteckt, da sich auf der Rückseite des Schnittstellenmoduls die 14-polige Buchse für den Druckeranschluß befindet. Hier wird der Druckerstecker befestigt und durch die angebrachten Schnappverschlüsse gesichert. Der Stecker kann infolge seiner Form nicht falsch in die Buchse am Modul gesteckt werden.

Ist der Modulschacht 1 belegt (z. B. durch ein Diskettenlaufwerk), so ist der den Modulschacht 1 belegende Modul entsprechend in den Modulschacht 2 umzustecken.

13.2.2 Die Verbindung des Druckers mit dem Stromnetz

Das zweite sich am Drucker befindliche Kabel ist das Netzkabel mit dem Netzstecker. Es ist in eine Steckdose zu stecken.

13.3 Vorbereitungen am Drucker vor dem eigentlichen Drucken

Vor dem eigentlichen Drucken sind einige Vorbereitungen zu treffen. Teilweise sind diese Vorbereitungen nur selten nötig, wie z. B. das Einlegen eines (neuen) Farbbandes. Teilweise sind diese Vorbereitungen häufiger nötig, wie z. B. alles das, was mit dem richtigen Einlegen des Papiers zusammenhängt.

13.3.1 Farbband einlegen

Falls das Farbband bei einem neuen Drucker noch nicht eingelegt bzw. durch Abnutzung zu wechseln ist, ist wie folgt zu verfahren:

- Die Plastikabdeckung des Druckers abnehmen. Dazu ist diese leicht anzuheben und nach oben abzuziehen.
- Ziehen Sie den Schreibkopf-Einstellhebel, der sich unter der Plastikabdeckung (innen) auf der linken unteren Seite des Druckers befindet, auf sich zu, d. h. in die Stellung 8 (vgl. Bild 13.2).

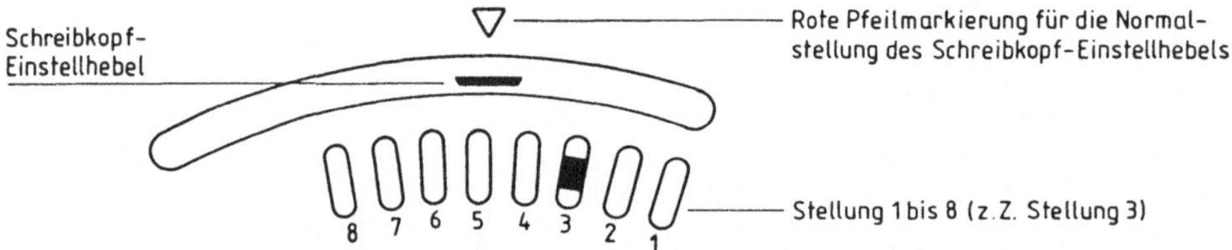

Bild 13.2 Schreibkopfeinstellung

Die Schreibkopfeinstellung dient zur Anpassung an unterschiedliche Papierdicken. Für dünnes Papier wird die Stellung 1 gewählt, für normales Papier die Stellung 3 usw.

Beim *Einlegen* von Papier ist dementsprechend die Stellung 8 zu wählen (Papier läßt sich gut bewegen).

- Kassette mit dem Farbband nehmen. Sie hat folgendes Aussehen(vgl. Bild 13.3)

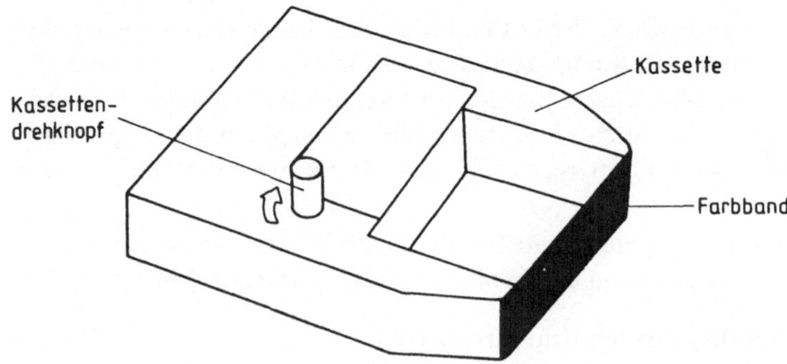

Bild 13.3 Kassette mit Farbband

- Die Kassette mit dem Farbband muß so auf den Druckerkopf gelegt werden, daß sich der Kassettendrehknopf *oben* befindet und das Farbband zwischen dem Druckerkopf und der Schreibwalze befindet.

  Der Druckerkopf hat zur Aufnahme der Kassette deren Form und ist somit leicht zu finden. Als weiterer Hinweis möge dienen, daß der Druckerkopf mit einem sichtbaren flexiblen 3-adrigen flachen Kabel mit dem Rahmen verbunden ist.

  Die Kassette wird zunächst links, dann rechts heruntergedrückt, bis sie hörbar einrastet.

- Schreibkopf in seine Normalstellung bringen (Stellung 3).
- Schwarzen Kunststoffschlauch von der Führung des Druckerkopfes am Schild mit der Aufschrift „Achtung vor Inbetriebnahme die Röhre mittels dieser Lasche herausziehen" entfernen.

13.3.2 Papier einlegen

Es kann Papier mit einer seitlichen Lochperforation verwendet werden (Stachelradvorschub) oder aber auch normales Papier (Friktionsvorschub).

13.3.2.1 Stachelradvorschub (Traktorvorschub)

Zum Einlegen des Endlosformularpapiers, das an beiden Seiten mit Löchern zum Transport versehen ist, wird wie folgt vorgegangen:

- Die Metallstange (Papierandruck), die von einem Stachelrad (Papiertransportrad) zum anderen reicht, anheben.
- Stachelradabdeckung beider Stachelräder nach außen klappen, so daß die Stacheln des Transportrades frei liegen.
- Papiervorschubknopf an der rechten Seite des Druckers *ziehen* (Stachelradbetrieb).
- Papier von hinten durch den schmalen *Schlitz*, der sich über die ganze Breite des Druckers erstreckt, schieben, bis das Papier zwischen Druckerkopf (Farbband) und Schreibwalze erscheint.
- Die Stachelräder auf der Metallstange so verschieben, daß die Stacheln richtig in die Lochperforation des Papierendlosformulars greifen (dabei ist keinerlei Hebel (Traktorfeststeller) zu bedienen!). Das Papier muß richtig gespannt sein, d. h. es darf keine Wellen schlagen.
- Stachelradabdeckung wieder auf die Stachelräder klappen.
- Metallstange (Papierandruck) auf das Papier drücken lassen.

13.3.2.2 Friktionsvorschub

- Der Papiervorschubknopf an der rechten Seite des Druckers muß eingedrückt werden (Friktionsvorschubbetrieb).
- Das Papier muß von hinten soweit wie möglich durch den schmalen Schlitz, der sich über die ganze Breite des Druckers erstreckt, geschoben werden.
- Papiervorschubknopf im Uhrzeigersinn solange drehen, bis das Papier zwischen Druckerkopf (Farbband) und der Schreibwalze erscheint.
- Papiervorschubknopf ziehen und Papier richtig ausrichten.
- Papiervorschubknopf wieder drücken.

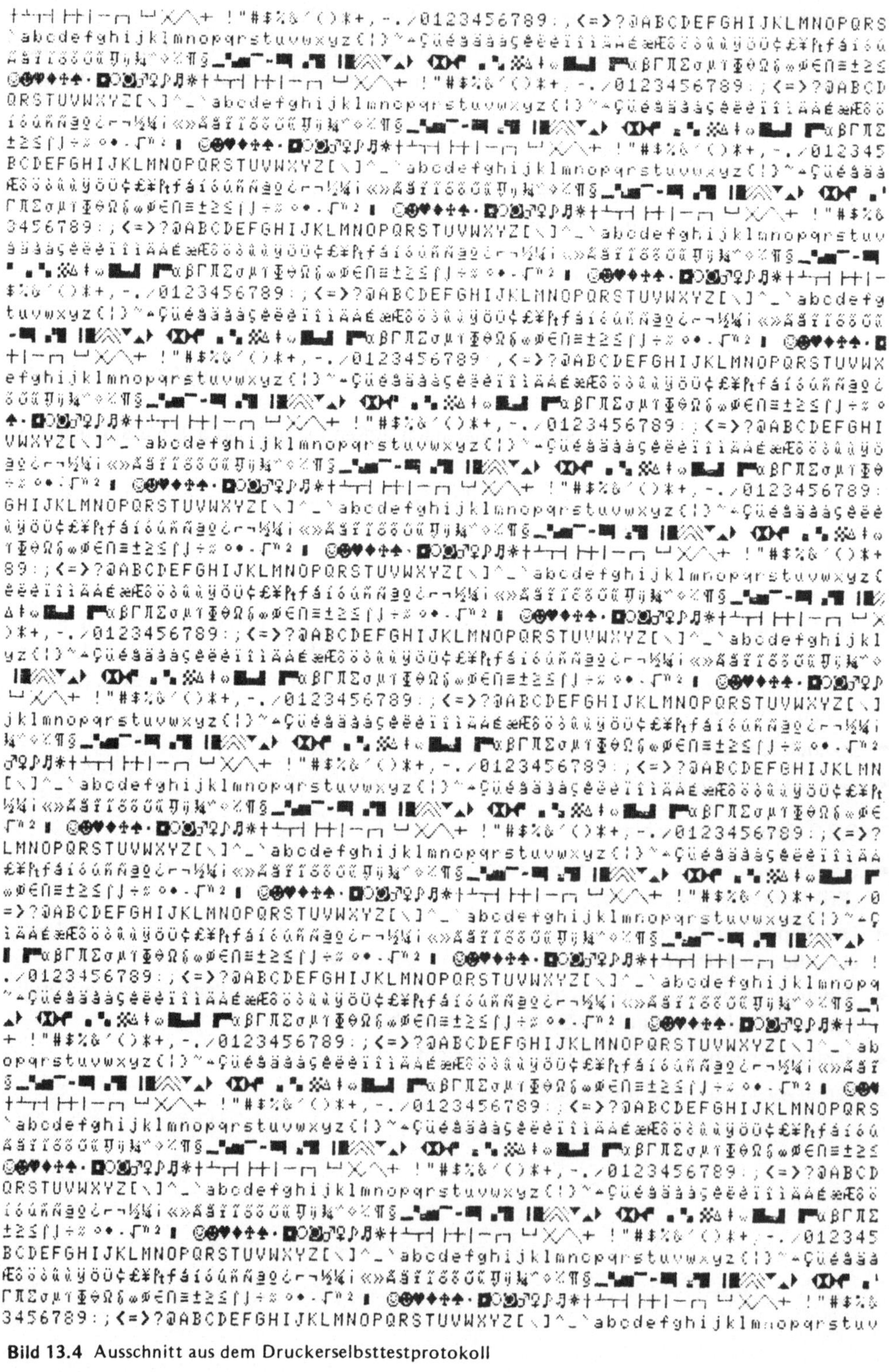

Bild 13.4 Ausschnitt aus dem Druckerselbsttestprotokoll

13.4 Druckerselbsttest

Dazu wird der Drucker eingeschaltet (Schalter auf der linken Seite des Druckers auf ON legen).

Die rote Betriebskontrollampe POWER (Netz eingeschaltet) leuchtet auf.

Der Druckerkopf macht einige wenige Bewegungen (Geräusch). Dann wird der Druckerselbsttest-Schalter auf der Rückseite des Druckers (hinten links neben dem Netzkabel) betätigt.

Es werden auf dem Drucker alle darstellbaren Druckzeichen ausgegeben (Auszug vgl. Bild 13.4).

Mit Hilfe des gleichen Schalters läßt sich der Druckerselbsttest beenden.

13.5 Programmgesteuertes Drucken

Man kann das Druckbild vom Programm aus beeinflussen. Einige wichtige Möglichkeiten des programmgesteuerten Druckens sollen in den folgenden Abschnitten gezeigt werden.

13.5.1 Eingabe eines Testprogramms

Das bekannte Additionsprogramm soll als Testprogramm dienen (siehe Kapitel 12).

Beispiel 13.1

Das Testprogramm, das über die Eingabetastatur eingegeben wird bzw. von der Diskette geladen wird, lautet:

```
1Ø⌴INPUT⌴"GEBEN⌴SIE⌴2⌴ZAHLEN,DURCH⌴⌴⌴
⌴EIN⌴KOMMA⌴GETRENNT,EIN";A,B
2Ø⌴C=A+B
3Ø⌴PRINT"ADDITION⌴VON⌴ZWEI⌴ZAHLEN"
4Ø⌴PRINT"A=";A,"B";B,"C=";C
5Ø⌴END
```

Die Anweisung mit der Anweisungsnummer 1Ø wurde durch die auf dem Bildschirm begrenzte Spaltenzahl je Zeile in zwei Zeilen wiedergegeben. Die angebene Trennung wurde gewählt, damit der Text auch bei der Ausgabe auf dem Bildschirm sinnvoll getrennt in zwei Zeilen ausgegeben wird. Wird das Programm nämlich wie gewohnt mit Hilfe des Kommandos RUN gestartet, z. B. durch Drücken der entsprechenden Buchstabentasten bzw. durch Drücken der Funktionstaste ⎡F5⎤, erscheint zunächst folgender Text auf dem Bildschirm:

```
GEBEN⌴SIE⌴2⌴ZAHLEN,DURCH⌴⌴⌴⌴⌴EIN⌴KOMMA
⌴GETRENNT⌴EIN?
```

Möchte man z. B. für die Variable A den Wert 1,1 und für B den Wert 2,2 eingeben, so muß dies bekanntlich wie folgt geschehen:

```
     1.1,2.2 ⏎
```

Anschließend erscheint folgende Ausgabe auf dem Bildschirm:

```
     ADDITION⌴VON⌴ZWEI⌴ZAHLEN
     A=⌴1.1⌴⌴⌴⌴⌴⌴⌴⌴⌴⌴B=2.2
     C=⌴3.3
```

Es wird aber kein Ergebnisausdruck auf dem Drucker ausgegeben.

13.5.2 Ausgabe des im Arbeitsspeicher befindlichen Programms auf einem Drucker

Möchte man das Programm nicht nur wie bisher gewohnt auf dem Bildschirm auflisten lassen (Kommando LIST, siehe Abschnitt 7.1), sondern auf dem *Drucker*, so ist ein durch ein vorangestelltes zusätzliches L (L steht für LINE-Printer, d. h. Zeilendrucker) verändertes LIST-Kommando zu verwenden.

> **Das Schlüsselwort zur Druckerausgabe von Programmen ist:**
>
> LLIST   ↵

Für das *bereichsweise* Ausdrucken von Programmen auf dem Drucker gilt das gleiche wie für das LIST-Kommando bei der Bildschirmausgabe (siehe Abschnitt 7.1).

Da die Zahl der Spalten beim Drucker nicht wie beim Bildschirm auf 37 Spalten pro Zeile begrenzt ist, wird die Anweisung mit der Anweisungsnummer 1$\emptyset$ *in einer Zeile* (mit der entsprechenden Zahl der Leerstellen zwischen den Worten DURCH und EIN) wie folgt ausgedruckt.

Beispiel 13.2

```
10 INPUT "GEBEN SIE 2 ZAHLEN,DURCH      EIN KOMMA GETRENNT,EIN";A,B
20 C=A+B
30 PRINT"ADDITION VON ZWEI ZAHLEN"
40 PRINT"A=";A,"B=";B,"C=";C
50 END
```

13.5.3 BASIC-Anweisung zum Ausdrucken von Ergebnissen auf dem Drucker

Möchte man *Rechenergebnisse* und dergleichen programmgesteuert auf dem Drucker ausgeben, so ist eine spezielle BASIC-Anweisung zu verwenden.

> **Anstelle des Schlüsselwortes PRINT (Bildschirmausgabe) muß für die Druckerausgabe das MSX-BASIC-Schlüsselwort LPRINT verwendet werden.**

Das L vor dem Schlüsselwort PRINT weist auf den Line Printer (Zeilendrucker) hin.

Das in Kapitel 13.5.1 angegebene Programm ist somit entsprechend zu ändern, d. h. vor das Schlüsselwort PRINT in den Anweisungen mit den Anweisungsnummern 30 und 40 ist ein L zu setzen (z. B. mit Hilfe der INS-Taste vgl. Abschnitt 9.2.4).

Das geänderte Programm hat folgendes Aussehen, wenn es auf dem Drucker ausgegeben wird:

Beispiel 13.3:

```
10 INPUT "GEBEN SIE 2 ZAHLEN,DURCH      EIN KOMMA GETRENNT,EIN";A,B
20 C=A+B
30 LPRINT"ADDITION VON ZWEI ZAHLEN"
40 LPRINT"A=";A,"B=";B,"C=";C
50 END
```

Startet man nun dieses Programm wie gewohnt mit Hilfe des Kommandos RUN, erscheint wieder folgender Text auf dem *Bildschirm:*

GEBEN SIE 2 ZAHLEN, DURCH␣␣␣␣␣ EIN KOMMA
␣GETRENNT,EIN?

Gibt man anschließend die gleichen Werte wie in Abschnitt 13.5.1 ein, wird folgendes Ergebnis auf dem *Drucker* ausgegeben:

```
ADDITION VON ZWEI ZAHLEN
A= 1.1           B= 2.2           C= 3.3
```

Die drei Zahlen wurden hier wegen der größeren Spaltenzahl des Druckers pro Zeile in *einer* Zeile ausgegeben und nicht, wie auf dem Bildschirm, auf zwei Zeilen verteilt.

Erscheint auf dem Bildschirm das Systembereitschaftszeichen OK, ist die Rechnung und die Ausgabe beendet.

13.5.4 Drucken in doppelt breiter Schrift

Möchte man den Ergebnisausdruck in doppelt breiter Schrift gegenüber der normalen Schrift ausdrucken lassen, so muß man dies dem Drucker mitteilen. Dazu muß man dem Drucker ein entsprechendes *Steuerzeichen* senden. Dies geschieht mit Hilfe der BASIC-Standardfunktionen CHR\$, in deren Argument das Dezimaläquivalent eines bestimmten ASCII-Codes steht, das der Drucker als Steuerzeichen auswertet.

Die Standardfunktion CHR\$ mit dem Steuerzeichen im Argument folgt i. a., durch ein Leerzeichen getrennt, direkt auf das Schlüsselwort LPRINT.

Die Standardfunktion CHR\$ wird hinter dem zugehörigen Argument von dem, *was* auszudrucken ist, durch ein Semikolon getrennt.

Das Steuerzeichen für das Drucken in doppelt breiter Schrift ist:

CHR\$ (14)

Beispiel 13.4:

```
10 INPUT "GEBEN SIE 2 ZAHLEN,DURCH      EIN KOMMA GETRENNT,EIN";A,B
20 C=A+B
30 LPRINT CHR$(14);"ADDITION VON ZWEI ZAHLEN"
40 LPRINT "A=";A,"B=";B,"C=";C
50 END
```

Startet man dieses Programm und versorgt es mit Daten, so ergibt sich der Ausdruck:

```
ADDITION   VON   ZWEI   ZAHLEN
A= 1.1              B= 2.2              C= 3.3
```

Wie der Ausdruckt zeigt, werden *beide* Ausgabezeilen in doppelt breiter Schrift ausgedruckt, obwohl das Steuerzeichen CHR\$ (14) nur vor der Ausgabeanweisung für die erste Zeile steht. *Die Umschaltung ist somit dauerhaft.*

> Möchte man zur normalen Schriftgröße zurückkehren, so muß man dem Drucker
> ein entsprechendes Steuerzeichen senden. Dies ist:
>
> > CHR$ (15)

Beispiel 13.5:

```
10 INPUT "GEBEN SIE 2 ZAHLEN,DURCH    EIN KOMMA GETRENNT,EIN";A,B
20 C=A+B
30 LPRINT CHR$(14);"ADDITION VON ZWEI ZAHLEN"
40 LPRINT CHR$(15);"A=";A,"B=";B,"C=";C
50 END
```

Startet man dieses Programm und versorgt es mit Daten, so ergibt sich folgender Ausdruck:

```
ADDITION  VON  ZWEI  ZAHLEN
A= 1.1        B= 2.2        C= 3.3
```

13.5.5 Einfügen von Leerzeilen

Vielfach besteht auch der Wunsch, den Zeilenabstand durch Einfügen von Leerzeilen zu
ändern.

> Mit Hilfe des Steuerzeichens
>
> > CHR$ (1∅)
>
> läßt sich eine Leerzeile zwischen zwei Zeilen einfügen.

Beispiel 13.6:

```
10 INPUT "GEBEN SIE 2 ZAHLEN,DURCH    EIN KOMMA GETRENNT,EIN";A,B
20 C=A+B
40 LPRINT "ADDITION VON ZWEI ZAHLEN"
50 LPRINT CHR$(10);"A=";A,"B=";B,"C=";C
60 END
```

Startet man dieses Programm und versorgt es mit Daten, so ergibt sich der Ausdruck:

```
ADDITION VON ZWEI ZAHLEN

A= 0          B= 0          C= 0
```

13.5.6 Ausdruck am Anfang einer neuen Seite

Die Seitenlänge ist mit 11 inch (ca. 27,5 cm) festgelegt.

> Das Steuerzeichen, das den Drucker veranlaßt, zum Anfang einer neuen Seite über-
> zugehen, ist:
>
> > CHR$ (12)

Beispiel 13.7:

```
10 INPUT "GEBEN SIE 2 ZAHLEN,DURCH    EIN KOMMA GETRENNT,EIN";A,B
20 C=A+B
40 LPRINT "ADDITION VON ZWEI ZAHLEN"
50 LPRINT CHR$(12);"A=";A,"B=";B,"C=";C
60 END
```

Startet man dieses Programm und versorgt es mit Daten, so ergibt sich der Ausdruck:

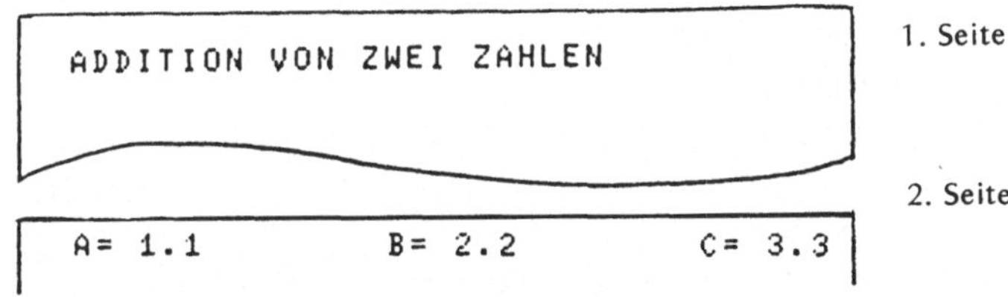

1. Seite

2. Seite

13.5.7 Wagenrücklauf ohne Zeilenvorschub

> **Das Steuerzeichen für einen Wagenrücklauf ohne Zeilenvorschub ist**
>
> **CHR\$ (13)**

Man kann es u. a. dazu verwenden, eine Art Fettdruck zu simulieren, wie es Abschnitt 13.5.9 zeigt.

13.5.8 Fettdruck

> **Der Fettdruck kann simuliert werden, indem die gleichen Zeichen mehrfach übereinander gedruckt werden.**

Beispiel 13.8:

In diesem Beispiel wird zunächst der Text

Addition von zwei Zahlen

gedruckt und *anschließend* mit Hilfe des Steuerzeichens CHR\$ (13) ein Wagenrücklauf ohne Zeilen-vorschub vorgenommen (Anweisung mit der Anweisungsnummer 30).

Dann wird noch einmal derselbe Text in derselben Zeile gedruckt (Anweisung mit der Anweisungsnummer 40).

Der doppelt gedruckte Text ist *fetter* als der einfach gedruckte Text, wie es das entsprechende Original zeigt.

```
10 INPUT "GEBEN SIE 2 ZAHLEN,DURCH    EIN KOMMA GETRENNT,EIN";A,B
20 C=A+B
30 LPRINT"ADDITION VON ZWEI ZAHLEN";CHR$(13);
40 LPRINT"ADDITION VON ZWEI ZAHLEN"
50 LPRINT"A=";A,"B=";B,"C=";C
60 END
```

```
ADDITION VON ZWEI ZAHLEN
A= 1.1          B= 2.2          C= 3.3
```

Weitere Druckersteuerungen, insbesondere zur Grafik, findet man im Anhang des Druckerhandbuches.

14 Das MSX-DOS-Betriebssystem

Anstelle des MSX-BASIC-Betriebssystems (vgl. Kap. 7) kann unter gewissen Voraussetzungen das komfortablere MSX-DOS-Betriebssystem eingesetzt werden. Dieses Betriebssystem befindet sich auf einer Systemdiskette und muß von dieser in den Arbeitsspeicher des MSX-Computers geladen werden.

Das MSX-DOS Betriebssystem entspricht weitgehend dem MS-DOS Betriebssystem, da beide von der Firma Microsoft stammen. Der Name DOS weist darauf hin, daß dieses Betriebssystem die Arbeit mit Diskettenlaufwerken unterstützt (engl.: Disk Operating System). Das MS-DOS Betriebssystem hat sich mittlerweile zum „Quasi Standard" für 16-Bit-Mikroprozessoren entwickelt.

Der Einsatz des MSX-DOS Betriebssystem erfordert jedoch eine Arbeitsspeicherkapazität von mindestens 64 KByte. Wenn weniger Speicherkapazität vorhanden ist, wird automatisch das MSX-BASIC-Betriebssystem aktiviert.

Um den Rahmen dieses Buches nicht zu sprengen, wird auf die Besprechung des MSX-DOS-Betriebssystems verzichtet, da die Darstellung selbst den Umfang eines Buches hätte.

Für einen Anfänger bedeutet der Verzicht auf die Besprechung des MSX-DOS-Betriebssystems nicht viel, denn im allgemeinen fehlen auch die Hardwarevoraussetzungen, wie

- mindestens 64 KByte Arbeitsspeicherkapazität,
- mindestens ein Diskettenlaufwerk sowie die
- MSX-DOS-Systemdiskette.

Außerdem empfiehlt sich für einen Anfänger die Einarbeitung mit dem einfacheren MSX-BASIC Betriebssystem.

Falls dennoch ein Interesse an einer Darstellung vorhanden ist, so sei auf das MS-DOS-Buch vom gleichen Autor und Verlag verwiesen.

15 Sprachumfang des MSX-BASIC

An dieser Stelle soll der Sprachumfang des MSX-BASIC umrissen werden, sofern Teile, wie z. B. die BASIC-Kommandos, nicht an anderer Stelle ausführlich besprochen wurden.

Der Sprachumfang wird in zwei Arten dargeboten:

- Zusammenfassung der Sprachelemente, geordnet nach Aufgabengebieten.

  Die Anwendung einer derartigen Zusammenfassung ist zweckmäßig, wenn man ein Problem mit Hilfe der Programmiersprache BASIC lösen möchte und sich fragt, welche Möglichkeiten das MSX-BASIC zur Problemlösung bietet.

  Eine *nach Aufgabengebieten geordnete Übersicht* der Schlüsselwörter folgt nach dieser einführenden Erläuterung.

  Unter den in der Übersicht angegebenen Abschnittsnummern folgt anschließend eine detailliertere Beschreibung der BASIC-Anweisungen mit Beispielen.

- Zusammenfassung in alphabetischer Reihenfolge der Schlüsselwörter.

  Die Anwendung einer derartigen Zusammenfassung ist zweckmäßig, wenn man z. B. ein MSX-BASIC-Programm vorliegen hat und dieses verstehen möchte. Treten unbekannte Schlüsselwörter auf, kann in dieser alphabetischen Liste nachgeschaut werden, in welchem Abschnitt dieses Buches Näheres darüber gesagt wird.

Um Mißverständnissen vorzubeugen, sei ausdrücklich darauf hingewiesen, daß die Darstellung des Sprachumfangs des MSX-BASIC keinen BASIC-Kurs darstellt. Es werden zwar alle möglichen Anweisungen und Funktionen des MSX-BASIC aufgelistet und ihre Bedeutung erläutert. Dies ist jedoch nur ein Teil, wenn auch ein wichtiger Teil, eines BASIC-Kurses.

Zusammenfassung der Sprachelemente nach Aufgabengebieten

15.1 BASIC-Deklarationsanweisungen

Die folgenden Deklarationsanweisungen werden in den dazu angegebenen Abschnitten besprochen.

15.1.1 DEF FN
15.1.2 DEF INT
15.1.3 DEF SGN
15.1.4 DEF DBL
15.1.5 DEF STR
15.1.6 DEF USR
15.1.7 CLEAR
15.1.8 DIM
15.1.9 ERASE

15.2 BASIC-Ein-Ausgabeanweisungen

Die folgenden BASIC Ein-Ausgabeanweisungen werden in den dazu angegebenen Abschnitten besprochen.

15.3 BASIC-Steueranweisungen

Die folgenden BASIC-Steueranweisungen werden in den dazu angegebenen Abschnitten näher besprochen.

15.4 BASIC-Fehlerbehandlungsanweisungen

Die folgenden BASIC-Fehlerbehandlungsanweisungen werden in den dazu angegebenen Abschnitten näher besprochen.

15.5 BASIC-Beendungsanweisungen

Die folgenden BASIC-Beendungsanweisungen werden in den dazu angegebenen Abschnitten näher besprochen.

15.6 BASIC-Standardfunktionen

Hier werden die BASIC-Standardfunktionen besprochen, die nicht schon an anderer Stelle ausführlich besprochen wurden.

15.6.1   Arithmetische Funktionen

15.6.2   Trigonometrische Funktionen

15.6.2.1   SIN
15.6.2.2   COS
15.6.2.3   TAN
15.6.2.4   ATN

15.6.3   Zufallszahlenfunktion
RND

15.6.4   Umwandlungsfunktionen

15.6.4.1   INT
15.6.4.2   FIX
15.6.4.3   CINT
15.6.4.4   CDBL
15.6.4.5   CSNG
15.6.4.6   BIN $
15.6.4.7   OCT $
15.6.4.8   HEX $

15.6.5   Zeichenkettenfunktionen

15.6.5.1   LEN
15.6.5.2   LEFT $
15.6.5.3   RIGHT $
15.6.5.4   MID $
15.6.5.5   STRING $
15.6.5.6   STR $
15.6.5.7   VAL
15.6.5.8   ASC
15.6.5.9   CHR $

15.6.6   Uhrfunktion

TIME

15.6.7   Arbeitsspeicherkapazitätsfunktion
FRE

15.7 BASIC-Operatoren

In den angegebenen Abschnitten werden die BASIC-Operatoren besprochen, die nicht in
Form von Operationszeichen, sondern in Form von Schlüsselwörtern angegeben wurden.

15.7.1   MOD
15.7.2   AND
15.7.3   OR
15.7.4   NOT
15.7.5   XOR
15.7.6   IMP
15.7.7   EQC

15.1 BASIC-Deklarationsanweisungen

15.1.1 BASIC-Deklarationsanweisung DEF␣FN

Schlüsselwort	DEF FN
Aufgabe	Mit Hilfe der Deklarationsanweisung DEF␣FN kann eine häufig benötigte Funktion vom Benutzer selbst definiert werden. Sie kann anschließend im Programm durch Angabe des definierten Funktionsnamens beliebig oft aufgerufen werden. Im Funktionsaufruf sind die aktuellen Werte zu übergeben, mit denen der Wert der Funktion zu ermitteln ist.
Format	DEF␣FN<Name> (Parameterliste)=<Ausdruck>
Erläuterung	Der *Name* ist der Funktionsname der vom Benutzer definierten Funktion. Es muß ein gültiger Variablenname sein. Unter diesem Namen kann die Funktion später im Programm aufgerufen werden. Die *Parameterliste* besteht aus einer Liste von Variablennamen, denen später beim Aufruf der Funktion im Programm jeweils ein Wert zugeordnet wird. Der *Ausdruck* stellt den Algorithmus der vom Benutzer definierten Funktion dar. Er ist abhängig von den Variablen in der Parameterliste, denen später beim Aufruf der Funktion im Programm Werte übergeben werden. Für diese Werte wird der Funktionswert ermittelt. Der Typ der Variablen im Ausdruck muß mit dem Typ der Variablen in der Parameterliste übereinstimmen (Integer, Zeichenkette usw.). Es dürfen im Ausdruck auch Standardfunktionen, wie z.B. SIN, COS usw. verwendet werden (s. Abschnitt 15.6).
Fahrnetz	—(DEF FN)—|Name|—(( )—|Parameterliste|—( ))—(=)—|Ausdruck|—

Beispiel	`1ØØ DEF␣FNF(R)=3.14*R↑2`
	
	 `5ØØ KRF=FNF(I)`
	
	 Die Funktion mit dem Funktionsnamen FNF wird in der Anweisung mit der Anweisungsnummer 1ØØ zu 3.14*R↑2 in Abhängigkeit von der Variablen R definiert. Mit Hilfe dieser Funktion wird die Kreisfläche πr^2 als Funktion des Radius r berechnet. In der Anweisung mit der Anweisungsnummer 5ØØ wird diese Funktion aufgerufen und der Parameter, mit dem diese Funktion zu errechnen ist, übergeben (Parameter I). Die Variable I enthält den Wert, mit dem die Funktion zu errechnen ist. Mit diesem Wert wird die Funktion berechnet (R nimmt den Wert von I durch Parameterübergabe an) und das Ergebnis wird der Variablen KRF zugeordnet.

15.1.2 BASIC-Deklarationsanweisung DEFINT

Schlüsselwort	DEFINT
Aufgabe	Mit Hilfe der Deklarationsanweisung DEFINT kann eine Variable, die mit einem bestimmten Buchstaben beginnt, als INTEGER-Variable deklariert werden.
Format	DEFINT <Buchstabenliste>
Erläuterung	Die Buchstaben in der Buchstabenliste legen für Variablennamen, die mit den hier aufgeführten Buchstaben beginnen, den im Schlüsselwort definierten Typ (INTEGER) fest. Dies gilt jedoch nicht für Variablennamen, denen der Typ durch Anhängen der Sonderzeichen %, !, #, $ zugeordnet wurde.
Fahrnetz	
Beispiele	1Ø DEFINT I—N Alle Variablennamen, die mit den Buchstaben I *bis* N beginnen (d. h. I, J, K, L, M, N), werden zu INTEGER-Variablen deklariert, z.B. INGE, JAHR, NAME. 2Ø DEFINT I, N Alle Variablennamen, die mit den Buchstaben I *oder* N beginnen, werden zu INTEGER-Variablen deklariert, z. B. INGE, NAME aber nicht JAHR.

15.1.3 BASIC-Deklarationsanweisung DEFSGN

Schlüsselwort	DEFSGN
Aufgabe	Mit Hilfe der Deklarationsanweisung DEFSGN kann eine Variable, die mit einem bestimmten Buchstaben beginnt, als einfach genaue Gleitkommavariable deklariert werden.
Format	DEFSGN <Buchstabenliste>
Erläuterung	Die Buchstaben in der Buchstabenliste legen für Variablennamen, die mit den hier aufgeführten Buchstaben beginnen, den im Schlüsselwort definierten Typ (einfache Genauigkeit SGN) fest. Dies gilt jedoch nicht für Variablennamen, denen der Typ durch Anhängen der Sonderzeichen %, !, #, $ zugeordnet wurde.
Fahrnetz	
Beispiel	5Ø DEFSGN E—G Alle Variablennamen, die mit den Buchstaben E *bis* G beginnen (E, F, G), werden zu einfach genauen Gleitkommavariablen deklariert, z. B. EINS.

15.1.4 BASIC-Deklarationsanweisung DEFDBL

Schlüsselwort	DEFDBL
Aufgabe	**Mit Hilfe der Deklarationsanweisung DEFDBL kann eine Variable, die mit einem bestimmten Buchstaben beginnt, als Gleitkommavariable doppelter Genauigkeit deklariert werden.**
Format	DEFDBL <Buchstabenliste>
Erläuterung	Die Buchstaben in der Buchstabenliste legen für Variablennamen, die mit den hier aufgeführten Buchstaben beginnen, den im Schlüsselwort definierten Typ (DOUBLE PRECISION, d. h. doppelte Genauigkeit) fest. Dies gilt jedoch nicht für Variablennamen, denen der Typ durch Anhängen der Sonderzeichen %, !, #, $ zugeordnet wurde.
Fahrnetz	DEFDBL — Buchstabe — ⊝ — ,
Beispiel	3Ø⌴DEFDBL⌴D Alle Variablennamen, die mit dem Buchstaben D beginnen, werden als doppelt genaue Gleitkommavariablen vereinbart, z. B. DX.

15.1.5 BASIC-Deklarationsanweisung DEFSTR

Schlüsselwort	DEFSTR
Aufgabe	**Mit Hilfe der Deklarationsanweisung DEFSTR kann eine Variable, die mit einem bestimmten Buchstaben beginnt, als Textvariable deklariert werden.**
Format	DEFSTR <Buchstabenliste>
Erläuterung	Die Buchstaben in der Buchstabenliste legen für Variablennamen, die mit den hier aufgeführten Buchstaben beginnen, den im Schlüsselwort definierten Typ (STRING, d. h. Zeichenkette, Text) fest. Dies gilt jedoch nicht für Variablennamen, denen der Typ durch Anhängen der Sonderzeichen %, !, #, $ zugeordnet wurde.
Fahrnetz	DEFSTR — Buchstabe — ⊝ — ,
Beispiel	4Ø⌴DEFSTR⌴N,S Alle Variablennamen, die mit den Buchstaben N *oder* S beginnen, werden zu Textvariablen deklariert, z. B. NAME, STRASSE, aber nicht N% o. ä.

15.1.6 BASIC-Deklarationsanweisung DEF USR

Schlüsselwort	DEF USR
Aufgabe	**Mit Hilfe der Deklarationsanweisung DEF USR kann die Start-adresse eines Maschinencodeprogrammes deklariert werden.**
Format	DEF USR <Ziffer> = <Startadresse>
Erläuterung	Von einem BASIC-Programm können auch Maschinencodepro-gramme (Assemblerprogramme) wie benutzerdefinierte BASIC-Funktionen aufgerufen werden. Mit Hilfe der BASIC-Deklarationsanweisung DEF USR kann die Startadresse eines oder mehrerer Maschinencodeprogramme defi-niert werden. Mit Hilfe der in der Deklarationsanweisung angegebenen <Ziffer>, die zwischen Ø und 9 liegt, lassen sich mehrere <Startadressen> deklarieren, die über diese Ziffer unterschieden werden. Diese Ziffer muß auch im zugehörigen Aufruf des Maschinencode-programms (siehe Schlüsselwort USR) verwendet werden. Auf diese Weise wird stets die richtige Startadresse des Maschinencodepro-grammes aufgerufen. Die *Startadresse* des Maschinencodeprogramms ist die Anfangs-adresse des Maschinencodeprogrammes. Das Maschinencodeprogramm selbst wird mit Hilfe der POKE-Anweisung in den entsprechenden Adreßbereich geladen. Dabei muß darauf geachtet werden, daß dieser Bereich frei ist (siehe Schlüsselwort CLEAR). Wird keine <Ziffer> angegeben, wird automatisch die Ziffer Ø angenommen.
Fahrnetz	——(DEF USR)—┬—[Ziffer]—┬—(=)——[Ziffernfolge]——
Beispiel	1ØØ␣DEF␣USR5=50000 Die Startadresse eines Maschinencodeprogrammes, das durch USR5 auf-gerufen werden kann, wird auf 50000 festgelegt.

15.1.7 BASIC-Deklarationsanweisung CLEAR

Schlüsselwort	CLEAR
Aufgabe	Mit Hilfe der Deklarationsanweisung CLEAR kann man die Werte aller numerischen Variablen im Arbeitsspeicher auf Null setzen. Gleichzeitig werden alle Textvariablen im Arbeitsspeicher auf „leer" gesetzt. Es werden somit die den Variablen zugeordneten Werte im Arbeitsspeicher gelöscht. Außerdem kann mit Hilfe der Deklarationsanweisung CLEAR ● der für den BASIC-Interpreter verfügbare Arbeitsspeicher (höchste von BASIC adressierbare Adresse) begrenzt werden. ● Auch der für den BASIC-Interpreter verfügbare Stapelspeicher kann begrenzt werden.
Format	CLEAR <Größe des Stapelspeichers>, <Höchste Arbeitsspeicheradresse>
Erläuterung	Die Begrenzung der Arbeitsspeicheradresse für den BASIC-Interpreter kann sinnvoll sein, wenn man einen Teil des Arbeitsspeichers freihalten möchte, um dort z. B. Maschinensprachprogramme mit Hilfe der POKE-Anweisung zu speichern, die mit Hilfe der USR-Anweisung (siehe USR) aufgerufen werden können. Die Größe des Stapelspeichers ist wichtig für die Schachtelungstiefe von ● Klammern in arithmetischen Ausdrücken, ● von Schleifen (FOR...NEXT) und ● von Unterprogrammen (GOSUB...RETURN).
Fahrnetz	─(CLEAR)─ └─Ziffernfolge─┘ └─,─┘ └─Ziffernfolge─┘
Beispiel	1Ø CLEAR Mit Hilfe dieser Anweisung werden alle Variablenwerte im Arbeitsspeicher gelöscht.
	1ØØ CLEAR 200, 20000 Es werden wie im vorhergehenden Beispiel alle Variablenwerte im Arbeitsspeicher gelöscht. Außerdem wird der Stapelspeicher auf 200 Byte begrenzt. Die höchste für den BASIC-Interpreter verfügbare Arbeitsspeicheradresse ist 20000.

15.1.8 BASIC-Deklarationsanweisung   DIM

Schlüsselwort	DIM
Aufgabe	**Mit Hilfe der Deklarationsanweisung DIM wird für die Elemente eines Feldes der dafür notwendige Speicherplatz reserviert (Feldvereinbarung).**
Format	DIM <Liste der Feldnamen (Liste der Indexmaximalwerte)>.
Erläuterung	Der *Feldname* ist der für das Feld benutzte Variablenname. Der Indexmaximalwert ist der größte im Feld vorkommende Index. Das erste Element eines Feldes hat den Index $\emptyset$. **Beispiel:** Das Feld A (8$\emptyset$) hat genau 81 Feldelemente, da die Zählung bei A ($\emptyset$) beginnt. Die Größe eines Feldes wird lediglich durch die verfügbare Arbeitsspeicherkapazität begrenzt. Eine Feldvereinbarung für ein umfangreiches Feld reduziert den verbleibenden Arbeitsspeicherplatz erheblich. Bei der Bearbeitung der DIM-Anweisung wird allen numerischen Feldelementen zunächst der Wert $\emptyset$ zugewiesen, allen Stringfeldelementen der Nullstring (leer). Mit Hilfe der ERASE-Anweisung können DIM-Vereinbarungen gelöscht werden (siehe ERASE).
Fahrnetz	DIM — Variablenname — (— Arithmetischer Ausdruck —)
Beispiel	DIM AB(199),C(10,15) In dieser Feldvereinbarung wird für ein eindimensionales Feld AB für 2$\emptyset\emptyset$ Elemente und für ein zweidimensionales Feld C für 11 * 16 = 176 Elemente Speicherplatz im Arbeitsspeicher reserviert.

15.1.9 BASIC-Deklarationsanweisung ERASE

Schlüsselwort	ERASE
Aufgabe	**Ein Feld darf in einem Programm nur einmal mit der Deklarationsanweisung DIM vereinbart werden.** **Mit Hilfe der Deklarationsanweisung ERASE läßt sich ein mit der Deklarationsanweisung DIM vereinbartes Feld wieder löschen, so daß eine erneute Feldvereinbarung mit DIM möglich wird.**
Format	ERASE <Liste der Feldvariablen>
Erläuterung	Die in der Liste der Feldvariablennamen aufgeführten Feldvariablen werden nebst Inhalt gelöscht. Die Anweisung ERASE darf nicht mit der Anweisung CLEAR verwechselt werden: Die Deklarationsanweisung CLEAR löscht nur den *Inhalt* der Variablen. Die Deklarationsanweisung ERASE löscht nicht nur den *Inhalt* der Felder, sondern auch die Feldvariablen selbst. (Platzhalter für Inhalte).
Fahrnetz	—(ERASE)——[Feldvariablenname]——
Beispiel	1Ø DIM A (1ØØ), B (2Ø,2Ø) . . . 1ØØ ERASE A,B 11Ø DIM A (5Ø) . . . In der Deklarationsanweisung mit der Anweisungsnummer 1Ø wird ein eindimensionales Feld A mit 1Ø1 Elementen und ein zweidimensionales Feld mit 21 * 21 = 231 Elementen vereinbart. Diese Deklaration wird in der Anweisung mit der Anweisungsnummer 1ØØ zurückgenommen. Dadurch besteht die Möglichkeit, die Felder neu zu dimensionieren, wie es die Deklarationsanweisung mit der Anweisungsnummer 11Ø zeigt. Hier wird das Feld A in seiner Größe neu dimensioniert. Ein neues zweidimensionales Feld B dürfte nur aus maximal 11 * 11 = 121 Elementen bestehen, da es nicht mehr in der neuen DIM-Anweisung vorhanden ist.

15.2 BASIC-Ein-Ausgabeanweisungen

15.2.1 Eingabeanweisungen- und -funktionen

15.2.1.1 BASIC-Anweisung READ

Schlüsselwort	READ
Aufgabe	**Mit Hilfe der READ-Anweisung können beliebig vielen Variablen Werte zugewiesen werden. Die den Variablen zuzuweisenden Werte werden aus der DATA-Anweisung (vgl. DATA) entnommen.**
Format	READ <Variablenliste>
Erläuterung	Die Variablen in der Variablenliste können numerische Variablen, Zeichenkettenvariablen oder Feldvariablen sein. Ihnen soll jeweils ein Wert zugeordnet werden. Diese Werte werden aus der Werteliste der DATA-Anweisung entnommen (Liste von Konstanten). Somit gehört zu jeder READ-Anweisung immer eine DATA-Anweisung. Eine READ-Anweisung ohne Daten führt zu einer Fehlermeldung. Die DATA-Anweisung kann an jeder beliebigen Stelle des Programms stehen (am günstigsten am Programmende). Die Variablen der Variablenliste werden, durch *Kommas getrennt*, hinter dem Schlüsselwort READ aufgelistet. Die Reihenfolge und der Typ der Variablen kann beliebig sein. Sie muß nur mit der Reihenfolge und dem Typ der Werte in der DATA-Anweisung übereinstimmen.
Fahrnetz	──(READ)──┬──[Variable]──┬── (Schleife zurück über ,)

Beispiel	1Ø READ A,B,C,L $
	   .
	   .
	11Ø DATA −1,5,5Ø,LINKS
	Der numerischen Variablen A wird mit Hilfe der READ-DATA-Anweisungen der Zahlenwert −1 zugewiesen.
	Der numerischen Variablen B wird der Zahlenwert 5 und
	der Variablen C der Wert 5Ø zugeordnet.
	Der Stringvariablen L $ wird der Text LINKS zugewiesen.

15.2.1.2 BASIC-Anweisung   DATA

Schlüsselwort	DATA
Aufgabe	**Mit Hilfe der DATA-Anweisung können Werte (numerische Konstanten und Textkonstanten) in einer Werteliste angegeben werden. Sie können mit Hilfe der READ-Anweisung Variablen zugeordnet werden.**
Format	DATA <Konstantenliste>
Erläuterung	Die Konstanten in der Konstantenliste können numerische Konstanten oder Zeichenkettenkonstanten (Textkonstanten) sein. In der Liste sind jedoch *keine Ausdrücke* erlaubt. Die numerische Konstante kann jedes beliebige Format aufweisen, d. h. es sind ganzzahlige Konstanten, Festkommakonstanten, Gleitkommakonstanten usw. in der Liste erlaubt. Textkonstanten müssen in der DATA-Anweisung nicht in Anführungszeichen stehen. Den in der READ-Anweisung aufgelisteten Variablen werden nacheinander die zugeordneten Konstanten der DATA-Anweisung zugewiesen (vgl. READ). Es kommt zu Fehlermeldungen, wenn der Typ der Variablen (numerisch, Text) nicht mit dem Typ der Werte in der DATA-Anweisung übereinstimmt.
Fahrnetz	(DATA) ─ Konstante ─ ,
Beispiel	Siehe READ-Anweisung.

15.2.1.3 BASIC-Anweisung RESTORE

Schlüsselwort	RESTORE
Aufgabe	**Mit Hilfe der RESTORE-Anweisung kann ein Datensatz einer DATA-Anweisung** <u>**mehrfach**</u> **gelesen werden.**
Format	RESTORE
Erläuterung	Mit Hilfe der RESTORE-Anweisung kann ein Datensatz einer DATA-Anweisung mehrfach gelesen werden. Dazu ist die Anweisung RESTORE vor der READ-Anweisung anzuordnen, die einen Datensatz wiederholt lesen soll.
Fahrnetz	——(RESTORE)——
Beispiel	1Ø READ A,B,C,D 2Ø PRINT A;B;C 3Ø RESTORE 4Ø READ X,Y,Z,D 5Ø PRINT X;Y;Z;D 6Ø DATA⌣1,2,3,4 Bildschirmausgabe: ⌣1⌣⌣2⌣⌣3 ⌣1⌣⌣2⌣⌣3⌣⌣4

15.2.1.4 BASIC-Anweisung INPUT

Schlüsselwort	INPUT
Aufgabe	**Mit Hilfe der INPUT-Anweisung können Variablen Werte über die Tastatur während der Programmausführung zugewiesen werden.**
Format	INPUT <"Textkonstante";> <Variablenliste>
Erläuterung	Die *Textkonstante* dient als Abfragetext, der den Benutzer zur richtigen Dateneingabe auffordert. Der Text ist frei wählbar.
	Die *Variablenliste* enthält die numerischen Variablen, Zeichenkettenvariablen oder Feldvariablen, denen Werte während des Programmlaufes über die Tastatur zugewiesen werden sollen. Die Variablen sind durch Kommas zu trennen.
	Wenn in einem Programm die Anweisung INPUT bearbeitet wird, wird auf dem Bildschirm ein Fragezeichen (?) ausgegeben. Dieses Fragezeichen zeigt dem Benutzer an, daß auf eine Dateneingabe über die Tastatur gewartet wird.
	Wird ein Abfragetext (Textkonstante) mit in der INPUT-Anweisung aufgenommen, so wird dieser Abfragetext anstelle des Fragezeichens auf dem Bildschirm ausgegeben.
	Es ist darauf zu achten, daß der Typ der Variablen in der Variablenliste mit dem Typ der eingegebenen Daten übereinstimmt.

	Mehrere Eingabewerte, die über die Tastatur eingegeben werden, sind durch Kommas zu trennen. Die Eingabe über die Tastatur ist durch Drücken der RETURN-Taste zu beenden.
Fahrnetz	—(INPUT)—(")—[Textkonstante]—(")—(;)—[Variablenliste]—(;)—
Beispiel	INPUT "GEBURTSTAG EINGEBEN";A$ Auf dem Bildschirm erscheint bei der Bearbeitung der Anweisung der Text GEBURTSTAG EINGEBEN Daraufhin ist über die Tastatur z.B. das Geburtstagsdatum wie folgt einzugeben: 13.11.49

15.2.1.5 BASIC-Anweisung LINE INPUT

Schlüsselwort	LINE INPUT
Aufgabe	Mit Hilfe einer LINE INPUT-Anweisung kann einer Textvariablen eine Zeichenkette über die Tastatur während des Programmlaufs zugewiesen werden, die Kommas (,) und Anführungszeichen (") enthält. Dies würde bei einer normalen INPUT-Anweisung zu einer Fehlermeldung führen, da diese Zeichen dort eine besondere Aufgabe haben.
Format	LINE INPUT <"TEXTKONSTANTE";> <Textvariable>
Erläuterung	Die *Textkonstante* dient wie bei der INPUT-Anweisung als Abfragetext, mit dem der Benutzer zur Eingabe eines Textes für die in der Anweisung angegebene *Textvariable* aufgefordert wird. Der Eingabetext darf maximal 255 Zeichen lang sein. Die Eingabe über die Tastatur ist durch Drücken der RETURN-Taste zu beenden.
Fahrnetz	—(LINE INPUT)—(")—[Textkonstante]—(")—(;)—[Textvariable]—
Beispiel	100 LINEINPUT "KUNDENDATEN"; K$ 110 PRINT K$ Läßt man das Programm laufen (RUN), so erscheint auf dem Bildschirm der Abfragetext KUNDENDATEN Gibt man nun den Text ein: FRANZ MEIER, 33 BRAUNSCHWEIG, HAGENMARKT␣1 und drückt anschließend die RETURN-Taste, so wird der Eingabetext der Variablen K$ zugeordnet und anschließend zur Kontrolle auf dem Bildschirm ausgegeben (siehe PRINT-Anweisung).

15.2.1.6 BASIC-Funktion INKEY$

Schlüsselwort	INKEY$
Aufgabe	**Die Funktion INKEY$ erwartet die Eingabe <u>eines</u> Zeichens von der Tastatur während des Programmlaufs.**
Format	INKEY$
Erläuterung	Während bei den Anweisungen INPUT und LINE INPUT mehrere Zeichen zeilenweise eingegeben werden konnten, kann mit Hilfe der *Funktion* INKEY$ nur *ein* Zeichen eingegeben werden.
	Der Computer *wartet* bei der Bearbeitung der Funktion INKEY$ auch *nicht* auf die Eingabe des Zeichens. Daher muß i. a. eine *Programmschleife* aufgebaut werden, in der auf die Betätigung einer Zeichentaste gewartet wird.
	Ein Abschluß der Eingabe durch Drücken der RETURN-Taste entfällt dadurch ebenfalls.
	Außerdem entfällt im Unterschied zur INPUT-Anweisung die Ausgabe des eingegebenen Zeichens auf dem Bildschirm.
Fahrnetz	──(INKEY$)──

Beispiel	`100 PRINT"GIB J ODER N"`
	`110 A$ = INKEY$`
	`120 IF A$ = "J" THEN 200`
	`130 IF A$ = "N" THEN 300`
	`140 GOTO 110`
	
	`    .`
	`    .`
	`200`
	`    .`
	`    .`
	`300`

	Auf dem Bildschirm wird mit Hilfe der Anweisung mit der Anweisungsnummer 100 der Text
	GIB J ODER N
	ausgegeben (siehe PRINT).
	In der Anweisung mit der Anweisungsnummer 110 wird durch die Funktion INKEY$ das Zeichen, das über die Tastatur eingegeben wird, der Textvariablen A$ zugeordnet.
	Ist dieses Zeichen ein J, wird zur Anweisung mit der Anweisungsnummer 200 verzweigt.
	Ist dieses Zeichen ein N, wird zur Anweisung mit der Anweisungsnummer 300 verzweigt.
	Wird ein anderes Zeichen oder kein Zeichen eingegeben, wird mit Hilfe der Sprunganweisung GOTO (s. GOTO) zur Anweisung mit der Anweisungsnummer 110 zurückgesprungen (Programmschleife).

15.2.1.7 BASIC-Funktion INPUT$

Schlüsselwort	INPUT$
Aufgabe	Die Funktion INPUT$ erwartet die Eingabe einer <u>bestimmten Anzahl</u> von Zeichen über die Tastatur während des Programmlaufs.
Format	INPUT$ (X)
Erläuterung	Die Funktion INPUT$ entspricht weitgehend der Funktion INKEY$, mit dem Unterschied, daß nicht nur die Eingabe *eines* Zeichens von der Tastatur erwartet wird, sondern eine bestimmte Anzahl von Zeichen. Die Zahl der einzugebenden Zeichen wird im Argument der Funktion festgelegt (X).
Fahrnetz	——(INPUT$)——(( )——[Ziffernfolge]——( )——
Beispiel	INPUT$(1) entspricht INKEY$ da die Eingabe eines Zeichens erwartet wird.
	INPUT$(4) Es wird die Eingabe von 4 Zeichen erwartet.

15.2.2 Textausgabeanweisungen- und -funktionen

15.2.2.1 BASIC-Anweisung PRINT

Schlüsselwort	PRINT
Aufgabe	Mit Hilfe der PRINT-Anweisung können Daten und Texte programmgesteuert auf dem Bildschirm ausgegeben werden.
Format	$\text{PRINT} < \left\{ \begin{array}{l} \text{Variable} \\ \text{Konstante} \\ \text{Ausdruck} \end{array} \right\} > < \left\{ \begin{array}{l} ; \\ , \end{array} \right\} \left\{ \begin{array}{l} \text{Variable} \\ \text{Konstante} \\ \text{Ausdruck} \end{array} \right\} >$
Erläuterung	Die Werte der Variablen, Konstanten und Ausdrücke (numerisch oder Text) werden in der in der PRINT-Anweisung angegebenen Reihenfolge auf dem Bildschirm ausgegeben. Werden die Variablen, Konstanten bzw. Ausdrücke durch *Kommas* getrennt, werden die Werte im Standardspaltenformat ausgegeben (fest vorgegebene Zahl der Spalten). Wird als Trennzeichen das *Semikolon* verwendet, wird zur Ausgabe das variable Spaltenformat benutzt (Anpassung an die tatsächliche Länge der Werte). Jede Textkonstante, die ausgegeben werden soll, muß in Anführungszeichen gesetzt werden. Wird die PRINT-Anweisung ohne weitere Angaben im Programm eingesetzt, so wird eine Leerzeile ausgegeben.
Fahrnetz	——(PRINT)——[Ausdruck]—— mit Schleifen (,) und (;)
Beispiel	5 X=6 1Ø PRINT X; "HOCH⌴6⌴IST"; X↑6 Auf dem Bildschirm wird ausgegeben: 6⌴HOCH⌴6⌴IST⌴46656

15.2.2.2 BASIC-Anweisung PRINT USING

Schlüsselwort	PRINT USING
Aufgabe	Mit Hilfe der PRINT USING-Anweisung können Daten und/oder Texte programmgesteuert und <u>formatiert</u> auf dem Bildschirm ausgegeben werden.
Format	PRINT USING <"Ausgabeformat";> <Liste von Ausdrücken>
Erläuterung	Das *Ausgabeformat* ist eine Zeichenkette, die bestimmte Formatierungszeichen enthält. Diese Formatierungszeichen bestimmen das Ausgabeformat der Werte der Ausdrücke, die in der Liste der Ausdrücke aufgeführt sind. Für die Liste der Ausdrücke gilt entsprechendes wie für die PRINT-Anweisung.
Fahrnetz	──(PRINT USING)─"─│Ausgabeformat│─"─;─│Ausdruck│─── / , / ;
Beispiel:	1∅ A = 123 2∅ PRINT USING"####";A Die # Zeichen stehen im Ausgabeformat stellvertretend für mögliche Ziffern. Es wird in diesem Fall eine vierstellige ganze Zahl als Ausgabeformat festgelegt. In diesem Rahmen wird der Ausgabewert eingefügt. Es wird somit ausgegeben: ⌴123

15.2.2.3 BASIC-Anweisung LPRINT

Schlüsselwort	LPRINT
Aufgabe	Mit Hilfe der LPRINT-Anweisung können Daten und Texte programmgesteuert auf einem <u>Drucker</u> ausgegeben werden.
Erläuterung	Ansonsten gilt für das Format, die Erläuterung, das Fahrnetz und die Beispiele entsprechendes wie für die PRINT-Anweisung.

15.2.2.4 BASIC-Anweisung LPRINT USING

Schlüsselwort	LPRINT USING
Aufgabe	Mit Hilfe der LPRINT USING-Anweisung können Daten und Texte programmgesteuert und <u>formatiert</u> auf einem <u>Drucker</u> ausgegeben werden.
Erläuterung	Ansonsten gilt für das Format, die Erläuterung, das Fahrnetz und die Beispiele entsprechendes wie für die PRINT USING-Anweisung.

15.2.2.5 BASIC-Funktion TAB

Schlüsselwort	TAB
Aufgabe	Mit Hilfe der Funktion TAB kann in einer PRINT- bzw. LPRINT-Anweisung der Cursor des Bildschirms bzw. der Schreibkopf eines Druckers innerhalb einer Zeile zu einer vorgegebenen Spalte auf dem Bildschirm bzw. Druckerformular bewegt werden.
Format	TAB (X)
Erläuterung	Die TAB-Funktion kann nur in einer PRINT- bzw. LPRINT-Anweisung verwendet werden. Im Argument der Funktion TAB (X) wird die Position (Spalte) angegeben, zu der sich der Cursor bzw. Druckerkopf bewegen soll. Zu beachten ist, daß die angegebene Position immer von der äußerst linken Spalte (Position $\emptyset$) aus gezählt wird. Das Argument X kann eine Konstante, eine Variable oder ein arithmetischer Ausdruck sein. Der Wert des Argumentes muß zwischen $\emptyset$ und 255 liegen.
Beispiel	$1\emptyset$ PRINT TAB (5); "PROGRAMMANFANG" Der Text PROGRAMMANFANG wird um 5 Spalten nach rechts verschoben auf dem Bildschirm ausgegeben (es werden dadurch scheinbar 5 Leerstellen vor dem Text eingefügt). Bildschirmausgabe: Spaltennummer 0 ... 5 ... Zeile PROGRAMMANFANG

15.2.2.6 BASIC-Funktion SPC

Schlüsselwort	SPC
Aufgabe	Mit Hilfe der Funktion SPC kann in einer PRINT- bzw. LPRINT-Anweisung eine bestimmte Anzahl von Leerzeichen auf dem Bildschirm oder Drucker ausgegeben werden.
Format	SPC (X)
Erläuterung	Die SPC-Funktion kann nur in einer PRINT- bzw. LPRINT-Anweisung verwendet werden. Im Argument der Funktion wird die Zahl der auszugebenden Leerzeichen angegeben. X kann dabei einen Wert zwischen $\emptyset$ und 255 annehmen. Die Ausgabe der Leerzeichen wird dadurch realisiert, daß der Cursor des Bildschirms bzw. der Schreibkopf des Druckers um eine bestimmte Zahl von Spalten weiter nach rechts gesetzt wird. Im Unterschied zur Funktion TAB zählt die Zahl der im Argument angegebenen Positionen nicht von der äußerst linken Schreibposition, sondern von der *aktuellen* Position des Cursors bzw. Schreibkopfes.
Beispiel	$1\emptyset$ PRINT "LINKS"; SPC ($1\emptyset$); "RECHTS" Es wird zunächst der Text LINKS auf dem Bildschirm ausgegeben. Dann folgen $1\emptyset$ Leerzeichen. Anschließend wird der Text RECHTS ausgegeben. Bildschirmausgabe: LINKS RECHTS

15.2.2.7 BASIC-Funktion SPACE$

Schlüsselwort	SPACE$
Aufgabe	**Mit Hilfe der Funktion SPACE$ kann eine Zeichenkette mit einer bestimmten Anzahl von Leerzeichen erzeugt werden.**
Format	SPACE$ (X)
Erläuterung	Die SPACE$-Funktion muß *nicht* wie die TAB- und SPC-Funktion in einer PRINT oder LPRINT-Anweisung verwendet werden. Außerdem dürfen im Unterschied zur TAB- und SPC-Funktion auch Dezimalwerte im Argument auftreten. Sie werden zu einer ganzen Zahl zwischen 0 und 255 gerundet. Die Zahl gibt die Anzahl der zu erzeugenden Leerstellen an. Ansonsten entspricht die Funktion SPACE$ der Funktion SPC.
Beispiel	10 FOR I=1 TO 3 20 A$= SPACE$(I) 30 PRINT A$;I 40 NEXT I Die Schleife (Anweisungen mit den Anweisungsnummern 10 bis 40) wird dreimal durchlaufen. Dabei werden der Schleifenvariablen I die Werte 1, 2 und 3 zugeordnet. In der Anweisung mit der Anweisungsnummer 20 werden dementsprechend drei Zeichenketten mit einer, zwei bzw. drei Leerstellen erzeugt und der Textvariablen A$ zugeordnet. Diese Zeichenketten werden später zusammen mit den zugehörigen numerischen Werten ausgegeben. Bildschirmausgabe: ⊔⊔1 ⊔⊔⊔2 ⊔⊔⊔⊔3 Vor den Zahlen steht eine Leerstelle mehr als durch SPACE$ festgelegt ist. Dies liegt daran, daß vor jeder positiven Zahl eine Leerstelle erzeugt wird (Platzhalter für das Vorzeichen einer Zahl).

15.2.2.8 BASIC Ein-Ausgabeanweisung WIDTH

Schlüsselwort	WIDTH
Aufgabe	**Mit Hilfe der Anweisung WIDTH kann programmgesteuert die maximale Zahl der Spalten je Zeile für den Bildschirm festgelegt werden.**
Format	WIDTH <Ganze Zahl>
Erläuterung	Durch die ganze Zahl wird die maximale Zahl der Spalten für den Bildschirm festgelegt.
Fahrnetz	──(WIDTH)──┤ Ziffernfolge ├──
Beispiel	100 WIDTH 20 Die Anzahl der Spalten je Bildschirmzeile wird auf maximal 20 begrenzt.

15.2.2.9 Cursor-Steueranweisung LOCATE

Schlüsselwort	LOCATE
Aufgabe	**Mit Hilfe der LOCATE-Anweisung kann der Cursor programm-gesteuert an einer beliebigen Stelle auf dem Bildschirm positioniert werden.**
Format	LOCATE $<$X, Y$>$
Erläuterung	X Angabe der Bildschirmspalte, auf die der Cursor zu positionieren ist (X-Koordinate mit Werten von $\emptyset$ bis 39). Y Angabe der Bildschirmzeile, auf die der Cursor zu positionieren ist (Y-Koordinate mit Werten von $\emptyset$ bis 23).
Fahrnetz	—(LOCATE)—[Ziffernfolge]—(,)—[Ziffernfolge]—
Beispiel	2$\emptyset\emptyset$ LOCATE $\emptyset$, $\emptyset$ Mit Hilfe dieser Anweisung wird der Cursor genau in die linke obere Ecke des Bildschirms positioniert (Cursor Home Position). 3$\emptyset\emptyset$ LOCATE 39,23 Mit Hilfe dieser Anweisung wird der Cursor genau in die rechte untere Ecke des Bildschirms positioniert.

15.2.2.10 Cursorfunktion CSRLIN

Schlüsselwort	CSRLIN
Aufgabe	**Mit Hilfe der Cursorfunktion CSRLIN kann die augenblickliche Zeilenposition des Cursors auf dem Bildschirm ermittelt werden. Dieser Wert kann z. B. einer Variablen zur Weiterverarbeitung zuge-ordnet werden oder auf dem Bildschirm ausgegeben werden u. dgl.**
Format	CSRLIN
Erläuterung	CSRLIN ist eine Kurzform für engl. cursor line (Cursorzeilenpo-sition).
Beispiel	2$\emptyset$ PRINT CSRLIN Ausgabe der aktuellen Cursorzeilenposition auf dem Bildschirm. 1$\emptyset\emptyset$ Z = CSRLIN Der Variablen Z wird die aktuelle Cursorzeilenposition zugeordnet.

15.2.2.11 Cursorfunktion POS

Schlüsselwort	POS
Aufgabe	Mit Hilfe der Cursorfunktion POS kann die augenblickliche <u>Spalten</u>position des Cursors auf dem Bildschirm ermittelt und damit z. B. ausgegeben werden bzw. einer Variablen zugeordnet werden, mit einem anderen Wert verglichen werden u. dgl.
Format	POS (X)
Erläuterung	Das Argument X ist ohne Bedeutung und wird i. a. Null gesetzt.
Beispiel	3Ø PRINT POS (Ø) Ausgabe der aktuellen Cursorspaltenposition auf dem Bildschirm. 1ØØ S = POS (Ø) Der Variablen S wird die aktuelle Cursorspaltenposition zugeordnet. 2ØØ IF POS (Ø) <= 3Ø THEN PRINT"*" So lange die aktuelle Cursorspaltenposition ≤ 3Ø ist, wird ein * auf dem Bildschirm ausgegeben.

15.2.2.12 Druckerfunktion LPOS

Schlüsselwort	LPOS
Aufgabe	Mit Hilfe der Druckerfunktion LPOS kann die aktuelle Spaltenposition des Druckerkopfes ermittelt werden (entspricht der Funktion POS für den Cursor des Bildschirms).
Format	LPOS (X)
Erläuterung	Das Argument X ist ohne Bedeutung und wird i. a. Null gesetzt. Die Spaltenposition des Druckerkopfes kann mit Hilfe einer entsprechenden *Anweisung* auf dem Bildschirm ausgegeben werden, einer Variablen zugeordnet werden, mit anderen Werten verglichen werden usw.
Beispiel	5ØØ IF LPOS (Ø) > 7Ø THEN LPRINT CHR$(13) Wenn die aktuelle Spaltenposition des Druckerkopfes einen Wert einnimmt, der größer als 70 ist, wird mit Hilfe der Anweisung LPRINT an den Drucker das ASCII-Zeichen mit dem Dezimaläquivalent 13 gesendet. Dies ist der Code, der ebenfalls gesendet wird, wenn die RETURN-Taste gedrückt wird. Die Druckanweisung wird somit durch RETURN abgeschlossen. Anschließend wird zu einer neuen Zeile übergegangen.

15.2.2.13 BASIC-Bildschirmlöschanweisung CLS

Schlüsselwort	CLS
Aufgabe	Mit Hilfe der CLS-Anweisung kann der Bildschirm gelöscht werden.
Format	CLS
Erläuterung	Das Schlüsselwort CLS ist eine Abkürzung für engl. "clear screen", d. h. Bildschirm säubern.
Fahrnetz	──(CLS)──
Beispiel	1Ø CLS Alles, was auf dem Bildschirm stand, wird durch diese Anweisung gelöscht.

15.2.3 Bildschirmgrafik- und -farbanweisungen

15.2.3.1 BASIC SCREEN-Anweisung

Schlüsselwort	SCREEN
Aufgabe	**Mit Hilfe der Anweisung SCREEN kann der Bildschirm-Modus festgelegt werden.**
Format	SCREEN <Modus>
Erläuterung	Es gibt vier verschiedene Modi.

> **Modus 0**
> **Textgrafik**

Dieser Modus liegt nach dem Einschalten vor.

Es kann eine Grafik aufgebaut werden, die aus Buchstaben, Ziffern, Sonderzeichen und speziellen Grafikzeichen besteht.

Es können *40 Zeichen pro Zeile* in 23 Zeilen dargestellt werden.

Jedes Zeichen setzt sich aus *6 * 8 Bildschirmpunkten* zusammen.

Die Zeichenfarbe ist weiß auf dunkelblauem Hintergrund.

Die Zeichen sind manipulierbar mit Hilfe der Anweisungen bzw. Funktionen:

LOCATE
CLS
WIDTH
COLOR
PUT SPRITE

> **Modus 1**
> **Textgrafik**

Im Gegensatz zum Textgrafik-Modus 0 können *nur 32 Zeichen pro Zeile* in 23 Zeilen dargestellt werden.

Jedes Zeichen setzt sich aus *8 * 8 Bildschirmpunkten zusammen* (mehr Punkte als im Modus 0, daher besser lesbar).

Außerdem wird ein hellblauer Rahmen auf dem Bildschirm ausgegeben.

> **Modus 2**
> **Pixelgrafik**

Pixel ist eine Kurzform (etwas verändert) für engl. picture element, d.h. Bildelement. Gemeint sind die Bildpunkte, aus denen die Zeichen aufgebaut sind. Bei einer Pixelgrafik sind diese Punkte *einzeln* ansprechbar. Es können 256 Pixel pro Zeile in 192 Zeilen dargestellt werden. Diese Bildpunkte sind manipulierbar mit Hilfe der Anweisungen bzw. Funktionen

PSET bzw. PRESET
LINE
DRAW
CIRCLE
PAINT
POINT
PUT SPRITE

	Modus 3 **Pixelgrafik mit niedrigerer Auflösung** 64*48 Bildblöcke (1 Bildblock besteht aus je 4 Pixeln je Richtung).
Fahrnetz	 ──(SCREEN)──| Ziffer |──
Beispiel	1Ø SCREEN 2 Mit Hilfe dieser Anweisung wird der Pixelgrafikmodus mit hoher Auflösung gewählt.

15.2.3.2 BASIC-Anweisung COLOR

Schlüsselwort	COLOR
Aufgabe	**Mit Hilfe der Anweisung COLOR kann die Farbe eines Zeichens (Vordergrund), dessen Hintergrundfarbe sowie die Farbe des Rahmens auf dem Bildschirm festgelegt werden.**
Format	COLOR v, h, r
Erläuterung	v, h, r stehen stellvertretend für die Codenummern folgender Farben: v bestimmt die Farbe des Vordergrundes, h bestimmt die Farbe des Hintergrundes, r bestimmt die Farbe des Rahmens Code-Tabelle für 16 mögliche Farben: Ø transparent 8 rot 1 schwarz 9 hellrot 2 grün 10 braun 3 hellgrün 11 hellgelb 4 dunkelblau 12 dunkelgrün 5 hellblau 13 magnetrot 6 dunkelrot 14 grau 7 zyanblau 15 weiß
Fahrnetz	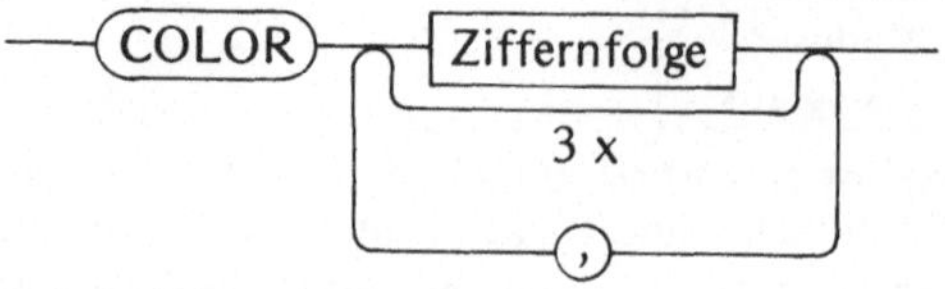 ──(COLOR)──| Ziffernfolge |── 3 x (,)
Beispiel	1ØØ COLOR 15,4,7 Zeichenfarbe weiß, Hintergrundfarbe dunkelblau, zyanblauer Rahmen (Einstellung nach dem Einschalten).
	2ØØ COLOR 1,15,8 Zeichenfarbe schwarz, Hintergrundfarbe weiß, roter Rahmen.

15.2.3.3 BASIC-Anweisung PSET

Schlüsselwort	PSET
Aufgabe	**Mit Hilfe der Anweisung PSET kann ein Bildschirmpunkt (Pixel) an einer vorgegebenen Position auf dem Bildschirm mit einer vorgegebenen Farbe gesetzt werden.**
Format	PSET (x, y), f
Erläuterung	x Angabe der Spalte (x-Koordinate, Wert $\emptyset$ bis 255)
	y Angabe der Zeile (y-Koordinate, Wert $\emptyset$ bis 191)
	f Farbcode für den Bildschirmpunkt (Wert $\emptyset$ bis 15) Es gilt die gleiche Farbcode-Tabelle wie bei der Anweisung COLOR.
Fahrnetz	——(PSET)—(()—[x-Koordinate]—(,)—[y-Koordinate]—())—(,)—[Farbcode]——
Beispiel	1$\emptyset\emptyset$ PSET ($\emptyset$, $\emptyset$), 2 Mit Hilfe dieser Anweisung wird ein grüner Punkt in die linke obere Ecke gesetzt.

15.2.3.4 BASIC-Grafikanweisung PRESET

Schlüsselwort	PRESET
Aufgabe	**Mit Hilfe der Anweisung PRESET kann ein mit PSET gesetzter Bildschirmpunkt (Pixel) auf dem Bildschirm gelöscht werden.**
Format	RESET (x, y)
Erläuterung	x Angabe der Spalte (x-Koordinate, Wert $\emptyset$ bis 255)
	y Angabe der Zeile (y-Koordinate, Wert $\emptyset$ bis 191)
	Es kann auf dem Bildschirm nur an der Stelle ein Punkt mit der PRESET-Anweisung gelöscht werden, an der vorher mit der PSET-Anweisung ein Punkt gesetzt wurde. **Die Angabe der x- und y-Koordinate bestimmt die genaue Position des zu löschenden Punktes.**
Fahrnetz	——(PRESET)—(()—[x-Koordinate]—(,)—[y-Koordinate]—()) ——
Beispiel	11$\emptyset$ RESET ($\emptyset$, $\emptyset$) Es wird ein gesetzter Punkt mit den Koordinaten $\emptyset$, $\emptyset$ (linke obere Ecke) gelöscht.

15.2.3.5 BASIC-Anweisung LINE

Schlüsselwort	LINE
Aufgabe	Mit Hilfe der Anweisung LINE kann im <u>Grafikmodus</u> eine Linie (engl. LINE) zwischen zwei Punkten auf dem Bildschirm gezeichnet werden.
Format	LINE [STEP] (x1, y1) − [STEP] (x2, y2), F
Erläuterung	Bei absoluter Adressierung (ohne STEP) ist (x1, y1) der Anfangspunkt und (x2, y2) der Endpunkt der Linie im Grafikmodus. Wird das Schlüsselwort STEP verwendet, so wird die relative Adressierung gewählt, d. h. die angegebenen Koordinaten-Werte beziehen sich auf die aktuelle Cursorposition. Mit Hilfe der Angabe eines Farbcodes F (Zahl zwischen 0 und 15) kann die Farbe der Linie bestimmt werden. Für den Farbcode F gilt die gleiche Codetabelle wie für die Anweisung COLOR.
Fahrnetz	LINE (STEP) (x1, y1) − (STEP) (x2, y2) , Farbcode
Beispiel	100 LINE (0, 0) − (255,191),2 Mit Hilfe dieser Anweisung wird eine grüne Linie von der linken oberen Ecke zur rechten unteren Ecke (Diagonale) des Bildschirms gezogen.
	200 LINE STEP (10, 10) − STEP (20, 20) Mit Hilfe dieser Anweisung wird (ausgehend von der aktuellen Cursorposition) der Anfangspunkt der Linie je 10 Spalten nach rechts und nach oben gelegt. Der Endpunkt der Linie liegt, ebenfalls ausgehend von der aktuellen Cursorposition, je 20 Spalten nach rechts und nach oben.

15.2.3.6 BASIC-Anweisung CIRCLE

Schlüsselwort	CIRCLE
Aufgabe	**Mit Hilfe der Anweisung CIRCLE können im Grafikmodus Kreise und Ellipsen auf dem Bildschirm gezeichnet werden.**
Format	CIRCLE [STEP] (x, y), R, F, S, E, B/H
Erläuterung	(x/y) legt die Koordinaten des Mittelpunktes des zu zeichnenden Kreises bzw. der Ellipse fest. Ohne Verwendung des Schlüsselwortes STEP gilt für (x/y) die *absolute Adressierung* (Bezug zur Position $\emptyset$, $\emptyset$), ansonsten die *relative Adressierung* (Bezug zur aktuellen Cursorposition). Durch die Angabe von R wird der Radius festgelegt (Zahl zwischen $\emptyset$ und 32 767). Die Farbe der Kreislinie wird durch den Farbcode F bestimmt. Durch die Angabe von S kann der Startpunkt des Kreises bzw. der Ellipse festgelegt werden, d. h. an welcher Position mit dem Zeichnen begonnen wird. Durch Angabe von E wird der Endpunkt des Kreises bestimmt, d. h. wo das Zeichnen beendet wird. Die Werteangabe erfolgt im Bogenmaß. Bezugspunkt für die Angabe des Bogenmaßes ist die x-Koordinate, die durch den Mittelpunkt geht. Gezeichnet wird entgegen den Uhrzeigersinn. Mit Hilfe des Parameters B/H wird das Verhältnis Breite/Höhe angegeben. Zur Ausgabe eines Kreises ist das Verhältnis Breite/Höhe entsprechend der Punktezahl auf dem Bildschirm mit 256/192 = 1,33 anzugeben.
Fahrnetz	──(CIRCLE)──┬──(STEP)──┬──(()──[x]──◇──[y]──())──◇──┬──[R]──◇──┬──[F]──◇──┬──[S]──◇──┬──[E]──◇──┬──[B/H]──
Beispiel	1$\emptyset\emptyset$ CIRCLE (127,95), 7$\emptyset$,1,,,1.33 Mit Hilfe dieser Anweisung wird ein schwarzer Kreis um den Bildschirmmittelpunkt (127,95) gezeichnet.

15.2.3.7 BASIC-Anweisung DRAW

Schlüsselwort	DRAW
Aufgabe	Mit Hilfe der Anweisung DRAW kann im Grafikmodus eine vollständige Figur (z. B. Rechteck, Dreieck) auf dem Bildschirm gezeichnet werden.
Format	DRAW "Zeichenkette"
Erläuterung	Die Zeichenkette beschreibt die zu zeichnende Figur. Jedes einzelne Zeichen hat eine spezielle Bedeutung, wie z. B.: U Cursorbewegung nach oben D Cursorbewegung nach unten L Cursorbewegung nach links R Cursorbewegung nach rechts E Cursorbewegung schräg nach oben rechts F Cursorbewegung schräg nach unten rechts G Cursorbewegung schräg nach unten links H Cursorbewegung schräg nach oben links Eine auf den Buchstaben folgende Zahl gibt die Zahl der Bildschirmpunkte (Pixel) an, die in die durch den Buchstaben vorgegebene Richtung gezeichnet werden sollen. Weitere Zeichen der Zeichenkette sind: C Farbe der Linie festlegen. Die auf das C folgende Zahl ist die Farbcodenummer. S Maßstab A Drehwinkel
Fahrnetz	—(DRAW)—"—[Zeichenkette]—"—
Beispiel	1ØØ DRAW" R 3Ø U 6Ø L 3Ø D 6Ø" Mit Hilfe dieser Anweisung wird ein Rechteck gezeichnet. Im einzelnen bedeuten die Teile der Zeichenkette: (R 3Ø) 3Ø Pixel nach rechts (U 6Ø) 6Ø Pixel nach oben (L 3Ø) 3Ø Pixel nach links (D 6Ø) 6Ø Pixel nach unten

15.2.3.8 BASIC-Anweisung PAINT

Schlüsselwort	PAINT
Aufgabe	**Mit Hilfe der Anweisung PAINT kann eine geschlossene Fläche mit einer Farbe auf dem Bildschirm eingefärbt werden.**
Format	PAINT [STEP], (x, y), F1, F2
Erläuterung	Die Koordinaten (x, y) kennzeichnen den *Startpunkt* zum Einfärben der Fläche. Er muß *innerhalb* der geschlossenen Fläche liegen. Wird das Schlüsselwort STEP verwendet, so beziehen sich die Koordinaten (x, y) auf die *aktuelle* Position des Cursors (relative Koordinaten). Wird das Schlüsselwort STEP nicht verwendet, handelt es sich bei den Koordinaten (x, y) um die *absoluten* Koordinaten auf dem Bildschirm. F1 ist der Farbcode (Zahl zwischen $\emptyset$ und 15) zum Einfärben der Fläche (Farbcodetabelle siehe COLOR). F2 ist der Farbcode (Zahl zwischen $\emptyset$ und 15) zum Einfärben der Begrenzungslinie (Farbcodetabelle siehe COLOR).
Fahrnetz	— (PAINT) — (STEP) — (( ) — [x] — (,) — [y] — ( )) — (,) — [F1] — (,) — [F2] —
Beispiel	$1\emptyset\emptyset$ CIRCLE (127,95), $7\emptyset$,,,,1.33 $11\emptyset$ PAINT (127,95), 8, 1 Mit Hilfe der CIRCLE-Anweisung wird ein Kreis gezeichnet (s. CIRCLE-Anweisung). Dieser wird rot (Code 8) ausgefüllt. Der Rand ist schwarz (Code 1).

15.2.3.9 BASIC-Funktion POINT

Schlüsselwort	POINT
Aufgabe	**Mit Hilfe der Anweisung POINT kann <u>im Grafikmodus</u> der Farbcode eines Punktes ermittelt werden.**
Format	POINT (x, y)
Erläuterung	Die Koordinaten x und y legen den Punkt fest, von dem der Farbcode zu ermitteln ist.
Fahrnetz	— (POINT) — (( ) — [x] — (,) — [y] — ( )) —
Beispiel	Ein Farbpunkt mit den Koordinaten $2\emptyset, 2\emptyset$ möge schwarz sein. Dies läßt sich auch mit Hilfe der Grafikfunktion POINT ermitteln. $1\emptyset\emptyset$ PRINT POINT ($2\emptyset,2\emptyset$) Bei der Bearbeitung dieser Anweisung wird der Wert 1 ausgegeben. Dieser Wert ist der Farbcode für die Farbe schwarz (siehe COLOR-Anweisung).

15.2.3.10 BASIC-Anweisungen SPRITE

Schlüsselworte	SPRITE ON SPRITE OFF SPRITE STOP
Aufgabe	Sprites steuern (Kollisionsabfrage). **SPRITE ON** Sprite an (aktivieren) **SPRITE OFF** Sprite aus (abschalten) **SPRITE STOP** Sprite anhalten

Schlüsselwort	SPRITE$ (x)
Aufgabe	Systemvariable zur Aufnahme der Definition von Sprite x.

Schlüsselwort	PUT SPRITE P, (x, y), F, N
Aufgabe	Positionieren eines Sprite auf dem Bildschirm. Dabei ist: P die Priorität des Sprites (Zahl zwischen $\emptyset-31$) (x, y) Koordinaten zum Positionieren des Sprite F der Farbcode für den Sprite (s. COLOR) N die Nummer des Sprites

Schlüsselwort	ON SPRITE GUSOB
Aufgabe	Bei der Kollision von zwei Sprites soll in ein Unterprogramm verzweigt werden.

15.2.4 BASIC-Musikanweisungen

15.2.4.1 BEEP

Schlüsselwort	BEEP
Aufgabe	Mit Hilfe der Anweisung BEEP kann ein Ton erzeugt werden.
Fahrnetz	—(BEEP)—
Beispiel	$1\emptyset\emptyset$ BEEP Wenn diese Anweisung bearbeitet wird, wird ein Ton ausgegeben.

15.2.4.2 PLAY

Schlüsselwort	PLAY
Aufgabe	Mit Hilfe der Anweisung PLAY können Melodien (ganze Tonfolgen) gespielt werden (bis zu drei Stimmen) und Toneffekte ausgegeben werden.
Fahrnetz	—(PLAY)—(")—[Textkonstante]—(")—
Erläuterung	In der Textkonstanten stehen in Form einer Zeichenkette die Töne, deren Dauer, Klangform usw. Durch eine Folge derartiger Angaben lassen sich Melodien bzw. Klangeffekte zusammenstellen. Es sind folgende Angaben möglich:

C, D, E, F, G, A, B	Noten Anmerkung: Die Note H wird durch den Buchstaben B gekennzeichnet.
Ln	Länge der Noten: n = 1 Ganze Note n = 2 Halbe Note n = 4 Viertel Note n = 8 Achtel Note n = 16 Sechzehntel Note
On	Oktave Folgende Oktaven sind möglich: Oktave n = 1 bis Oktave n = 8
Sn	Klangform
Mn	Länge der Klangform
Rn	Pause
Tn	Tempo
Vn	Lautstärke

Beispiel	1ØØ PLAY" 04CDEFGAB" Mit Hilfe dieser Anweisung wird die Tonleiter in der Oktave 04 gespielt.

15.2.4.3 PLAY (X)

Schlüsselwort	PLAY (X)
Aufgabe	Mit Hilfe der Funktion PLAY(X) kann der Musikstatus ermittelt werden.
Fahrnetz	—(PLAY)—(()—[X]—()—
Erläuterung	Das Argument x wird nicht benötigt und i. a. Null gesetzt. Folgende Unterscheidungen können getroffen werden:

Musikstatus	Code
Gerade spielend	− 1
Alle Stimmen	$\emptyset$
Stimme 1	1
Stimme 2	2
Stimme 3	3

Beispiel	1$\emptyset\emptyset$ IF PLAY ($\emptyset$) = 1 THEN PRINT"STIMME 1" Wenn der Musikstatus 1 ist, wird der Text "Stimme 1" ausgegeben.

15.2.4.4 SOUND

Schlüsselwort	SOUND
Aufgabe	Mit Hilfe der Anweisung SOUND kann pro SOUND-Anweisung ein Ton programmgesteuert ausgegeben werden.
Erläuterung	Die Bestimmung des Klanges geschieht durch Übergabe eines ganzzahligen Wertes zwischen $\emptyset$ und 255 in eines der 16 Register des Sound-Chips.

15.2.5 Speicheranweisungen

15.2.5.1 BASIC-Anweisung POKE

Schlüsselwort	POKE
Aufgabe	**Mit Hilfe der POKE-Anweisung kann ein Wert unter einer in der POKE-Anweisung angegebenen Arbeitsspeicheradresse im Arbeitsspeicher gespeichert werden.**
Format	POKE <Arbeitsspeicheradresse, Wert>
Erläuterung	Die *Arbeitsspeicheradresse* muß zwischen $\emptyset$ und 65535 liegen. Die zu speichernden *Werte* müssen ganze Zahlen zwischen $\emptyset$ und 255 sein. Da man mit dieser Anweisung im gesamten Arbeitsspeicher Werte speichern kann, ist *Vorsicht* geboten, da man auch Werte in Bereichen speichern kann, in denen Teile des BASIC-Interpreters oder des Monitors stehen. Änderungen in diesen Bereichen können zum ''Absturz'' des Systems führen.
Fahrnetz	──(POKE)─┤ Adresse ├─(,)─┤ Wert ├──
Beispiel	1$\emptyset\emptyset$ POKE 1$\emptyset\emptyset\emptyset$,1$\emptyset$ Mit Hilfe dieser Anweisung wird in der Arbeitsspeicherzelle mit der Adresse 1$\emptyset\emptyset\emptyset$ der Wert 1$\emptyset$ gespeichert.

15.2.5.2 BASIC-Funktion PEEK

Schlüsselwort	PEEK
Aufgabe	**Mit Hilfe der PEEK-Funktion kann der Inhalt einer Arbeitsspeicherzelle ermittelt werden, deren Arbeitsspeicheradresse in der PEEK-Funktion angegeben ist.**
Format	PEEK (Arbeitsspeicheradresse)
Erläuterung	Die Arbeitsspeicheradresse muß zwischen $\emptyset$ und 65535 liegen.
Fahrnetz	──(PEEK)─(( )─┤ Adresse ├─( ))──
Beispiel	1$\emptyset\emptyset$ PRINT PEEK (1$\emptyset\emptyset\emptyset$) Mit Hilfe dieser Anweisung kann der Inhalt der *Arbeitsspeicher*zelle mit der Adresse 1$\emptyset\emptyset\emptyset$ auf dem Bildschirm ausgegeben werden (Ganze Zahl zwischen $\emptyset$ und 255).

15.2.5.3 BASIC-Anweisung VPOKE

Schlüsselwort	VPOKE
Aufgabe	**Mit Hilfe der VPOKE-Anweisung kann ein in der Anweisung vorgegebener Wert im Videospeicher unter einer ebenfalls in der Anweisung angegebenen Videospeicheradresse gespeichert werden.**
Format	Formal ist die Anweisung wie die POKE-Anweisung aufgebaut: VPOKE <Videospeicheradresse, Wert>

15.2.5.4 BASIC-Funktion VPEEK

Schlüsselwort	VPEEK
Aufgabe	**Mit Hilfe der VPEEK-Funktion kann der Inhalt einer in der VPEEK-Funktion angegebenen Videospeicheradresse ermittelt werden.**
Format	Formal ist die Anweisung wie die PEEK-Funktion aufgebaut: VPEEK (Videospeicheradresse)

15.3. BASIC-Steueranweisungen

15.3.1 BASIC-Anweisung REM

Schlüsselwort	REM
Aufgabe	**Mit Hilfe der REM-Anweisung kann ein Kommentar vom Programmierer in ein Programm eingefügt werden.**
Format	REM <Kommentar>
Erläuterung	Kommentare sind *zusätzliche* Bemerkungen oder Erläuterungen in einem Programm. Sie helfen dem Programmierer, ein Programm übersichtlich und lesbar zu gestalten. Die Kommentaranweisung ist keine *ausführbare* Anweisung. Die REM-Anweisung wird somit nicht vom BASIC-Interpreter übersetzt. Kommentare können an beliebigen Stellen im Programm stehen und beliebige Zeichen im Kommentar beinhalten.
Fahrnetz	——(REM)——| Kommentar |——
Beispiel	1Ø REM BERECHNUNG DER NULLSTELLE

15.3.2 BASIC-Anweisung LET

Schlüsselwort	LET
Aufgabe	Mit Hilfe der Zuordnungsanweisung LET kann einer Variablen ein Wert zugeordnet werden. (Sowohl numerische Werte als auch Zeichenketten).
Format	LET <Variable> = <Ausdruck>
Erläuterung	Der in der Anweisung angegebenen *Variablen* wird der Wert des ebenfalls angegebenen *Ausdrucks* zugewiesen. Der Ausdruck kann ein numerischer Ausdruck oder ein Textausdruck sein. Es ist darauf zu achten, daß der Typ der Variablen mit dem Typ des Ausdrucks übereinstimmt. Ein Ausdruck ist im einfachsten Falle eine Konstante oder eine Variable, der schon ein Wert zugewiesen wurde. Es ist nicht erforderlich, daß das Schlüsselwort LET angegeben wird. Es kann auch entfallen.
Fahrnetz	─(LET)─ Variable ─(=)─ Ausdruck ─
Beispiel	1ØØ LET A = 25 Der numerischen Variablen A wird der Wert 25 zugeordnet. 2ØØ LET B$ = "ENDE" Der Textvariablen B$ wird der Text ENDE zugeordnet.

15.3.3 BASIC-Anweisung GOTO

Schlüsselwort	GOTO
Aufgabe	Mit Hilfe der Sprunganweisung GOTO kann ein direkter Sprung ohne jegliche Bedingung zu einer Anweisung mit einer in der Sprunganweisung angegebenen Anweisungsnummer ausgeführt werden.
Format	GOTO <Anweisungsnummer>
Erläuterung	Die *Anweisungsnummer* ist die Nummer der Anweisung, zu der infolge der Sprunganweisung gesprungen wird. Mit Hilfe dieser *unbedingten Sprunganweisung* kann ein Programmteil übersprungen werden (Vorwärtssprung). Das Sprungziel kann aber auch vor der Sprunganweisung GOTO liegen (Rücksprung). Mit Hilfe eines Rücksprunges kann eine Programmschleife gebildet werden (Vorsicht: Endlosschleife).
Fahrnetz	─(GOTO)─ Anweisungsnummer ─
Beispiel	1Ø PRINT "MEIN ERSTES PROGRAMM" 2Ø GOTO⌴1Ø Mit Hilfe der Sprunganweisung wird eine Programmschleife aufgebaut, die den Bildschirm mit dem Text MEIN ERSTES PROGRAMM füllt. Da es sich um eine Endlosschleife handelt, muß das Programm durch ein Hardware RESET unterbrochen werden (RESET-Taste auf der Rückseite der Systemeinheit drücken).

15.3.4 BASIC-Anweisung IF THEN ELSE

Schlüsselworte	IF THEN ELSE
Aufgabe	Mit Hilfe dieser Anweisung kann ein Programm in Abhängigkeit vom Ergebnis einer Bedingung verzweigt werden.
Format	IF <Bedingung> THEN <Anweisung> [ELSE <Anweisung>]
Erläuterung	Die Bedingung ist so zu formulieren, daß sie *entweder* erfüllt ist *oder* nicht. Ist die Bedingung *erfüllt*, wird die BASIC-Anweisung ausgeführt, die auf das Schlüsselwort THEN folgt. Anschließend wird im Programm mit der Anweisung fortgefahren, die direkt auf die IF-THEN-Anweisung folgt. Ist die angegebene Bedingung *nicht erfüllt* und es ist kein Schlüsselwort ELSE nebst Anweisung vorhanden, so wird das Programm mit der Anweisung fortgesetzt, die direkt auf die IF-THEN-Anweisung folgt. Ist hingegen das Schlüsselwort ELSE vorhanden, so wird die darauf folgende Anweisung ausgeführt.
Fahrnetz	—(IF)—[Bedingung]—(THEN)—[Anweisung]—(ELSE)—[ANWEISUNG]—
Beispiel	1Ø IF A < C THEN PRINT "A IST KLEINER ALS C": GOTO 3Ø 2Ø PRINT "A IST GRÖSSER ODER GLEICH C" 3Ø ... 1Ø IF A < C THEN PRINT "A < C" ELSE PRINT "A > = C"

15.3.5 BASIC-Anweisung IF GOTO ELSE

Schlüsselworte	IF GOTO ELSE
Aufgabe	Mit Hilfe dieser Anweisung kann ein Programm in Abhängigkeit vom Ergebnis einer Bedingung verzweigt werden.
Format	IF<Bedingung>GOTO<Anweisungsnummer>[ELSE<Anweisung>]
Erläuterung	Die Bedingung ist so zu formulieren, daß sie entweder erfüllt ist oder nicht. Ist die Bedingung *erfüllt*, wird die Anweisung ausgeführt, deren Anweisungsnummer auf das Schlüsselwort GOTO folgt. Im Unterschied zur IF-THEN-ELSE-Anweisung wird somit nicht die Anweisung selbst angegeben, sondern die Anweisungsnummer der auszuführenden Anweisung. Ist die angegebene Bedingung *nicht erfüllt* und kein Schlüsselwort ELSE nebst Anweisung vorhanden, so wird im Programm mit der Anweisung fortgefahren, die direkt auf die IF-GOTO-Anweisung folgt. Ist hingegen das Schlüsselwort ELSE in der Anweisung vorhanden, so wird die darauf folgende Anweisung ausgeführt.
Fahrnetz	—(IF)—[Bedingung]—(GOTO)—[Anweisungsnummer]—(ELSE)—[Anweisung]—

Beispiel	1∅ IF A = 1∅∅ GOTO 1∅∅∅ 2∅ ... . . . 1∅∅∅ ... Ist der Wert der Variablen A gleich 1∅∅, so wird ein Sprung zur Anweisung mit der Anweisungsnummer 1∅∅∅ ausgeführt. Im anderen Fall wird das Programm mit der Anweisung mit der Anweisungsnummer 2∅ fortgesetzt.
	1∅ IF A = 1∅∅ GOTO 1∅∅∅ ELSE GOTO 2∅∅∅ Ist die Bedingung erfüllt (A = 1∅∅), wird zur Anweisung mit der Anweisungsnummer 1∅∅∅ gesprungen, im anderen Fall zur Anweisung mit der Anweisungsnummer 2∅∅∅.

15.3.6 BASIC-Anweisung ON-GOTO

Schlüsselworte	ON GOTO
Aufgabe	**Mit Hilfe der Anweisung ON-GOTO kann in Abhängigkeit von dem Wert eines arithmetischen Ausdruckes zu einer von mehreren möglichen Anweisungen verzweigt werden.**
Format	ON $<a>$ GOTO $<n1, n2, ..., nn>$
Erläuterung	**Der Wert des *arithmetischen Ausdrucks* a legt fest, zu welcher der Anweisungen, gekennzeichnet durch die Anweisungsnummern n1, n2, ..., nn verzweigt wird.** **Nimmt der arithmetische Ausdruck a den Wert 1 an, so wird zur ersten Anweisungsnummer n1 verzweigt.** **Nimmt der arithmetische Ausdruck a den Wert 2 an, so wird zur zweiten Anweisungsnummer n_2 verzweigt usw.** **Wenn sich für den arithmetischen Ausdruck a keine ganze Zahl ergibt, so wird nur der ganzzahlige Teil der Zahl berücksichtigt.** **Ergibt sich für den arithmetischen Ausdruck a ein Wert, der größer als die Anzahl der angegebenen Sprungziele ist, so wird die Anweisung bearbeitet, die direkt auf die ON-GOTO-Anweisung folgt.**
Fahrnetz	—(ON)—[Arithmetischer Ausdruck]—(GOTO)—[Anweisungsnummer]— ‿(,)‿
Beispiel	**ON A GOTO 1∅∅, 2∅∅, 3∅∅** Nimmt der Wert der Variablen A den Wert 1 ein, wird zur Anweisung mit der Anweisungsnummer 1∅∅ verzweigt. Nimmt A den Wert 2 ein, wird zur Anweisung mit der Anweisungsnummer 2∅∅ verzweigt. Nimmt A den Wert 3 ein, wird zur Anweisung mit der Anweisungsnummer 3∅∅ verzweigt. Für alle anderen Werte von A wird zur nächsten Anweisung im Programm übergegangen.

15.3.7 BASIC-Anweisung FOR NEXT

Schlüsselworte	FOR-NEXT
Aufgabe	Mit Hilfe der FOR-NEXT-Anweisung kann eine Folge von Anweisungen in einem Programm mehrfach durchlaufen werden (sog. Programmschleife). Die Zahl der Schleifendurchläufe wird in dieser Anweisung fest vorgegeben.
Format	FOR < Zählvariable> = <x> TO <y> [STEP<z>] . . . Anweisungen . . . NEXT<Zählvariable>
Erläuterung	Die auf das Schlüsselwort FOR folgende Variable wird als *Zählvariable* benutzt. Sie enthält den aktuellen Schleifenzählerstand. Die Größe x steht stellvertretend für eine Zahl, die den *Anfangswert* der Zählvariablen angibt. Die Größe y steht stellvertretend für eine Zahl, die den *Endwert* der Zählvariablen angibt. Die Größe z steht stellvertretend für die *Schrittweite*, die jeweils bei jedem neuen Schleifendurchlauf zum letzten Schleifenzählerstand hinzu addiert werden muß, bis der Endwert erreicht ist. Am Anfang wird die Zählvariable auf den Anfangswert gesetzt. Anschließend werden die auf die FOR-Anweisung folgenden Anweisungen ausgeführt, bis die NEXT-Anweisung erreicht ist. Anschließend wird der Wert der Zählvariablen um den Wert der Schrittweite erhöht. Das Ergebnis wird mit dem Endwert verglichen. Ist der Wert der Zählvariablen größer als der Endwert, wird die Schleifenbearbeitung abgebrochen. Die Programmbearbeitung wird mit der nächsten auf die NEXT-Anweisung folgenden Anweisung fortgesetzt. Ist der Wert der Zählvariablen hingegen kleiner als der Endwert, so werden die Anweisungen innerhalb der Programmschleife erneut durchlaufen. Die Programmschleife beginnt mit dem Schlüsselwort FOR und endet mit dem Schlüsselwort NEXT. Die Anzahl der BASIC-Anweisungen zwischen der FOR- und der NEXT-Anweisung ist nicht begrenzt. Ist der Wert des Anfangswertes größer als der Wert des Endwertes, so wird die Schleife nicht durchlaufen, d. h. die gesamte Programmschleife wird übersprungen.

Wird keine Angabe über die Schrittweite gemacht, so wird automatisch die Schrittweite 1 angenommen.

Die Werte der Zählvariablen, des Endwertes, des Anfangswertes und der Schrittweite dürfen innerhalb der Schleife nicht durch Anweisungen verändert werden.

Es ist erlaubt, FOR-NEXT-Schleifen zu schachteln. Mehrere geschachtelte Schleifen können mit einer gemeinsamen NEXT-Anweisung beendet werden.

Liegen keine verschachtelten Programmschleifen vor, kann die Zählvariable hinter dem Schlüsselwort NEXT entfallen.

Es ist verboten, in eine Programmschleife hineinzuspringen. Es darf jedoch aus einer Schleife herausgesprungen werden.

Fahrnetz	—(FOR)—[Variable]—(=)—[Anfangswert]—(TO)—[Endwert]— —(STEP)—[Schrittweite]— —(NEXT)—[Variable]—(,)—
Beispiel	1∅ FOR I = 2 TO 8 STEP 2 2∅ PRINT I; 3∅ NEXT I Mit Hilfe dieser Programmschleife werden die Zahlen 2 bis 8 mit der Schrittweite 2 auf dem Bildschirm wie folgt ausgegeben: 2␣␣4␣␣6␣␣8

15.3.8 BASIC-Anweisung GOSUB

Schlüsselwort	GOSUB
Aufgabe	**Mit Hilfe der GOSUB-Anweisung kann zu einem Unterprogramm gesprungen werden.**
Format	GOSUB <Anweisungsnummer>
Erläuterung	Die Anweisungsnummer hinter dem Schlüsselwort GOSUB kennzeichnet die Anweisung, zu der gesprungen werden soll. Dies ist die erste Anweisung eines Unterprogramms. BASIC-Unterprogramme haben keine Namen, mit denen sie aufgerufen werden könnten. BASIC-Unterprogramme werden durch die Angabe des Schlüsselwortes GOSUB und der ersten Anweisungsnummer des Unterprogramms aufgerufen. BASIC-Unterprogramme können an beliebiger Stelle des Hauptprogrammes aufgerufen werden. Ein Unterprogramm kann auch mehrfach aufgerufen werden. Unterprogramme können auch andere Unterprogramme aufrufen. Die letzte Anweisung eines BASIC-Unterprogrammes muß eine RETURN-Anweisung sein (s. RETURN). Die RETURN-Anweisung bewirkt, daß zu der Anweisung im aufrufenden Programm zurückgesprungen wird, die auf den Aufruf folgt.
Fahrnetz	——(GOSUB)——| Anweisungsnummer |——

Beispiel	`10 GOSUB 100`
	`20 PRINT "RUECKSPRUNG ERFOLGT"`
	`30 END`
	   `.`
	   `.`
	`100 PRINT "SPRUNG IN DAS UNTERPROGRAMM ERFOLGT"`
	`110 RETURN`
	
	Das Hauptprogramm besteht aus den Anweisungen mit den Anweisungsnummern 10 bis 30, das Unterprogramm aus den Anweisungen mit den Anweisungsnummern 100 und 110. Auf dem Bildschirm erscheint nach dem Unterprogrammsprung der Text:
	SPRUNG IN DAS UNTERPROGRAMM ERFOLGT.
	
	Anschließend erfolgt der Rücksprung mit der Meldung des Hauptprogramms:
	RUECKSPRUNG ERFOLGT

15.3.9 BASIC-Anweisung RETURN

Schlüsselwort	RETURN
Aufgabe	Mit Hilfe der RETURN-Anweisung erfolgt ein Rücksprung aus einem Unterprogramm in das Programm, das das Unterprogramm aufgerufen hat.
Format	RETURN
Erläuterung	Die letzte Anweisung eines BASIC-Unterprogramms muß eine RETURN-Anweisung sein. Die RETURN-Anweisung bewirkt, daß zu der Anweisung im aufrufenden Programm zurückgesprungen wird, die auf den zugehörigen Aufruf folgt.
Fahrnetz	——(RETURN)——
Beispiel	Siehe GOSUB.

15.3.10 BASIC-Anweisung IF GOSUB

Schlüsselworte	IF-GOSUB
Aufgabe	Mit Hilfe dieser Anweisung kann in Abhängigkeit vom Ergebnis einer Bedingung zu einem Unterprogramm gesprungen werden.
Format	IF <Bedingung> GOSUB <Anweisungsnummer>
Erläuterung	Die Bedingung ist so zu formulieren, daß sie entweder erfüllt ist oder nicht. Ist die Bedingung *erfüllt*, wird das Unterprogramm aufgerufen, dessen Anweisungsnummer auf das Schlüsselwort GOSUB folgt. Diese Anweisungsnummer ist die erste Anweisungsnummer des Unterprogramms, das aufgerufen wird. Ist die Bedingung *nicht* erfüllt, so wird das Programm mit der Anweisung fortgesetzt, die im Programm direkt auf die IF-GOSUB-Anweisung folgt.
Fahrnetz	——(IF)——[Bedingung]——(GOSUB)——[Anweisungsnummer]——
Beispiel	IF A < B GOSUB 1000 Ist die Bedingung A < B erfüllt, d.h. A ist kleiner als B, so wird das Unterprogramm aufgerufen, das als erste Anweisungsnummer die Nummer 1000 besitzt. Im anderen Fall wird das Programm mit der nächsten auf die IF-GOSUB-Anweisung folgenden Anweisung fortgesetzt.

15.3.11 BASIC-Anweisung ON GOSUB

Schlüsselworte	ON-GOSUB
Aufgabe	Mit Hilfe der ON GOSUB-Anweisung kann in Abhängigkeit von einem Wert eines arithmetischen Ausdrucks zu einem von mehreren möglichen Unterprogrammen gesprungen werden.
Format	ON $\langle a \rangle$ GOSUB $\langle n_1, n_2, ..., n_n \rangle$
Erläuterung	Der Wert des arithmetischen Ausdrucks a legt fest, zu welchem Unterprogramm, gekennzeichnet durch die Anweisungsnummern n_1, n_2, ..., n_n, gesprungen wird. Nimmt der arithmetische Ausdruck a den Wert 1 an, so wird zum Unterprogramm mit der ersten angegebenen Anweisungsnummer n_1 gesprungen. Nimmt der arithmetische Ausdruck a den Wert 2 an, so wird zum Unterprogramm mit der zweiten angegebenen Anweisungsnummer n_2 gesprungen usw. Ergibt sich für den arithmetischen Ausdruck a ein Wert, der größer als die Anzahl der Anweisungsnummern ist, so wird die Anweisung bearbeitet, die im Programm direkt auf die ON GOSUB-Anweisung folgt.
Fahrnetz	(ON) — Arithmetischer Ausdruck — (GOSUB) — Anweisungsnummer

15.3.12 BASIC-Anweisung SWAP

Schlüsselwort	SWAP
Aufgabe	Mit Hilfe der BASIC-Anweisung SWAP kann der Inhalt von zwei Variablen ausgetauscht werden.
Format	SWAP $\langle$Variable 1$\rangle$, $\langle$Variable 2$\rangle$
Erläuterung	Der Wert, der der Variablen 1 zugeordnet ist, wird durch die SWAP-Anweisung der Variablen 2 zugeordnet und umgekehrt. Der Datentyp beider Variablen muß gleich sein, d. h. entweder vom Typ Integer, einfache Genauigkeit, doppelte Genauigkeit oder String.
Beispiel	1∅∅ A = 1 : B = 2 11∅ PRINT A;B 12∅ SWAP A,B 13∅ PRINT A;B Ausgabe auf dem Bildschirm: ⊔1⊔⊔2⊔ ⊔2⊔⊔1⊔ Dieses Beispiel verdeutlicht den Tausch der Variableninhalte, der sich in der veränderten Reihenfolge der Zahlen in der Bildschirmausgabe ausdrückt, obwohl die Reihenfolge der Variablen in den Ausgabeanweisungen mit den Anweisungsnummern 11∅ und 13∅ unverändert ist.

15.3.13 BASIC-Anweisung USR

Schlüsselwort	USR
Aufgabe	Mit Hilfe der Anweisung USR kann einem im Arbeitsspeicher gespeichertem Maschinencodeprogramm ein Wert übergeben werden.
Format	USR [Ausdruck] (x)
Erläuterung	Der Ausdruck kann einen Wert zwischen $\emptyset$ und 9 aufweisen. Es muß der gleiche Wert sein, der in der DEF USR-Anweisung benutzt wurde. Wird kein Wert angegeben, so wird automatisch der Wert $\emptyset$ angenommen. An das Maschinencodeprogramm wird der Wert des Argumentes x übergeben. Die allgemeine Vorgehensweise ist bei einer Einbeziehung eines Maschinencodeprogramms in ein BASIC-Programm: ● Den für BASIC verfügbaren Speicherplatz begrenzen. ● Das Maschinencodeprogramm mit Hilfe von POKE-Anweisungen in diesem nun nicht durch BASIC belegbaren Speicher speichern. ● Im BASIC-Programm die Anfangsadresse des Maschinencodeprogramms festlegen (Anweisung DEF USR). ● Aufruf des Maschinencodeprogramms mit Hilfe von USR und Werteübergabe.
Beispiel	USR (A)

15.4 BASIC-Fehlerbehandlungsanweisungen

15.4.1 BASIC-Anweisung ON ERROR GOTO

Schlüsselworte	ON ERROR GOTO
Aufgabe	Mit Hilfe dieser Anweisung kann beim Auftreten eines beliebigen Fehlers im Programm zu einer bestimmten Anweisung, gekennzeichnet durch eine Anweisungsnummer, gesprungen werden.
Format	ON ERROR GOTO ⟨Anweisungsnummer⟩
Erläuterung	Die Stelle, an der die ON ERROR GOTO-Anweisung im Programm auftritt, ist die Stelle, von der ab im Programm beim Auftreten eines Fehlers verzweigt wird. Es wird zu der Anweisung gesprungen, deren Anweisungsnummer in der ON ERROR GOTO-Anweisung angegeben ist. Dies ist i.a. eine Fehlerbehandlungsroutine, in der z.B. die Funktionen ERL und ERR eine wichtige Rolle spielen. Die Fehlerbehandlungsroutine wird im Programm mit RESUME beendet. Gleichzeitig wird durch RESUME angegeben, mit welcher Anweisung im Programm fortgefahren wird. Möchte man die durch ON ERROR GOTO eingeleitete Fehlererkennung und -behandlung im Programm beenden, so ist die Anweisung ON ERROR GOTO ∅ an diese Stelle im Programm zu setzen.
Fahrnetz	──(ON␣ERROR␣GOTO)── Anweisungsnummer ──

Beispiel	`1∅ ON ERROR GOTO 5∅∅`
	
	`9∅ INPUT A,B`
	`1∅∅ C=A/B`
	
	`5∅∅ IF ERL=1∅∅ THEN PRINT "DIVISION DURCH NULL – FALSCHEINGABE":RESUME 9∅`
	
	Am Anfang des Programms wird angegeben, wo eine Fehlerbehandlung im Falle eines auftretenden Fehlers stattfindet (Anweisung mit der Anweisungsnummer 1∅). Dann folgt der Algorithmus des Programms. Tritt ein Fehler auf, z.B. in der Anweisung mit der Anweisungsnummer 1∅∅ durch Eingabe des Wertes ∅ für die Variable B, wird zur Fehlerbehandlungsroutine verzweigt. Mit Hilfe der Fehlerbehandlungsroutine (Anweisung mit der Anweisungsnummer 5∅∅), wird durch einen Text auf den Fehler verwiesen und durch RESUME 9∅ zur erneuten Dateneingabe aufgefordert. Der Vorteil liegt darin, daß das Programm nicht infolge des Fehlers abgebrochen wird.

15 4.2 BASIC-Funktion ERL

Schlüsselwort	ERL
Aufgabe	**Mit Hilfe der Funktion ERL (engl.: Kurzform für Error Line, Fehlerzeile) kann die Anweisungsnummer (BASIC-Zeile) ermittelt werden, in der ein Fehler aufgetreten ist.** **Das Ergebnis der Funktion ERL kann in einer IF-THEN- bzw. IF-GOTO-Anweisung dazu verwendet werden, in Abhängigkeit davon im Programm zu verzweigen, z.B. zu einer Fehlerbehebungsroutine.**
Format in einer IF-Anweisung	IF ERL = ⟨n⟩ THEN ⟨Anweisung⟩ IF ERL = ⟨n⟩ GOTO ⟨n1⟩
Erläuterung	ERL kann als reservierter Variablenname verstanden werden. Dieser Variablen wird die Anweisungsnummer einer Anweisung zugeordnet, in der ein Fehler auftritt. Sie wird mit einer vorgegebenen Anweisungsnummer n verglichen (ERL=n). Tritt in der Anweisung mit der Anweisungsnummer n ein Fehler auf, so wird die Anweisung ausgeführt, die auf das Schlüsselwort THEN folgt bzw. die Anweisung, deren Anweisungsnummer auf das Schlüsselwort GOTO folgt. Tritt in der angegebenen Anweisung kein Fehler auf, wird das Programm mit der nächsten Anweisung fortgesetzt.
Fahrnetz	IF ⎵ERL — = — Anweisungsnummer — THEN — Anweisung / GOTO — Anweisungsnummer
Beispiele	1∅ IF ERL=1∅∅ THEN STOP Wenn in der Anweisung mit der Anweisungsnummer 1∅∅ ein Fehler auftritt, soll das Programm gestoppt werden.
	1∅∅ PRINT ERL Ausgabe der Zeilennummer mit der fehlerhaften Anweisung mit Hilfe der PRINT-Anweisung.

15.4.3 BASIC-Funktion ERR

Schlüsselwort	ERR
Aufgabe	Mit Hilfe der Funktion ERR (engl.: Kurzform für _error_) kann der Fehlercode einer fehlerhaften BASIC-Anweisung ermittelt werden. Das Ergebnis kann in einer IF-THEN- bzw. IF-GOTO-Anweisung dazu verwendet werden, in Abhängigkeit davon im Programm zu verzweigen, z.B. zu einer Fehlerbehebungsroutine.
Format in einer IF-Anweisung	IF ERR=⟨n⟩THEN⟨Anweisung⟩ IF ERR=⟨n⟩GOTO ⟨n1⟩
Erläuterung	ERR kann als reservierter Variablenname verstanden werden. Dieser Variablen wird der Fehlercode zugeordnet, der in der fehlerhaften Anweisung für den Fehler verantwortlich ist. Dieser Fehlercode (in Form einer Dezimalzahl) kann mit einer vorgegebenen Zahl n verglichen werden. Tritt der so gekennzeichnete Fehler in einer Anweisung auf, so wird die Anweisung ausgeführt, die auf das Schlüsselwort THEN folgt bzw. die Anweisung, deren Anweisungsnummer auf das Schlüsselwort GOTO folgt. Tritt der gekennzeichnete Fehler nicht auf, wird mit der nächsten Anweisung im Programm fortgefahren. Die Fehlercodes der möglichen Fehler finden Sie i.a. im Handbuch des Mikrocomputerherstellers.
Fahrnetz	IF␣ERR = Fehler-code — THEN → Anweisung / GOTO → Anweisungs-nummer
Beispiele	1000 IF ERR=1 GOTO 2000 1010 IF ERR=2 GOTO 3000 1020 IF ERR=3 GOTO 4000 Tritt der Fehler mit der Fehlercodenummer 1 auf, wird zur Anweisung mit der Anweisungsnummer 2000 verzweigt usw. 10 PRINT ERR Ausgabe des Fehlercodes mit Hilfe der PRINT-Anweisung.

15.4.4 BASIC-Anweisung RESUME

Schlüsselwort	RESUME	
Aufgabe	**Mit Hilfe der Anweisung RESUME kann nach Abschluß einer Fehlerbehandlungsroutine, eingeleitet durch eine ON ERROR GOTO-Anweisung, angegeben werden, an welcher Stelle das Programm fortgesetzt werden soll.**	
Format	RESUME RESUME NEXT RESUME〈Anweisungsnummer〉	
Erläuterung	RESUME	Die Programmausführung wird nach Abschluß der Fehlerbehandlungsroutine mit der Anweisung fortgesetzt, in der der Fehler auftrat.
	RESUME NEXT	Die Programmausführung wird nach Abschluß der Fehlerbehandlungsroutine mit der Anweisung fortgesetzt, die direkt auf die fehlerhafte Anweisung folgt.
	RESUME n	Die Programmausführung wird nach Abschluß der Fehlerbehandlungsroutine mit der Anweisung fortgesetzt, deren Anweisungsnummer n auf RESUME folgt.
Fahrnetz	RESUME — NEXT — Anweisungsnummer	
Beispiel	Siehe ON ERROR GOTO	

15.5 BASIC-Beendungsanweisungen

15.5.1 BASIC-Anweisung STOP

Schlüsselwort	STOP
Aufgabe	Mit Hilfe dieser Anweisung kann die Programmausführung unterbrochen werden.
Format	STOP
Erläuterung	Wenn in einem BASIC-Programm eine STOP-Anweisung bearbeitet wird, wird folgende Meldung auf dem Bildschirm ausgegeben: BREAK IN⟨Anweisungsnummer⟩ d.h. Abbruch bei ⟨Anweisungsnummer⟩. Die Bearbeitung des Programms kann später durch Eingabe des Kommandos CONT *fortgesetzt* werden. Während einer Programmunterbrechung infolge der STOP-Anweisung können *direkt ausführbare BASIC-Kommandos* bearbeitet werden. Die STOP-Anweisung wird daher häufig von Programmierern benutzt, um während der Unterbrechung des Programms die Werte von Variablen mit Hilfe des PRINT-*Kommandos* zu überprüfen.
Fahrnetz	——(STOP)——
Beispiel	1Ø FOR I=1 TO 1Ø 2Ø PRINT I 3Ø STOP 4Ø END Mit Hilfe der STOP-Anweisung wird die Programmschleife stets nach jedem Schleifendurchlauf unterbrochen. Die Fortsetzung erfolgt durch Eingabe des Kommandos CONT.

15.5.2 BASIC-Anweisung END

Schlüsselwort	END
Aufgabe	Mit Hilfe der END-Anweisung wird die Programmausführung beendet. Alle Dateien werden abgeschlossen. BASIC kehrt zur Kommandoebene (Betriebssystemebene) zurück.
Format	END
Erläuterung	Die Anweisung END ist i.a. die letzte Anweisung eines Hauptprogramms. Teilweise kann die END-Anweisung auch entfallen. Bei der Verwendung von Unterprogrammen wird eine END-Anweisung zur Trennung von Haupt- und Unterprogrammen verwendet.
Fahrnetz	——(END)——

15.6 BASIC-Standardfunktionen

15.6.1 Arithmetische Funktionen

15.6.1.1 BASIC-Standardfunktion SQR

Schlüsselwort	SQR
Aufgabe	**Berechnung der Quadratwurzel von x (mathematische Darstellung $\sqrt{x}$).**
Format	SQR (X)
Erläuterung	Mit Hilfe der Standardfunktion SQR wird die Quadratwurzel des arithmetischen Ausdrucks x berechnet. Der Wert des arithmetischen Ausdrucks x muß größer bzw. gleich Null sein.
Beispiel	1ØØ PRINT SQR(9) Mit Hilfe der Standardfunktion SQR wird die Wurzel aus der Zahl im Argument der Funktion (9) gezogen und das Ergebnis auf dem Bildschirm ausgegeben (Ergebnis: $\sqrt{9} = 3$).

15.6.1.2 BASIC-Standardfunktion EXP

Schlüsselwort	EXP
Aufgabe	**Berechnung der Exponentialfunktion (Exponent zur Zahl e, mathematische Darstellung e^x).**
Format	EXP (X)
Erläuterung	Mit Hilfe der Standardfunktion EXP wird die Zahl e durch einen arithmetischen Ausdruck x potenziert (e^x), die Zahl e hat den Wert 2.71828183. Der Wert, den der arithmetische Ausdruck x annehmen kann, ist begrenzt, da die Zahl, die sich durch die Potenzierung ergibt, ebenfalls durch die Zahl der Speicherstellen begrenzt ist. Daher kann bei einem zu großen Wert von x ein sog. „Überlauf" im Speicher auftreten. Der maximale Wert von x liegt bei ca. 145.
Beispiel	1ØØ PRINT EXP(1) Mit Hilfe der Standardfunktion EXP wird die Potenz $e^1 = e = 2.71828183$ ermittelt und das Ergebnis auf dem Bildschirm ausgegeben.

15.6.1.3 BASIC-Standardfunktion LOG

Schlüsselwort	LOG
Aufgabe	**Berechnung des natürlichen Logarithmus von x (mathematische Darstellung ln x).**
Format	LOG (X)
Erläuterung	Mit Hilfe der Standardfunktion LOG wird der natürliche Logarithmus des arithmetischen Ausdrucks x berechnet (Basis e). Der Wert des arithmetischen Ausdrucks x muß größer als Null sein.
Beispiel	1ØØ Z=LOG(A+B) Mit Hilfe der Standardfuntion LOG wird der natürliche Logarithmus des Wertes ermittelt, der sich aus dem arithmetischen Ausdruck A+B ergibt. Dieses Ergebnis wird der Variablen Z zugeordnet.

15.6.1.4 BASIC-Standardfunktion ABS

Schlüsselwort	ABS
Aufgabe	**Berechnung des Absolutwertes von x (mathematische Darstellung $|x|$).**
Format	ABS (X)
Erläuterung	Mit Hilfe der Standardfunktion ABS wird der vorzeichenlose Wert des arithmetischen Ausdrucks ermittelt. Dieser sog. Absolutwert einer Zahl führt somit in seiner Wirkung zu einer immer positiven Zahl.
Beispiel	1ØØ⌴PRINT ABS(−6Ø) Mit Hilfe der Standardfunktion wird der Absolutwert von −6Ø ermittelt. Der Absolutwert von −6Ø ist die vorzeichenlose Zahl 6Ø. Diese Zahl wird auf dem Bildschirm ausgegeben.

15.6.1.5 BASIC-Standardfunktion SGN

Schlüsselwort	SGN
Aufgabe	**Ermittlung des Vorzeichens von x.**
Format	SGN (X)
Erläuterung	Mit Hilfe der Standardfunktion SGN kann das Vorzeichen eines arithmetischen Ausdrucks ermittelt werden. ● Ist der Wert des arithmetischen Ausdrucks x *positiv*, so ist das Ergebnis der SGN-Funktion 1. ● Ist der Wert des arithmetischen Ausdrucks x *negativ*, so ist das Ergebnis der SGN-Funktion −1. ● Ist der Wert des arithmetischen Ausdrucks x *Null*, so ist das Ergebnis der SGN-Funktion $\emptyset$.
Beispiel	1$\emptyset\emptyset$ V=SGN(Z) 11$\emptyset$ IF V=1 THEN PRINT "POSITIVE ZAHL" Mit Hilfe der Standardfunktion SGN wird das Vorzeichen des Wertes ermittelt, der der Variablen Z zugeordnet ist. Das Ergebnis wird der Variablen V zugeordnet. Wenn das Vorzeichen positiv ist (SGN(Z)=V=1), wird der Text "POSITIVE ZAHL" auf dem Bildschirm ausgegeben.

15.6.2 Trigonometrische Funktionen

15.6.2.1 BASIC-Standardfunktion SIN

Schlüsselwort	SIN
Aufgabe	**Berechnung des Sinus von x.**
Format	SIN (X)
Erläuterung	Mit Hilfe der Standardfunktion SIN kann der Sinus des arithmetischen Ausdrucks x berechnet werden. Der Wert von x muß im Bogenmaß vorliegen. Liegt der Winkel, wie vielfach üblich, im Winkelmaß vor, so muß das Winkelmaß ins Bogenmaß umgewandelt werden. Hierfür gilt folgende mathematische Beziehung: $$\text{Bogenmaß} = \frac{\Pi}{18\emptyset} \cdot \text{Winkelmaß}$$ (Π ist das Symbol für die Zahl PI mit dem Wert 3.14).
Beispiel	1$\emptyset\emptyset$ PRINT SIN(3.14/180*W) Für einen Winkel W im Winkelmaß wird das Bogenmaß ermittelt (3.14/18$\emptyset$*W) und für den sich ergebenden Wert der Sinus ermittelt und auf dem Bildschirm ausgegeben.

15.6.2.2 BASIC-Standardfunktion COS

Schlüsselwort	COS
Aufgabe	Berechnung des Cosinus von x.
Format	COS (X)
Erläuterung	Mit Hilfe der Standardfunktion COS kann der Cosinus des arithmetischen Ausdrucks x berechnet werden. Der Wert von x muß im Bogenmaß vorliegen (Umrechnungsformel vom Winkelmaß ins Bogenmaß siehe Sinusfunktion SIN).
Beispiel	100 PRINT COS(0.017*W) Für einen Winkel W im Winkelmaß wird das Bogenmaß ermittelt. Dabei ist der Wert des Bruches 3.14/180 schon ermittelt und als Konstante 0.017 angegeben. Für den angegebenen arithmetischen Ausdruck wird der Cosinus ermittelt und auf dem Bildschirm ausgegeben.

15.6.2.3 BASIC-Standardfunktion TAN

Schlüsselwort	TAN
Aufgabe	Berechnung des Tangens von x.
Format	TAN (X)
Erläuterung	Mit Hilfe der Standardfunktion TAN kann der Tangens des arithmetischen Ausdrucks x berechnet werden. Der Wert von x muß im Bogenmaß vorliegen (Umrechnungsformel vom Winkelmaß ins Bogenmaß siehe SIN-Funktion).
Beispiel	100 T=TAN(PI/180*W) Für einen Winkel W im Winkelmaß wird das Bogenmaß ermittelt. Die Variable PI steht stellvertretend für den Wert 3.14. Der sich mit Hilfe der TAN-Funktion ergebende Wert wird der Variablen T zugeordnet.

15.6.2.4 BASIC-Standardfunktion ATN

Schlüsselwort	ATN
Aufgabe	Berechnung des Arcustangens von x
Format	ATN (X)
Erläuterung	Mit Hilfe der Standardfunktion ATN kann der Arcustangens des arithmetischen Ausdrucks x berechnet werden. Das Ergebnis der Funktion ATN ist ein Wert im Bogenmaß im Bereich von $-\pi/2$ bis $+\pi/2$ ($\pi = 3.14$). Soll das Bogenmaß ins Gradmaß umgewandelt werden, so gilt folgende Beziehung: Winkelmaß = $180/\pi *$ Bogenmaß.
Beispiel	100 PRINT ATN(WERT) Mit Hilfe der Funktion ATN wird für den Wert der Variablen WERT der Arcustangens im Bogenmaß ermittelt und auf dem Bildschirm ausgegeben.

15.6.3 BASIC-Zufallszahlenfunktion RND

Schlüsselwort	RND
Aufgabe	**Berechnung einer Zufallszahl zwischen 0 und 1.**
Format	RND (X)
Erläuterung	Mit Hilfe der Standardfunktion RND wird eine Zufallszahl in Abhängigkeit vom Wert des arithmetischen Ausdrucks x ermittelt Ist der Wert des arithmetischen Ausdrucks x kleiner als 0 (negativer Wert), so wird eine neue Startzahl für eine neue Zufallszahlenfolge berechnet (initialisiert). Ist der Wert des arithmetischen Ausdrucks x größer als 0 (positiver Wert), so wird der nächste Wert der bereits initialisierten und dadurch gewählten Zufallszahlenfolge ermittelt. Steht im Argument kein arithmetischer Ausdruck, sondern das Schlüsselwort −TIME, so wird die Startzahl einer Zufallszahlenfolge in Abhängigkeit von der internen Zeit (Systemzeit des Computers) gewählt.
Beispiele	100 PRINT RND(1) Mit Hilfe der Standardfunktion RND wird die nächste Zufallszahl einer bereits initialisierten Zufallszahlenfolge ermittelt und auf dem Bildschirm ausgegeben. 200 RND(−TIME) Mit Hilfe dieser Standardfunktion wird die Startzahl einer Zufallszahlenfolge in Abhängigkeit von der internen Systemzeit des Computers festgelegt.

15.6.4 Umwandlungsfunktionen

15.6.4.1 BASIC-Standardfunktion INT

Schlüsselwort	INT
Aufgabe	**Umwandlung des Wertes eines arithmetischen Ausdrucks x in einen ganzzahligen Wert (INTEGER).**
Format	INT (X)
Erläuterung	Mit Hilfe der Standardfunktion INT wird der *ganzzahlige Anteil* des Wertes des arithmetischen Ausdrucks x so ermittelt, daß diese ganze Zahl stets *kleiner oder gleich* dem Wert von x ist. Praktisch bedeutet dies für *positive* Werte: Es werden alle Ziffern, die rechts vom Dezimalpunkt stehen, abgeschnitten. Die Funktion INT ermittelt somit nur die Ziffern, die links vom Dezimalpunkt stehen.

	Für *negative* Werte sieht dies etwas anders aus: Es wird vom Absolutwert her gesehen die nächstgrößere ganze negative Zahl ermittelt. Dies liegt an der eingangs angegebenen Definition, die für positive und negative Werte gilt. Sie lautete: Die Funktion INT ermittelt die *ganze* Zahl, die *kleiner oder gleich* dem Wert von x ist. Bei negativen Zahlen hat die nächstkleinere ganze Zahl einen höheren Absolutwert (z.B.: −6 ist kleiner als −5).
Beispiel	1ØØ PRINT INT(5.33) 11Ø PRINT INT(−5.88) Mit Hilfe der Funktion INT wird die größte ganze Zahl ermittelt, die kleiner oder gleich x ist. Für die 1. Anweisung des Beispiels bedeutet dies, daß der Wert 5 ermittelt und auf dem Bildschirm ausgegeben wird. Für die zweite Anweisung des Beispiels bedeutet dies, daß der Wert −6 ermittelt und auf dem Bildschirm ausgegeben wird.

15.6.4.2 BASIC-Standardfunktion FIX

Schlüsselwort	FIX
Aufgabe	**Umwandlung des Wertes eines arithmetischen Ausdrucks x in einen ganzzahligen Wert.**
Format	FIX (X)
Erläuterung	Mit Hilfe der Standardfunktion FIX wird der *ganzzahlige Anteil* des Wertes des arithmetischen Ausdrucks x ermittelt. Dazu werden alle Ziffern rechts vom Dezimalpunkt des Wertes abgeschnitten. Es wird somit nicht gerundet. Für *positive* Werte entspricht FIX(X) der Funktion INT(X). Für negative Werte hingegen wird nicht die ganze Zahl ermittelt, die kleiner oder gleich x ist (siehe INT(X)), sondern einfach der dezimale Anteil abgeschnitten. So ergeben sich unterschiedliche Werte. Für *negative* Werte entspricht FIX(X) der Funktion INT(X)−1.
Beispiel	1ØØ PRINT FIX(5.33) 11Ø PRINT FIX(−5.88) Für die erste Anweisung des Beispiels ergibt sich der Wert 5, für die zweite Anweisung −5. Diese Werte werden auf dem Bildschirm ausgegeben.

15.6.4.3 BASIC-Standardfunktion CINT

Schlüsselwort	CINT
Aufgabe	Umwandlung des Wertes eines arithmetischen Ausdrucks x in einen ganzzahligen gerundeten Wert.
Format	CINT (X)
Erläuterung	Mit Hilfe der Standardfunktion CINT wird von einem Wert eines arithmetischen Ausdrucks x der ganzzahlige *gerundete* Wert ermittelt. Die Werte von x müssen zwischen −32768 und +32767 liegen, sonst erscheint eine Fehlermeldung.
Beispiel	1ØØ PRINT CINT (126.78) Mit Hilfe der CINT-Funktion wird der ganzzahlige gerundete Wert 127 ermittelt und auf dem Bildschirm ausgegeben.

15.6.4.4 BASIC-Standardfunktion CDBL

Schlüsselwort	CDBL
Aufgabe	Umwandlung des Wertes eines arithmetischen Ausdrucks x in einen Wert doppelter Genauigkeit.
Format	CDBL (X)
Erläuterung	Mit Hilfe der Standardfunktion CDBL wird ein einfach genauer Wert eines arithmetischen Ausdrucks x in einen Wert doppelter Genauigkeit umgewandelt, d.h. es werden z.B. 14 Stellen des Wertes berücksichtigt.
Beispiel	1ØØ PRINT CDBL (1/3) Der Wert, der sich bei der Division von 1/3 ergibt, wird 14stellig ermittelt und auf dem Bildschirm ausgegeben.

15.6.4.5 BASIC-Standardfunktion CSNG

Schlüsselwort	CSNG
Aufgabe	Umwandlung des Wertes eines arithmetischen Ausdrucks x in einen Wert einfacher Genauigkeit.
Format	CSNG (X)
Erläuterung	Mit Hilfe der Standardfunktion CSNG kann ein doppelt genauer Wert eines arithmetischen Ausdrucks x in einen Wert mit einfacher Genauigkeit umgewandelt werden, d.h. es werden i.a. 6 Stellen des Wertes berücksichtigt. Die letzte Ziffer ist dabei gerundet.
Beispiel	1ØØ A #=4/3 11Ø PRINT A #;CSNG(A #) Der doppelt genauen Variablen A # wird der Wert des Bruches 4/3 zugeordnet (14stellig). Dieser Wert wird auf dem Bildschirm zunächst doppelt genau und anschließend mit einfacher Genauigkeit ausgegeben.

15.6.4.6 BASIC-Standardfunktion BIN$

Schlüsselwort	BIN$
Aufgabe	**Umwandlung einer Dezimalzahl in eine Binärzahl.**
Format	BIN$(X)
Erläuterung	Mit Hilfe der Standardfunktion BIN$ wird der Wert eines arithmetischen Ausdrucks x (Dezimalwert) in eine Zeichenkette umgewandelt, die die zugehörige Binärzahl darstellt. Die Dezimalzahl wird vor der Umwandlung auf die nächst größere ganze Zahl gerundet. Der Wert der Dezimalzahl muß zwischen -32768 und $+32767$ liegen.
Beispiel	1ØØ PRINT "DEZ:";89, "BIN:";BIN$(89) Mit Hilfe dieser Anweisung wird die ganze Zahl 89 und der zugehörige Binärwert 1011ØØ1 nebst einem kurzen erläuternden Text auf dem Bildschirm ausgegeben.

15.6.4.7 BASIC-Standardfunktion OCT$

Schlüsselwort	OCT$
Aufgabe	**Umwandlung einer Dezimalzahl in eine Oktalzahl.**
Format	OCT$(X)
Erläuterung	Mit Hilfe der Standardfunktion OCT$ wird der Wert eines arithmetischen Ausdrucks x (Dezimalwert) in eine Zeichenkette umgewandelt, die die zugehörige Oktalzahl darstellt. Die Dezimalzahl wird von der Umwandlung auf die nächst größere ganze Zahl gerundet. Der Wert der Dezimalzahl muß zwischen -32768 und $+32767$ liegen.
Beispiel	1ØØ PRINT "DEZ:"; 17.89, "OCT:";OCT$(17.89) Mit Hilfe dieser Anweisung wird der Dezimalwert 17.89 und der zugehörige Oktalwert 22 nebst einem kurzen erläuternden Text auf dem Bildschirm ausgegeben.

15.6.4.8 BASIC-Standardfunktion HEX$

Schlüsselwort	HEX$
Aufgabe	**Umwandlung einer Dezimalzahl in eine Hexadezimalzahl.**
Format	HEX$(X)
Erläuterung	Mit Hilfe der Standardfunktion HEX$ wird der Wert eines arithmetischen Ausdrucks x (Dezimalwert) in eine Zeichenkette umgewandelt, die die zugehörige Hexadezimalzahl darstellt. Die Dezimalzahl wird vor der Umwandlung auf die nächst größere ganze Zahl gerundet. Der Wert der Dezimalzahl muß zwischen -32768 und $+32767$ liegen.
Beispiel	1ØØPRINT "DEZ:";17.89,"HEX:";HEX$(17.89) Mit Hilfe dieser Anweisung wird der Dezimalwert 17.89 und der zugehörige Hexadezimalwert 12 nebst einem kurzen erläuternden Text auf dem Bildschirm ausgegeben.

15.6.5 Zeichenkettenfunktionen

15.6.5.1 BASIC-Standardfunktion LEN

Schlüsselwort	LEN
Aufgabe	**Mit Hilfe der Standardfunktion LEN kann die Anzahl der Zeichen, aus denen ein Textausdruck (Zeichenkette) besteht, ermittelt werden.**
Format	LEN(X$)
Erläuterung	X$ steht stellvertretend für den Textausdruck, dessen Anzahl der Zeichen mit Hilfe der Funktion LEN ermittelt wird. Es werden sämtliche in der Zeichenkette vorhandenen Zeichen gezählt, d.h. auch Leerzeichen, Steuerzeichen, Ziffern, Symbole, Buchstaben usw.
Beispiel	2Ø PRINT LEN ("MEYER") Die Standardfunktion LEN ermittelt den Wert 5, denn der Text MEYER besteht aus fünf Zeichen. Dieser Wert wird auf dem Bildschirm ausgegeben.

15.6.5.2 BASIC-Standardfunktion LEFT$

Schlüsselwort	LEFT$
Aufgabe	**Mit Hilfe der Standardfunktion LEFT$ kann aus einem vorgegebenen Text eine bestimmte Anzahl von links stehenden Zeichen ermittelt werden.**
Format	LEFT$(X$,n)
Erläuterung	Der vorgegebene Text wird durch das erste Argument (X$) festgelegt. Die Anzahl der links stehenden Zeichen, die aus dem Text isoliert werden (neuer Text), wird durch das zweite Argument (n) festgelegt. Das zweite Argument ist ein numerischer Ausdruck im Bereich von $\emptyset$ bis 255. Ist n größer als die Anzahl der Zeichen im vorgegebenen Text (X$), so entspricht der neue Text dem alten Text. Ist n gleich Null, so besteht der neue Text aus einer „leeren" Zeichenkette.
Beispiel	1$\emptyset\emptyset$ PRINT LEFT$("BUCH",2) Mit Hilfe der Standardfunktion LEFT$ werden aus dem Text BUCH die beiden linksstehenden Buchstaben BU isoliert und auf dem Bildschirm ausgegeben.

15.6.5.3 BASIC-Standardfunktion RIGHT$

Schlüsselwort	RIGHT$
Aufgabe	**Mit Hilfe der Standardfunktion RIGHT$ kann aus einem vorgegebenen Text eine bestimmte Anzahl von rechtsstehenden Zeichen ermittelt werden.**
Format	RIGHT$(X$,n)
Erläuterung	Der vorgegebene Text wird durch das erste Argument (X$) festgelegt. Die Anzahl der rechtsstehenden Zeichen, die aus dem Text isoliert werden (neuer Text), wird durch das zweite Argument (n) festgelegt. Das zweite Argument ist ein numerischer Ausdruck im Bereich von $\emptyset$ bis 255. Ist n größer als die Anzahl der Zeichen im vorgegebenen Text (X$), so entspricht der neue Text dem alten Text. Ist n gleich Null, so besteht der neue Text aus einer „leeren" Zeichenkette.
Beispiel	1$\emptyset\emptyset$ PRINT RIGHT$("BUCH",2) Mit Hilfe der Standardfunktion RIGHT$ werden aus dem Text BUCH die beiden rechtsstehenden Buchstaben CH isoliert und auf dem Bildschirm ausgegeben.

15.6.5.4 BASIC-Standardfunktion MID$

Schlüsselwort	MID$
Aufgabe	**Mit Hilfe der Standardfunktion MID$ kann aus einem vorgegebenen Text eine bestimmte Anzahl von Zeichen aus der Mitte des Textes isoliert werden.**
Format	MID$(X$,m,n)
Erläuterung	Der vorgegebene Text wird durch das erste Argument (X$) festgelegt. Die Argumente m und n sind ganzzahlige numerische Ausdrücke im Bereich von $\emptyset$ bis 255. Das zweite Argument (m) gibt die Position des ersten Zeichens an, das aus dem Text X$ isoliert werden soll. Das dritte Argument (n) gibt die Anzahl der Zeichen an, die, beginnend beim ersten isolierten Zeichen, weiter aus dem Text X$ nach rechts fortschreitend isoliert werden sollen. Wird das dritte Argument (n) weggelassen *oder* stehen weniger als n Zeichen rechts vom ersten isolierten Zeichen, werden *alle* rechts vom ersten isolierten Zeichen stehenden Zeichen ausgewählt. Ist das dritte Argument gleich Null oder ist das zweite Argument (m) größer als die Anzahl der Zeichen im vorgegebenen Text (X$), so wird eine „leere" Zeichenkette ausgewählt.
Beispiel	1$\emptyset\emptyset$ PRINT MID$("BUCH",2,2) Mit Hilfe der Standardfunktion MID$ werden aus dem Text BUCH, beginnend mit dem *zweiten* Zeichen (U) *zwei* Zeichen isoliert (d.h. UC). Die Zeichen UC werden auf dem Bildschirm ausgegeben.

15.6.5.5 BASIC-Standardfunktion STRING$

Schlüsselwort	STRING$
Aufgabe	**Erzeugen einer Zeichenkette mit einer vorgegebenen Anzahl von gleichen Zeichen.**
Format	STRING$(X,Y$)
Erläuterung	Mit Hilfe der Standardfunktion STRING$ kann eine Zeichenkette mit einer vorgegebenen Anzahl von gleichen Zeichen erzeugt werden. Die *Anzahl* der Zeichen der Zeichenkette wird durch den arithmetischen Ausdruck x festgelegt. Das *Zeichen*, aus dem die Zeichenkette, bestehend aus X gleichen Zeichen, gebildet wird, ist durch das erste Zeichen der Zeichenkette Y$ bestimmt.

Beispiel	1ØØ A$=STRING$(5,CHR$(45)) 11Ø B$=STRING$(22,"*") 12Ø PRINT A$;"UEBERSCHRIFT";A$ 13Ø PRINT B$ Ausgabe auf dem Bildschirm: -----UEBERSCHRIFT----- ********************** In der Anweisung mit der Anweisungsnummer 1ØØ wird der Variablen A$ durch die Standardfunktion STRING$ eine Zeichenkette von 5 Strichen (Minuszeichen) zugeordnet. Das Zeichen wird nicht direkt zugeordnet, sondern indirekt über die Funktion CHR$ und dem Dezimaläquivalent 45 des ASCII-Codes (Minuszeichen, vgl. Anhang A2 und Standardfunktion CHR$). In der Anweisung mit der Anweisungsnummer 11Ø wird der Variablen B$ durch die Standardfunktion STRING$ eine Zeichenkette von 22 Sternen zugeordnet. Das Zeichen wird hier *direkt* angegeben (in Anführungszeichen).

15.6.5.6 BASIC-Standardfunktion STR$

Schlüsselwort	STR$
Aufgabe	Mit Hilfe der Standardfunktion STR$ kann ein numerischer Ausdruck in einen Text (String) umgewandelt werden.
Format	STR$(X)
Erläuterung	Der in einen Text umzuwandelnde numerische Ausdruck steht im Argument der Funktion (x).
Beispiel	1ØØ PRINT STR$(3.14) Mit Hilfe der Standardfunktion STR$ wird die numerische Konstante 3.14 in einen Text umgewandelt, d.h. der Binärcode der Zahl 3.14 wird in einen ASCII-Code für die Zeichen 3.14 umgewandelt.

15.6.5.7 BASIC-Standardfunktion VAL

Schlüsselwort	VAL
Aufgabe	Mit Hilfe der Standardfunktion VAL kann eine in einem Text enthaltene Zahl in einen numerischen Wert umgewandelt werden.
Format	VAL(X$)
Erläuterung	Die in einen numerischen Wert umzuwandelnden Zahlen in einem Text stehen in Form eines Textes im Argument der Funktion VAL(X$). Die im Text stehenden Ziffern müssen allerdings am Anfang des Textes stehen, sonst wird bei der Umwandlung der numerische Wert Ø angenommen. Die Buchstaben, die auf die am Anfang stehenden Ziffern folgen, werden ignoriert.
Beispiel	1ØØ PRINT VAL("334Ø WOLFENBUETTEL") Mit Hilfe der Standardfunktion VAL wird die Postleit*zahl* 334Ø *aus* dem Gesamt*text* isoliert und in einen numerischen Wert umgewandelt.

15.6.5.8 BASIC-Standardfunktion ASC

Schlüsselwort	ASC
Aufgabe	**Mit Hilfe der Standardfunktion ASC kann das <u>erste</u> Zeichen eines Textes in das dazugehörige Dezimaläquivalent des ASCII-Codes umgewandelt werden. Die folgenden Zeichen werden ignoriert.**
Format	ASC(X$)
Erläuterung	Der Text, dessen erster Buchstabe umgewandelt werden soll, steht im Argument der Standardfunktion. Das Ergebnis der Standardfunktion ASC ist ein numerischer Wert (Dezimaläquivalent), der den ASCII-Code für das erste Zeichen des Textes (X$) darstellt.
Beispiel	1ØØ PRINT ASC("ASCII") Mit Hilfe der Standardfunktion ASC wird das Dezimaläquivalent des Buchstabens A ermittelt und ausgegeben. Dies ist der numerische Wert 65.

15.6.5.9 BASIC-Standardfunktion CHR$

Schlüsselwort	CHR$
Aufgabe	**Mit Hilfe der Standardfunktion CHR$ wird eine Dezimalzahl als Dezimaläquivalent des ASCII-Codes aufgefaßt und in ein entsprechendes ASCII-Zeichen umgewandelt.**
Format	CHR$(n)
Erläuterung	Der Wert des numerischen Ausdrucks (n), der in ein ASCII-Zeichen umgewandelt werden soll, muß zwischen Ø und 255 liegen. Die Standardfunktion CHR$ wird vielfach dazu benutzt, Sonderzeichen (Grafikzeichen) auf den Bildschirm zu übertragen, wenn sich diese nicht auf der Tastatur befinden oder Steuerzeichen zum Drucker zu übertragen (Breitschrift u.dgl.).
Beispiel	1ØØ PRINT CHR$(37) Das Dezimaläquivalent 37 steht im ASCII-Code für ein %-Zeichen. Dieses Zeichen wird auf dem Bildschirm ausgegeben.

15.6.6 BASIC-Uhrfunktion TIME

Schlüsselwort	TIME
Aufgabe	Die Systemvariable TIME enthält die aktuelle Uhrzeit des Systems.
Format	TIME
Erläuterung	Man kann der Systemvariablen TIME einen Wert zuweisen (Uhrzeit setzen) bzw. einer Variablen den Inhalt der Systemvariablen zuordnen (Zeit lesen).
Beispiele	1ØØ TIME=Ø Mit dieser Anweisung wird die Systemuhr auf Null gesetzt (Start).
	2ØØ Z=TIME Mit Hilfe dieser Anweisung wird der aktuelle Wert der Systemuhr der Variablen Z zugewiesen.

15.6.7 BASIC-Standardfunktion FRE

Schlüsselwort	FRE
Aufgabe	**Ermitteln des freien Speicherplatzes im Arbeitsspeicher.**
Format	FRE(Ø) FRE(" ")
Erläuterung	Mit Hilfe der Standardfunktion FRE(Ø) wird die für den Anwender frei verfügbare Arbeitsspeicherkapazität ermittelt. Mit Hilfe der Standardfunktion FRE(" ") wird die für den Anwender frei verfügbare Speicherkapazität für Zeichenketten ermittelt.
Beispiel	1ØØ PRINT FRE(Ø) 11Ø PRINT FRE(" ") Ausgabe der freien Speicherkapazität auf dem Bildschirm.

15.7 BASIC-Operatoren

15.7.1 BASIC-Operator MOD

Schlüsselwort	MOD
Aufgabe	**Berechnen des Restes bei einer Ganzzahldivision.**
Erläuterung	Eine Division zweier ganzer Zahlen nennt man Ganzzahldivision. Man kann ermitteln, wie oft die eine der ganzen Zahlen in der anderen enthalten ist (ganzzahliger Anteil). Dabei verbleibt i.a. ein Rest. Diesen Rest kann man mit Hilfe des Operators MOD ermitteln.
Beispiel	7 MOD 3 Das Ergebnis der Rechnung ist 1 (Rest der Ganzzahldivision 7/3). Die 3 ist zweimal in 7 enthalten, der verbleibende Rest ist 1.

15.7.2 BASIC-Operator AND

Schlüsselwort	AND
Aufgabe	**Logische UND-Verknüpfung von Booleschen Konstanten bzw. Booleschen Variablen.**
Erläuterung	Für die logische UND-Verknüpfung gilt folgender Zusammenhang: -1 AND $-1 = -1$ -1 AND $\emptyset = \emptyset$ $\emptyset$ AND $-1 = \emptyset$ $\emptyset$ AND $\emptyset = \emptyset$ Dem Wahrheitswert wahr ist der Wert -1 zugeordnet, dem Wahrheitswert falsch der Wahrheitswert $\emptyset$.
Beispiel	1∅∅ A = −1 11∅ B = ∅ 12∅ C = A AND B 13∅ PRINT C In den Anweisungen mit den Anweisungsnummern 1∅∅ und 11∅ wird den Variablen A und B ein Boolescher Wert zugeordnet. Diese werden in der Anweisung mit der Anweisungsnummer 12∅ mit einem logischen UND verknüpft. Das Ergebnis wird der Variablen C zugeordnet und anschließend auf dem Bildschirm ausgegeben (hier der Wert ∅).

15.7.3 BASIC-Operator OR

Schlüsselwort	OR
Aufgabe	**Logische ODER-Verknüpfung von Booleschen Konstanten bzw. Booleschen Variablen.**
Erläuterung	Für die logische Verknüpfung gilt folgender Zusammenhang: -1 OR $-1 = -1$ -1 OR $\emptyset = -1$ $\emptyset$ OR $-1 = -1$ $\emptyset$ OR $\emptyset = \emptyset$ (wahr $= -1$ / falsch $= \emptyset$).
Beispiel	1∅∅ A = −1 11∅ B = ∅ 12∅ C = A OR B 13∅ PRINT C Es wird der Wert −1 auf dem Bildschirm ausgegeben.

15.7.4 BASIC-Operator NOT

Schlüsselwort	NOT
Aufgabe	**Logische NICHT-Verknüpfung von Booleschen Konstanten bzw. Booleschen Variablen.**
Erläuterung	Für die logische Verknüpfung gilt folgender Zusammenhang: NOT $-1 = \emptyset$ NOT $\emptyset = -1$ (wahr $= -1$ / falsch $= \emptyset$).
Beispiel	$1\emptyset\emptyset$ PRINT NOT -1 Es wird der Wert $\emptyset$ auf dem Bildschirm ausgegeben.

15.7.5 BASIC-Operator XOR

Schlüsselwort	XOR
Aufgabe	**Logische Exklusiv-ODER-Verknüpfung von Booleschen Konstanten und Booleschen Variablen.**
Erläuterung	Für die logische Exklusiv-ODER-Verknüpfung gilt folgender Zusammenhang: -1 XOR $-1 = \emptyset$ -1 XOR $\emptyset = -1$ $\emptyset$ XOR $-1 = -1$ $\emptyset$ XOR $\emptyset = \emptyset$ Das logische Exklusiv-ODER unterscheidet sich vom logischen ODER nur in folgenden Beziehungen, die hier gegenübergestellt werden: Exklusiv-ODER: -1 XOR $-1 = \emptyset$ ODER: -1 OR $-1 = -1$
Beispiel	$1\emptyset\emptyset$ A $= -1$ $11\emptyset$ B $= \emptyset$ $12\emptyset$ C $=$ A XOR B $13\emptyset$ PRINT C Es wird der Wert -1 auf dem Bildschirm ausgegeben.

15.7.6 BASIC-Operator IMP

Schlüsselwort	IMP
Aufgabe	**Logische IMPLIKATION-Verknüpfung von Booleschen Konstanten bzw. Booleschen Variablen.**
Erläuterung	Für die logische IMPLIKATION gilt folgender Zusammenhang: -1 IMP -1 = -1 -1 IMP $\emptyset$ = $\emptyset$ $\emptyset$ IMP -1 = -1 $\emptyset$ IMP $\emptyset$ = -1 (wahr = -1 / falsch = $\emptyset$).
Beispiel	1$\emptyset\emptyset$ PRINT -1 IMP $\emptyset$ Es wird der Wert $\emptyset$ auf dem Bildschirm ausgegeben.

15.7.7. BASIC-Operator EQV

Schlüsselwort	EQV
Aufgabe	**Logische ÄQUIVALENZ-Verknüpfung (logisch gleich) von Booleschen Konstanten bzw. Booleschen Variablen.**
Erläuterung	Für die logische ÄQUIVALENZ gilt folgender Zusammenhang: -1 EQV -1 = -1 -1 EQV $\emptyset$ = $\emptyset$ $\emptyset$ EQV -1 = $\emptyset$ $\emptyset$ EQV $\emptyset$ = -1 (wahr = -1 / falsch = $\emptyset$).
Beispiel	1$\emptyset\emptyset$ PRINT -1 EQV $\emptyset$ Es wird der Wert $\emptyset$ auf dem Bildschirm ausgegeben.

15.8 Alphabetische Liste der Schlüsselwörter

Schlüsselwort	Abschnitt
ABS	15.6.1.4
AND	15.7.2
AS	12.9.5
ASC	15.6.5.8
ATN	15.6.2.4
AUTO	7.1(2)
BEEP	15.2.4.1
BIN$	15.6.4.6
BLOAD	12.9.8
BSAVE	12.9.7
CDBL	15.6.4.4
CHR$	15.6.5.9
CINT	15.6.4.3
CIRCLE	15.2.3.6
CLEAR	15.1.7
CLOAD	7.3(2), 10.3
CLS	15.2.2.13
COLOR	15.2.3.2
CONT	7.2(2)
COPY	12.9.9
COS	15.6.2.2
CSAVE	7.3(1), 10.2
CSNG	15.6.4.5
CSRLIN	15.2.2.10
DATA	15.2.1.2
DEFFN	15.1.1
DEFINT	15.1.2
DEFDBL	15.1.4
DEFSGN	15.1.3
DEFSTR	15.1.5
DEFUSR	15.1.6
DELETE	7.1(4)
DIM	15.1.8
DRAW	15.2.3.7
ELSE	15.3.4, 15.3.5
END	15.5.2
EQV	15.7.7
ERASE	15.1.9
ERL	15.4.2
ERR	15.4.3
ERROR	15.4.1
EXP	15.6.1.2

Schlüsselwort	Abschnitt
FILES	7.3(3), 12.9.1
FIX	15.6.4.2
FN	15.1.1
FOR	15.3.7
FORMAT	11.3, 12.9.10
FRE	15.6.7
GOSUB	15.2.3.10, 15.3.8, 15.3.10, 15.3.11 15.4.1
GOTO	15.3.3, 15.3.5, 15.3.6
HEX$	15.6.4.8
IF	15.3.4, 15.3.5, 15.3.10
IMP	15.7.6
INKEY$	15.2.1.6
INPUT	15.2.1.4, 15.2.1.5
INPUT$	15.2.1.7
INT	15.6.4.1
KEY	3.6.3
KILL	7.3(5), 12.9.6
LEFT$	15.6.5.2
LEN	15.6.5.1
LET	15.3.2
LINE	15.2.1.5, 15.2.3.5
LIST	7.1(5)
LLIST	7.1(6)
LOAD	7.4(2), 12.9.2
LOCATE	15.2.2.9
LOG	15.6.1.3
LPOS	15.2.2.12
LPRINT	15.2.2.3, 15.2.2.4
MERGE	7.3(6), 12.9.4
MID$	15.6.5.4
MOD	15.7.1
NAME	7.3(4), 12.9.5
NEW	7.1(1)
NEXT	15.3.7
NOT	15.7.4

Schlüsselwort	Abschnitt
OCT$	15.6.4.7
OFF	15.2.3.10
ON	15.2.3.10, 15.3.6, 15.3.11, 15.4.1
OR	15.7.3
PAINT	15.2.3.8
PEEK	15.2.5.2
PLAY	15.2.4.2, 15.2.4.3
POINT	15.2.3.9
POKE	15.2.5.1
POS	15.2.2.11
PRINT	15.2.2.1, 15.2.2.2
PSET	15.2.3.3
PRESET	15.2.3.4
READ	15.2.1.1
REM	15.3.1
RENUM	7.1(3)
RESTORE	15.2.1.3
RESUME	15.4.4
RETURN	15.3.9
RIGHT$	15.6.5.3
RND	15.6.3
RUN	7.2(1)
SAVE	7.4(1), 12.9.3
SCREEN	15.2.3.1
SGN	15.6.1.5
SIN	15.6.2.1
SOUND	15.2.4.4
SPACE$	15.2.2.7
SPC	15.2.2.6
SPRITE	15.2.3.10
SPRITE$	15.2.3.10
SQR	15.6.1.1
STEP	15.3.7
STOP	15.2.3.10, 15.5.1
STR$	15.6.5.6
STRING$	15.6.5.5
SWAP	15.3.12

Schlüsselwort	Abschnitt
TAB	15.2.2.5
TAN	15.6.2.3
THEN	15.3.4
TIME	15.6.6
TROFF	7.1(8)
TRON	7.1(7)
USING	15.2.2.2
USR	15.3.13
VAL	15.6.5.7
VPEEK	15.2.5.4
VPOKE	15.2.5.3
WIDTH	15.2.2.8
XOR	15.7.5

16 Anhang

16.1 Anhang A1: Glossarium

Adresse

Die Speicherplätze des Arbeitsspeichers sind durchnumeriert. Die Zahl, die die Position eines Speicherplatzes im Arbeitsspeicher angibt, ist die *Adresse* des Speicherplatzes. Mit Hilfe einer Adresse kann man *wahlfrei* in dem durch die Adresse gekennzeichneten Arbeitsspeicher Daten (Informationen) speichern bzw. umgekehrt wieder auf diese Daten zurückgreifen.

Alphanumerische Zeichen

Unter alphanumerischen Zeichen versteht man die Menge alle *alpha*betischen Zeichen (Buchstaben) und *numerischen* Zeichen (Ziffern). Vielfach werden auch die Sonderzeichen dazugerechnet.

Baud

Diese Einheit der Nachrichtentechnik gibt Auskunft über die Schrittgeschwindigkeit der Informationsübertragung, d.h. über die Anzahl der Bits, die in einer Sekunde übertragen werden (bps = bit per second). Die Einheit wird i.a. mit Bd abgekürzt.

Befehl

Ein Programm setzt sich aus *elementaren* Befehlen zusammen, die das Steuerwerk einer DVA *direkt* ausführen kann (Maschinencode). Die ausführbaren Funktionen des Steuerwerkes führen zu einem festen Befehlsvorrat, der jedoch je nach ausführbaren Funktionen von DVA zu DVA unterschiedlich sein kann.

Die Befehle, die das Steuerwerk einer DVA „versteht", sind immer in folgende allgemeine Gruppen zusammenfaßbar:

— Transfer-Befehle
  Transfer-Befehle *transferieren* (bewegen) Daten zwischen Registern[1] des Steuerwerkes, von diesen Registern zu den Speicherzellen des Arbeitsspeichers und umgekehrt.
— Arithmetische Befehle
  Arithmetische Befehle führen *arithmetische Rechnungen* aus. Dazu gehören Additions- und Subtraktionsbefehle.
— Logische Befehle
  Logische Befehle führen *logische Rechnungen* aus, wie z.B. logische UND- und ODER-Verknüpfungen und Vergleichsbefehle.
— Verzweigungsbefehle
  Verzweigungsbefehle bieten die Möglichkeit, den linearen Programmablauf mit Hilfe von programmierten *Verzweigungen* verlassen zu können. Dazu gehören z.B. unbedingte und bedingte Sprungbefehle.

---

[1] Vgl. Anhang A1.

Der grundsätzliche Aufbau der Befehle ist bei allen Prozessoren gleich. Sie bestehen aus dem eigentlichen *Befehlscode* (Operationscode) und dem *Operanden*. Der Operationscode gibt an, *was* gemacht werden soll, d.h., aus ihm werden die Steuerinformationen entnommen. Der Operand gibt an, *womit* z.B. der Operationscode etwas ausführen soll, bzw. *wie* er etwas ausführen soll. Allgemeiner gesagt, der Operand gibt eine Zusatzinformation zur Befehlsausführung durch den Prozessor. Der Operationscode besteht bei 8bit-Prozessoren aus einem Byte, der Operand im allgemeinen aus weiteren ein bis zwei Byte.

Binärziffer

Unter einer Binärziffer (engl. <u>bi</u>nary digi<u>t</u>) versteht man eine Ziffer aus einer Menge von zwei Ziffern (daher binär). Diese beiden Ziffern werden mit $\emptyset$ und 1 bezeichnet. Sie lassen sich in einer digital arbeitenden Datenverarbeitungsanlage durch unterschiedliche Spannungspegel (z.B. $\emptyset$ Volt und + 5 Volt) physikalisch einfach darstellen. Durch unterschiedliche Folgen derartiger Binärziffern können unterschiedliche Steuersignale dargestellt werden. Siehe auch Bit.

Bit

Ein *bit* ist eine Abkürzung für <u>bi</u>nary digi<u>t</u>, zu deutsch: Binärzeichen[1]), d.h. es ist ein Zeichen aus einer Menge von zwei möglichen Zeichen. Beispiele sind: Punkt oder Strich im Morsealphabet, zwei festgelegte Spannungspegel H (<u>H</u>igh = hoch) oder L (<u>L</u>ow = tief), die Ziffern $\emptyset$ oder 1.

Das Bit ist die kleinste Speichereinheit einer DVA. Alle zu speichernden Zeichen müssen mit Hilfe der Binärzeichen verschlüsselt werden. Das Bit ist daher im Speicher selten direkt adressierbar und somit nicht manipulierbar, sondern nur eine feste Menge von Bits (Codes, z.B. der ASCII-Code, siehe Anhang A2).

Größere Einheiten von bits sind:

$$2^4 \text{ bit} = 8 \text{ bit} = 1 \text{ byte}$$
$$2^{10} \text{ bit} = 1024 \text{ bit} = 1 \text{ Kbit (1 } \underline{Ki}\text{lo}\underline{bit})$$
$$2^{10} \text{ byte} = 1024 \text{ byte} = 1 \text{ Kbyte (1 } \underline{Ki}\text{lo}\underline{byte})$$

Byte

Siehe Bit.

Cursor

Der Cursor ist eine Lichtmarke auf dem Bildschirm eines Mikrocomputers, der die Stelle kennzeichnet, an der das nächste Zeichen ausgegeben wird. Er ist rechteckig (Strich), teilweise blinkend und kann über Cursor-Tasten gesteuert werden.

Datei

Unter einer Datei versteht man eine Folge von Buchstaben, Ziffern und Sonderzeichen, die für den Benutzer eine Einheit bilden. Somit kann man für die Gesamtmenge der Zeichen (Daten[1])) einen Namen vergeben, unter dem diese Zeichenmenge *gespeichert*

---

[1]) Vgl. Anhang A1.

werden kann bzw. umgekehrt wieder aus dem Speicher geholt werden kann. Wie diese Zeichenmenge *physikalisch* auf bzw. in dem Speicher gespeichert wird, zum Beispiel zusammenhängend oder nicht, ist für den Benutzer nicht wichtig, denn die Datei bildet eine *logische* Einheit. Beispiele von Dateien sind: Programme, Rechnungsdaten, Standardbrieftexte usw. Aus dem Gesagten wird das Kunstwort „Datei" verständlich, das Elemente der Worte „Daten Kartei" enthält.

Daten

Mit Daten bezeichnet man Zeichen und Zeichenfolgen (Buchstaben, Ziffern und Sonderzeichen). Sie haben eine Bedeutung und geben somit eine Information.

Interface

Englischer Ausdruck für Schnittstelle, Übergangsstelle zwischen zwei Bereichen. Häufig sind Anpassungsmaßnahmen an der Schnittstelle notwendig (sog. Interfaceschaltungen).

Kbit

Siehe Bit.

Kbyte

Siehe Bit.

Plotter

Ein Plotter ist ein mechanisches Ausgabegerät zum Zeichen von Grafiken mit hohem Auflösungsvermögen unter Kontrolle eines Mikrocomputers.

RAM

RAM ist eine Abkürzung für den englischen Begriff Random Access Memory. Im Deutschen spricht man von *Schreib-Lesespeichern* mit wahlfreiem Zugriff. RAMs haben heute eine Kapazität von z.B. 256 Kbit. Hierzu ist eine Fläche von ca. 25 mm^2 erforderlich. Auf dieser Fläche sind ca. 10^6 Bauelemente untergebracht. Der Leistungsbedarf eines solchen Speicherbausteins liegt bei ca. 3 Watt.

Register

Register sind *kleine schnelle Zwischen*speicher. Sie befinden sich im Zentralprozessor (CPU), um Daten oder Speicheradressen während der Verarbeitung kurzfristig zwischenzuspeichern. Der Zugriff der CPU auf Daten im Register ist schneller als auf Daten im Arbeitsspeicher. Da Register recht aufwendig sind, ist die Zahl der Register recht klein.

ROM

ROM ist eine Abkürzung für den englischen Begriff Read Only Memory. Im Deutschen spricht man von „nur lesbaren Speichern" (Festwertspeicher). ROMs sind Speicher, deren Inhalt später nicht mehr geändert werden kann. Daher sind sie besonders geeignet für Programme, die längere Zeit unverändert bleiben, wie z.B. Programme für Betriebssysteme von Computern, Steuerungen von externen Geräten und dgl.
ROMs sind wegen der nicht notwendigen Adressierung (siehe RAM) sehr schnell.

Schreib-Lese-Speicher
Siehe RAM.

Verarbeitungsgeschwindigkeit
Die Verarbeitung von Befehlen[1]) geschieht nicht in einem einzigen Verarbeitungsschritt, sondern in mehreren Zyklen[1]). Die Zeit, die für einen Zyklus benötigt wird, ist eine wichtige Größe für die *Verarbeitungsgeschwindigkeit* der DVA.

Zoll

Zoll ist ein Längenmaß (engl. inch). Als Kennzeichen für das Zollmaß wird i.a. das Zeichen " verwendet. 1 Zoll entspricht 2,54 cm.

Zyklus

Unter einem *Befehlszyklus* (engl. instruction cycle) versteht man den Zyklus zur vollständigen Verarbeitung eines Befehls, d.h. den Verarbeitungsvorgang an sich. Die dazu benötigte Zeit ist die Befehlszykluszeit. Der Befehlszyklus wird unterteilt in mehrere *Operationszyklen* (Teile des Befehlsverarbeitungsvorgangs). Diese Operationszyklen sind weiter unterteilt in sog. *Operationsschritte*. Dies ist die kleinste Arbeitseinheit innerhalb eines Befehlszyklus.

16.2 Anhang A2: Der ASCII-Code

Jedes Zeichen im Zeichenvorrat des Mikrocomputers wird intern im Mikrocomputer in Form einer bestimmten Folge von Nullen und Einsen dargestellt, d.h. in Form eines zweiwertigen Codes (Werte Ø und 1). Die Zuordnung der Nullen und Einsen zu den verschiedenen Zeichen kann nach unterschiedlichen Gesichtspunkten erfolgen. Daher gibt es unterschiedliche Codes. Einer der meist benutzten Codes zur Darstellung der üblichen Zeichen des Zeichenvorrates ist der 7-Bit-ASCII-Code[2]). Mit ihm lassen sich $2^7 = 127$ Zeichen codieren.

> **Die Zeichen des Zeichenvorrats werden im Mikrocomputer durch einen 7-Bit-ASCII-Code dargestellt.**

Beispiel 16.1
Der Buchstabe A wird im ASCII-Code dargestellt durch den Code:

   A → 1ØØØØØ1

Da die 7-stellige Binärzahl für den menschlichen Gebrauch vielfach unhandlich ist, wird in ASCII-Code-Tabellen ein einfacherer Code benutzt. Es bietet sich an:

---

[1]) Vgl. Anhang A1.

[2]) ASCII ist eine Abkürzung für: American Standard Code für Information Interchange.

● Hexadezimaläquivalent

Der 7-Bit-ASCII-Code wird vorn um ein $\emptyset$-Bit ergänzt. Die so entstandene 8-Bit Codierung wird in zwei 4-Bit-Codegruppen aufgeteilt. Für jede 4-Bit-Gruppe wird die entsprechende *Hexadezimalzahl* angegeben (Hexadezimaläquivalent des ASCII-Codes). Dies hat den Vorteil, daß auch umgekehrt vom Hexadezimaläquivalent leicht wieder auf den zugehörigen Binärcode geschlossen werden kann.

Der Hexadezimalcode wurde in Abschnitt 4.2.1 ausführlich besprochen, so daß hier nicht näher darauf eingegangen wird.

Beispiel 16.2

Das Hexadezimaläquivalent des Buchstabens A im ASCII-Code ergibt sich wie folgt:

Die ASCII-Codierung des Buchstabens A ist:

$\qquad$ 1$\emptyset\emptyset\emptyset\emptyset\emptyset$1

Ergänzung der 7 Bit um ein Null-Bit am Anfang:

$\qquad$ $\emptyset$1$\emptyset\emptyset$ $\emptyset\emptyset\emptyset$1

Aufteilung der 8 Bit in zwei 4-Bit-Gruppen:

$\qquad$ $\emptyset$1$\emptyset\emptyset$ $\emptyset\emptyset\emptyset$1

Zuordnung der zugehörigen Hexadezimalzahl zu jeder 4-Bit-Gruppe:

$\qquad$ $\emptyset$1$\emptyset\emptyset$ → 4 Hex
$\qquad$ $\emptyset\emptyset\emptyset$1 → 1 Hex

Das Hexadezimaläquivalent für den Buchstaben A ergibt sich somit zu:

$\qquad$ A → 41 Hex

● Dezimaläquivalent

Angabe der zur Binärzahl (ASCII-Code) zugehörigen Dezimalzahl, dem sog. Dezimaläquivalent.

Die Umwandlung von Binärzahlen in Dezimalzahlen und umgekehrt wird im Anhang A3 näher beschrieben, so daß an dieser Stelle darauf verzichtet wird.

Beispiel 16.3

Der Buchstabe A wurde im ASCII-Code durch den Binärcode 1$\emptyset\emptyset\emptyset\emptyset\emptyset$1 dargestellt. Das zugehörige Dezimaläquivalent ist:

$$A → 1\emptyset\emptyset\emptyset\emptyset\emptyset1_{\text{binär}}$$
$$= 1 * 2^6 + \emptyset * 2^5 + \emptyset * 2^4 + \emptyset * 2^3 + \emptyset * 2^2 + \emptyset * 2^1 + 1 * 2^{\emptyset}$$
$$= 65_{\text{dez.}}$$

Wie dieses Beispiel zeigt, läßt sich der Buchstabe A durch das Dezimaläquivalent 65 repräsentieren.

Entsprechend lassen sich alle üblichen Zeichen durch ein Dezimaläquivalent, d.h. durch eine Dezimalzahl zwischen $\emptyset$ und 127, darstellen. Die folgende Tabelle zeigt die (Hexa) dezimaläquivalente des ASCII-Codes für die üblichen Zeichen.

> **Zur einfacheren Handhabung des ASCII-Codes durch den Menschen wird der ASCII-Code i.a. nicht in Form des 7-stelligen Binärcodes verwendet, sondern in Form des zugehörigen Dezimaläquivalentes bzw. Hexadezimaläquivalentes.**

Vielfach wird auch noch das 8. Bit zur Lochung von Grafiksymbolen herangezogen, so daß $2^8 = 256$ Zeichen codiert werden können.

Die ASCII-Code-Tabelle für den Philips VG 8010 zeigt weitere Einzelheiten.

Der ASCII-Code mit den Dezimaläquivalenten Ø bis 31 kennzeichnet, wie die folgende Tabelle zeigt, keine darstellbaren Zeichen des Zeichenvorrats, sondern Steuerzeichen.

ASCII-Code		
Hexadezimal-äquivalent	Dezimal-äquivalent	Steuerfunktion
00	0	—
01	1	Alternativer Zeichensatz
02	2	Cursor zum Wortanfang
03	3	AUTO-Kommando Ende
04	4	—
05	5	Zeile ab Cursorposition löschen
06	6	Cursor zum nächsten Wort
07	7	Piepton ausgeben
08	8	Rücktastenfunktion (BS)
09	9	Tabulatorfunktion (TAB)
0A	10	Cursor zur nächsten Zeile
0B	11	Cursor in die linke obere Ecke (HOME)
0C	12	Bildschirm löschen
0D	13	Wagenrücklauf und Zeilenvorschub (RETURN)
0E	14	Cursor zum Zeilenende
0F	15	—
10	16	—
11	17	—
12	18	Einfügefunktion (INS)
13	19	—
14	20	—
15	21	Zeile löschen
16	22	—
17	23	—
18	24	—
19	25	—
1A	26	—
1B	27	—
1C	28	Cursor rechts
1D	29	Cursor links
1E	30	Cursor oben
1F	31	Cursor unten

Normaler ASCII-Zeichensatz
(Dezimaläquivalente von 32 bis 127)

ASCII-Code		Zeichen	Bedeutung
Hexadezimal-äquivalent	Dezimal-äquivalent		
20	32	SP	Space (Leerzeichen)
21	33	!	Exclamation point (Ausrufungszeichen)
22	34	"	Quotation mark (Anführungszeichen)
23	35	#	Number sign (Nummernzeichen)
24	36	$	Dollar sign (Dollarzeichen)
25	37	%	Percent sign (Prozentzeichen)
26	38	&	Ampersand
27	39	'	Apostroph
28	40	(	Left parenthesis (linke Klammer auf)
29	41	)	Right parenthesis (rechte Klammer auf)
2A	42	*	Asterisk (Stern)
2B	43	+	Plus-Zeichen
2C	44	,	Komma
2D	45	−	Minus-Zeichen
2E	46	.	Punkt
2F	47	/	Schrägstrich (slash)
30	48	0	
31	49	1	
32	50	2	
33	51	3	
34	52	4	10 Ziffern
35	53	5	
36	54	6	
37	55	7	
38	56	8	
39	57	9	
3A	58	:	Doppelpunkt (colon)
3B	59	;	Semikolon
3C	60	<	Kleiner-(less) Zeichen
3D	61	=	Gleichheitszeichen (equal)
3E	62	>	Größer- (greater) Zeichen
3F	63	?	Fragezeichen (question mark)
40	64	@	At-sign (At-Zeichen)

| ASCII-Code | | | |
Hexadezimal-äquivalent	Dezimal-äquivalent	Zeichen	Bedeutung
41	65	A	
42	66	B	
43	67	C	
44	68	D	
45	69	E	
46	70	F	
47	71	G	
48	72	H	
49	73	I	
4A	74	J	
4B	75	K	
4C	76	L	
4D	77	M	
4E	78	N	Großbuchstaben
4F	79	O	
50	80	P	
51	81	Q	
52	82	R	
53	83	S	
54	84	T	
55	85	U	
56	86	V	
57	87	W	
58	88	X	
59	89	Y	
5A	90	Z	
5B	91	[	Eckige Klammer auf (Left bracket)
5C	92	\	Umgekehrter Schrägstrich (Reverse slash)
5D	93	]	Eckige Klammer zu (Right bracket)
5E	94	^	Zirkumflex
5F	95	—	Unterstreichung (underline)
60	96	`	Akzent

ASCII-Code			
Hexadezimal- äquivalent	Dezimal- äquivalent	Zeichen	Bedeutung
61	97	a	
62	98	b	
63	99	c	
64	100	d	
65	101	e	
66	102	f	
67	103	g	
68	104	h	
69	105	i	
6A	106	j	
6B	107	k	
6C	108	l	
6D	109	m	Kleinbuchstaben
6E	110	n	
6F	111	o	
70	112	p	
71	113	q	
72	114	r	
73	115	s	
74	116	t	
75	117	u	
76	118	v	
77	119	w	
78	120	x	
79	121	y	
7A	122	z	
7B	123	{	Geschweifte Klammer auf (Left brace)
7C	124	|	Vertikale Linie (vertical line)
7D	125	}	Geschweifte Klammer zu (Right brace)
7E	126	~	Tilde
7F	127	SP	SPACE (Leerzeichen)

Die folgende Zusammenstellung zeigt die Zeichen des ASCII-Codes, wie diese mit Hilfe der 8 * 8 Bildpunktmatrix auf dem Bildschirm dargestellt werden.
Unter jedem Zeichen steht links das Dezimaläquivalent und rechts das Hexadezimaläquivalent (Vorsatz & H).
Außerdem ist der Zeichensatz bis zum Dezimaläquivalent 255 erweitert.

Symbol	Code		Symbol	Code		Symbol	Code
(space)	32 &H20		)	41 &H29		2	50 &H32
!	33 &H21		*	42 &H2A		3	51 &H33
"	34 &H22		+	43 &H2B		4	52 &H34
#	35 &H23		,	44 &H2C		5	53 &H35
$	36 &H24		-	45 &H2D		6	54 &H36
%	37 &H25		.	46 &H2E		7	55 &H37
&	38 &H26		/	47 &H2F		8	56 &H38
'	39 &H27		0	48 &H30		9	57 &H39
(	40 &H28		1	49 &H31		:	58 &H3A

Symbol	Code		Symbol	Code		Symbol	Code
;	59 &H3B		D	68 &H44		M	77 &H4D
<	60 &H3C		E	69 &H45		N	78 &H4E
=	61 &H3D		F	70 &H46		O	79 &H4F
>	62 &H3E		G	71 &H47		P	80 &H50
?	63 &H3F		H	72 &H48		Q	81 &H51
@	64 &H40		I	73 &H49		R	82 &H52
A	65 &H41		J	74 &H4A		S	83 &H53
B	66 &H42		K	75 &H4B		T	84 &H54
C	67 &H43		L	76 &H4C		U	85 &H55

Symbol	Code		Symbol	Code		Symbol	Code
V	86 &H56		_	95 &H5F		h	104 &H68
W	87 &H57		`	96 &H60		i	105 &H69
X	88 &H58		a	97 &H61		j	106 &H6A
Y	89 &H59		b	98 &H62		k	107 &H6B
Z	90 &H5A		c	99 &H63		l	108 &H6C
[	91 &H5B		d	100 &H64		m	109 &H6D
\	92 &H5C		e	101 &H65		n	110 &H6E
]	93 &H5D		f	102 &H66		o	111 &H6F
^	94 &H5E		g	103 &H67		p	112 &H70

Symbol	Code		Symbol	Code		Symbol	Code
q	113 &H71		z	122 &H7A		ß	131 &H83
r	114 &H72		{	123 &H7B		ä	132 &H84
s	115 &H73		|	124 &H7C		à	133 &H85
t	116 &H74		}	125 &H7D		å	134 &H86
u	117 &H75		~	126 &H7E		ç	135 &H87
v	118 &H76			127 &H7F		ê	136 &H88
w	119 &H77		Ç	128 &H80		ë	137 &H89
x	120 &H78		ü	129 &H81		è	138 &H8A
y	121 &H79		é	130 &H82		ï	139 &H8B

Symbol	Code
î	140 &H8C
ì	141 &H8D
Ä	142 &H8E
Å	143 &H8F
É	144 &H90
æ	145 &H91
Æ	146 &H92
ô	147 &H93
ö	148 &H94

Symbol								
Code 149 &H95	150 &H96	151 &H97	152 &H98	153 &H99	154 &H9A	155 &H9B	156 &H9C	157 &H9D
Code 158 &H9E	159 &H9F	160 &HA0	161 &HA1	162 &HA2	163 &HA3	164 &HA4	165 &HA5	166 &HA6
Code 167 &HA7	168 &HA8	169 &HA9	170 &HAA	171 &HAB	172 &HAC	173 &HAD	174 &HAE	175 &HAF
Code 176 &HB0	177 &HB1	178 &HB2	179 &HB3	180 &HB4	181 &HB5	182 &HB6	183 &HB7	184 &HB8
Code 185 &HB9	186 &HBA	187 &HBB	188 &HBC	189 &HBD	190 &HBE	191 &HBF	192 &HC0	193 &HC1
Code 194 &HC2	195 &HC3	196 &HC4	197 &HC5	198 &HC6	199 &HC7	200 &HC8	201 &HC9	202 &HCA
Code 203 &HCB	204 &HCC	205 &HCD	206 &HCE	207 &HCF	208 &HD0	209 &HD1	210 &HD2	211 &HD3
Code 212 &HD4	213 &HD5	214 &HD6	215 &HD7	216 &HD8	217 &HD9	218 &HDA	219 &HDB	220 &HDC
Code 221 &HDD	222 &HDE	223 &HDF	224 &HE0	225 &HE1	226 &HE2	227 &HE3	228 &HE4	229 &HE5
Code 230 &HE6	231 &HE7	232 &HE8	233 &HE9	234 &HEA	235 &HEB	236 &HEC	237 &HED	238 &HEE
Code 239 &HEF	240 &HF0	241 &HF1	242 &HF2	243 &HF3	244 &HF4	245 &HF5	246 &HF6	247 &HF7
Code 248 &HF8	249 &HF9	250 &HFA	251 &HFB	252 &HFC	253 &HFD	254 &HFE	255 &HFF	

Zusätzlich zu dem angegebenen ASCII-Zeichensatz kann noch ein *alternativer Zeichensatz* mit besonderen Grafiksymbolen auf dem Bildschirm ausgegeben werden.

Der alternative Zeichensatz wird mit dem ASCII-Dezimaläquivalent 1 eingestellt. Den dann folgenden Dezimaläquivalenten 65 bis 95 werden folgende Zeichen zugeordnet:

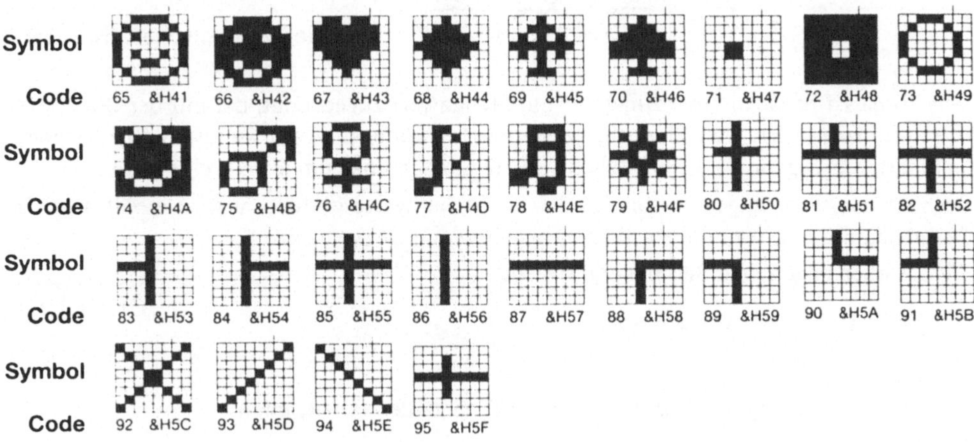

Symbol									
Code	65 &H41	66 &H42	67 &H43	68 &H44	69 &H45	70 &H46	71 &H47	72 &H48	73 &H49
Symbol									
Code	74 &H4A	75 &H4B	76 &H4C	77 &H4D	78 &H4E	79 &H4F	80 &H50	81 &H51	82 &H52
Symbol									
Code	83 &H53	84 &H54	85 &H55	86 &H56	87 &H57	88 &H58	89 &H59	90 &H5A	91 &H5B
Symbol									
Code	92 &H5C	93 &H5D	94 &H5E	95 &H5F					

Beispiel

```
10 SCREEN 1
20 PRINT CHR$(1)+CHR$(65)
```

Läßt man dieses Programm laufen, wird ein Gesicht auf dem Bildschirm ausgegeben.

Im normalen ASCII-Code wäre dem Dezimaläquivalenten 65 hingegen der Buchstabe A zugeordnet.

16.3 Anhang A3: Umwandlung von Zahlen

16.3.1 Umwandlung von Binärzahlen (Dualzahlen) in Dezimalzahlen

— Binärzahlen besitzen nur zwei Werte, dargestellt durch die Ziffern: $\emptyset$ und 1.
— Die Stellenwerte der Ziffern in einer Binärzahl sind Potenzen von 2.

Einige Potenzen von 2 zeigt die folgende Tabelle:

$2^0 = 1$	$2^8 = 256$
$2^1 = 2$	$2^9 = 512$
$2^2 = 4$	$2^{10} = 1024$
$2^3 = 8$	$2^{11} = 2048$
$2^4 = 16$	$2^{12} = 4096$
$2^5 = 32$	$2^{13} = 8192$
$2^6 = 64$	$2^{14} = 16384$
$2^7 = 128$	$2^{15} = 32768$

Tabelle der ersten 16 Potenzen von 2

Die ausführliche Schreibweise der Binärzahl läßt sich mit Hilfe der Stellenwerte wie folgt angeben:

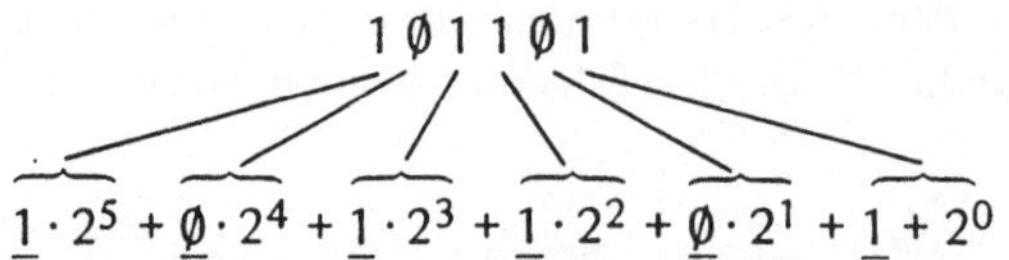

$$1 \cdot 2^5 + \emptyset \cdot 2^4 + 1 \cdot 2^3 + 1 \cdot 2^2 + \emptyset \cdot 2^1 + 1 + 2^0 \qquad \text{Binärzahl mit Stellenwerten}$$

Jeder Binärziffer ist in einer Binärzahl ein Stellenwert zugeordnet, der mit der Binärziffer zu multiplizieren ist. Den kleinsten Stellenwert bekommt die am weitesten rechts stehende Binärziffer zugeordnet. Der Stellenwert steigt nach links um jeweils eine Potenz.

Rechnet man den obigen Ausdruck, der die Stellenwerte enthält, aus, so erhält man das Dezimaläquivalent, d.h. die zur Binärzahl gehörende Dezimalzahl.

Für das oben angeführte Beispiel ergibt sich:

$$32 + \emptyset + 8 + 4 + \emptyset + 1 = 45_{dez}.$$

16.3.2 Umwandlung von Dezimalzahlen in Binärzahlen (Dualzahlen)

Mit Hilfe der Tabelle der Potenzen von 2 lassen sich Dezimalzahlen auch in Dualzahlen umwandeln. Dazu wird geprüft, welche Zweierpotenzen in der Dezimalzahl enthalten sind. Die entsprechenden Stellen der Dualzahl erhalten eine 1, die übrigen eine $\emptyset$.

Beispiel:

Umwandlung der Dezimalzahl 89_{dez} in eine Dualzahl.

$$
\begin{array}{rl}
89 & \\
-64 & \;\hat{=}\; 2^6 \\
\hline
\text{Rest} \quad 25 & \\
\\
-16 & \;\hat{=}\; 2^4 \\
\hline
\text{Rest} \quad 9 & \\
\\
-8 & \;\hat{=}\; 2^3 \\
\hline
\text{Rest} \quad 1 & \;\hat{=}\; 2^0.
\end{array}
$$

Somit ergibt sich die Binärzahl (Dualzahl) entsprechend der vorhandenen bzw. nicht vorhandenen Potenzen zu:

Potenzen	2^6	2^5	2^4	2^3	2^2	2^1	2^0
Binärzahl	1	$\emptyset$	1	1	$\emptyset$	$\emptyset$	1

Sachwortverzeichnis